böhlau

Maria Fritsche (Hg.)

NS-Verfolgung und Militärjustiz in Wien

Gerichtsort Hohenstaufengasse

BÖHLAU

Gedruckt mit freundlicher Unterstützung des Bundesministeriums für
Kunst, Kultur, öffentlichen Dienst und Sport

Bundesministerium
Kunst, Kultur,
öffentlicher Dienst und Sport

Bibliografische Information der Deutschen Nationalbibliothek:
Die Deutsche Nationalbibliothek verzeichnet diese Publikation in der Deutschen Nationalbibliografie;
detaillierte bibliografische Daten sind im Internet über https://dnb.de abrufbar.

© 2025 by Böhlau, Zeltgasse 1, 1080 Wien, Austria, ein Imprint der Brill-Gruppe
(Koninklijke Brill BV, Leiden, Niederlande; Brill USA Inc., Boston MA, USA; Brill Asia Pte Ltd, Singapore;
Brill Deutschland GmbH, Paderborn, Deutschland; Brill Österreich GmbH, Wien, Österreich)
Koninklijke Brill BV umfasst die Imprints Brill, Brill Nijhoff, Brill Schöningh, Brill Fink,
Brill mentis, Brill Wageningen Academic, Vandenhoeck & Ruprecht, Böhlau, und V&R unipress.

Das Werk ist als Open-Access-Publikation im Sinne der Creative-Commons-Lizenz CC BY-NC 4.0 unter dem
DOI https://doi.org/10.7767/9783205221364 abzurufen. Um eine Kopie dieser Lizenz zu sehen, besuchen Sie
https://creativecommons.org/licenses/by-nc/4.0/.

Umschlagabbildung: Korridor zwischen Kassenschaltern und Büroräumen im Hochparterre des Länderbank-
Gebäudes, Fotografie von Margherita Spiluttini, 1995. © Architekturzentrum Wien, Margherita Spiluttini Fotoarchiv.

Umschlaggestaltung: Michael Haderer, Wien
Satz: le-tex publishing services, Leipzig
Druck und Bindung: Hubert & Co. BuchPartner, Göttingen
Printed in the EU

Vandenhoeck & Ruprecht Verlage | www.vandenhoeck-ruprecht-verlage.com
Email: info@boehlau-verlag.com

ISBN (print): 978-3-205-22135-7
ISBN (openaccess): 978-3-205-22136-4

Inhalt

Wolfgang Freitag
Zum Geleit 7

Maria Fritsche
Der Gerichtsort Hohenstaufengasse. Eine lokal- und raumhistorische
Annäherung.. 11

Andreas Nierhaus
Monumentalität und Flexibilität. Architektur und Geschichte des
Länderbank-Gebäudes von Otto Wagner 25

Mathias Lichtenwagner
Topographie der Verfolgung. Der Gerichtsort Hohenstaufengasse und
das militärgerichtliche Netzwerk in Wien.. 61

Maria Fritsche
Die Militärgerichtsbarkeit im Nationalsozialismus. Funktion,
Organisation, Strafvollzug.. 83

Lisa Manneh
Wehrmachtgericht Hohenstaufengasse. Ein grafisches Protokoll 111

Maria Fritsche
Die Tapferkeit vor dem Freund 139

Amelie Rakar, Julian Stricker-Neumayer
Zum Tode verurteilt. Die NS-Militärjustiz in der Hohenstaufengasse 3
und ihre Opfer 145

Thomas Geldmacher-Musiol
Manneszucht und Alltag. Das Feldkriegsgericht der Division Nr. 177 in
Wien: Versuch einer Gesamtbilanz... 177

Lena Spanring
Beihilfe zur Fahnenflucht. Die vergessene Rolle von Frauen 211

Abkürzungsverzeichnis.. 231

Danksagungen 233

Personenregister 235

Autor*innenverzeichnis 239

Wolfgang Freitag

Zum Geleit

Die schmale Gasse an der Wiener Peripherie hat nichts an sich, was sie vor vielen ähnlichen auszeichnen würde. Knapp 300 Meter lang zieht sie durchs vorstädtische Revier, flankiert von zwei Siedlungshausreihen aus den 1920ern, und noch das Ungewöhnlichste daran ist heute, dass ihr im Unterschied zu allen anderen im Quartier links und rechts der Fahrbahn jene Grünstreifen erhalten geblieben sind, die anderweitig längst Parkraumbedürfnissen zum Opfer fallen mussten.

Mitten in dieser stillen Siedlerbeschaulichkeit, zwischen Ligusterhecken und Kirschbäumen, begibt sich in der Nacht vom 9. zum 10. November 1938 bis dahin Unvorstellbares: Vier Mitglieder der NSDAP, von vorgesetzter Parteistelle beauftragt, „mit den Juden aufzuräumen", fahren zum Haus mit der Nummer 59, überfallen ein daselbst wohnendes Ehepaar und versuchen, die beiden aus dem Haus zu zerren, um sie, so das Ergebnis einer Vernehmung der Nachkriegszeit, „in der Donau zu ertränken". Weiter im Protokoll: „Nach schweren Misshandlungen" – an besagtem Ehepaar – „ließen sie schließlich von ihrem Vorhaben ab."

Es ist nur eines von vielen ähnlichen Ereignissen in jenen Stunden, in den Stunden der später sogenannten Reichspogromnacht, schließlich ist es ja auch nur eine von vielen ähnlichen Gassen, in der es sich ereignet. Freilich, das bewusste Haus mit der Nummer 59 befindet sich schräg vis-à-vis von jenem, in dem ich selbst zwei Jahrzehnte später aufgewachsen bin – und mittlerweile wieder wohne –, und es ist bloß eine Handvoll Jahre her, dass ich eher zufällig darauf gestoßen bin, was sich in meiner unmittelbaren Nachbarschaft damals begeben hat. Keine mündliche Überlieferung, schon gar nicht eine schriftliche, hat je davon berichtet: und das, wiewohl sich doch die Genossenschaft, unter deren Ägide nämliche Siedlung errichtet wurde, zu besonderen Jahrestagen durchaus nicht zurückhaltend zeigt, ihre Gründung, und was danach geschah, in Publikationen auszubreiten.

Mitte der 2000er. Ich recherchiere zur Nachkriegsgeschichte des Konzentrationslagers Gusen. Im Mittelpunkt von zahlreichen Gesprächen: die Frage, wieso das ehemalige KZ-Gelände binnen weniger Jahre zum Einfamilienhausrevier umgenutzt werden konnte – bis heute zum Schrecken jener, die den Zigtausenden Opfern gedenken wollen, welche auf demselben Boden den Tod fanden, der heute Thujenhecken, Blumenrabatte und anderweitiges Eigenheimerglück trägt. Und so suche ich auch Bertrand Perz, Zeitgeschichtler an der Universität Wien mit KZ-Gedenkstätten-Expertise, in seinem Büro im Alten AKH auf, um seine Meinung einzuholen.

„In Gusen gibt es eine doppelte Irritation", erläutert Perz. „Es kommen Leute hin und sind irritiert, dass da Leute wohnen. Und die Leute, die da wohnen, sind irritiert, dass das jemand irritierend findet." Mit dieser Irritation – so Perz – müssen die Menschen, die sich da angesiedelt haben, „leben lernen, die kann man nicht einfach mit Abwehr behandeln".

Andererseits gebe es aber auch ein Missverständnis aufzuklären „bei denen, die dorthin kommen und sagen: Wie kann man da wohnen?" Und das wäre? „Wir blenden in unserem Leben ständig Gewalt aus, die irgendwann stattgefunden hat." Ein Beispiel? „Ich denke keine Sekunde daran, dass ich im Alten AKH arbeite – und was womöglich die wahre Geschichte dieses Zimmers ist."

November 2022. An der Adresse Hohenstaufengasse 3 wird ein Buch präsentiert, das die „Wiener Wall Street" zum Gegenstand hat: jenes historische Bankenviertel im Innersten von Wien, das – nicht zuletzt dank mehrheitlich längst anderer Nutzungen – selbst versierten Wien-Kennern heute kaum geläufig ist. Und welcher Raum wäre besser für eine solche Präsentation geeignet als der ehemalige Kassensaal der k. k. priv. Österreichischen Länderbank, die in der Hohenstaufengasse 3 einst residierte, in einem Gebäude, errichtet in den 1880ern nach Plänen jenes Otto Wagner, in dessen Œuvre es eine Schlüsselrolle als Frühwerk einnimmt.

Folgerichtig ist an jenem Abend viel von der Eleganz die Rede, mit der Wagner die Ungunst der Liegenschaft, die nämlich ist markant geknickt, zugunsten des Gebäudes genutzt hat, mit einem raffiniert über ein mittiges Rondeau moderierten Schwenk im Zentrum des Gebäudes, und von dem Gestus einer Architekturmoderne, in die namentlich der Hoftrakt vorausweist.

Spätere Eigentümerschaften und Nutzungen bleiben dagegen weitgehend im Dunkeln, dem Buch selbst ist nur die Festhaltung zu entnehmen: „1938 erfolgte ein Verkauf des Gebäudes an die deutsche Wehrmacht." Heutiger Eigner: die Republik. Und es wird bis in den Jänner 2024 dauern, dass eine Gedenktafel an der Fassade montiert wird, die endlich Rechenschaft darüber ablegt, was daselbst in den verstörendsten sieben Jahren der heimischen Geschichte geschah: „In diesem Gebäude befanden sich von 1943 bis 1945 Gerichte der Wehrmachtsjustiz. Die hier tätigen Richter verfolgten innerhalb des NS-Unrechtssystems Deserteure, ‚Selbstverstümmler', ‚Wehrkraftzersetzer' sowie jene, die diese dabei unterstützten."

Wie umgehen mit Orten der Vernichtung, der Verfolgung, wie umgehen mit vormaligen Schaltstellen eines Gewaltregimes? In einem Land, das sich zwischen 1938 und 1945 so gut wie flächendeckend schuldig gemacht hat, stellt sich diese Frage immer wieder, und sie wird nie ein für alle mal zu beantworten sein. Hie Musealisierung, da radikale Transformation heißen die Extreme, zwischen denen sich ein weites Feld unterschiedlichster Formen von Um-, Neu- und Nachnutzungen öffnet wie auch an Möglichkeiten, in Erinnerung zu rufen, was im Einzelnen geschehen ist. Reicht eine schlichte Gedenktafel? Muss eine eigene Gedenkstätte eingerichtet sein? Wie steht es um die wissenschaftliche Aufarbeitung der jeweiligen Ereignisse? Und wie erreicht man damit, so denn eine solche vorhanden ist, ein Publikum jenseits des engen Kreises von Fachleuten und einschlägig Interessierten?

Ob Audiowege, die akustisch durch Topographien des Terrors führen, Dokumentationen in Wort, Ton und Bild oder, wie auch im vorliegenden Band neben anderem als Medium benutzt, Graphic Novels, die Gegebenheiten und Lebenswege buchstäblich nachzeichnen: Der Optionen einer je angemessenen Gedenkarbeit existieren viele, und man wird es sich nicht ersparen können, von Fall zu Fall zu ermessen, welche jeweils angemessen scheint und welche vielleicht nicht.

Worüber jenseits all der hier skizzierten Problem- und Debattenfelder knapp 80 Jahre nach Kriegsende freilich Einigkeit herrschen sollte und nach langen Jahrzehnten quälender Dispute tatsächlich weitgehend herrscht: Schweigen kann nie eine adäquate Antwort auf Fragen sein, die uns unvermeidlich die eigene Vergangenheit stellt. Wie aber kommt es dann, dass ausgerechnet jenes anderweitig so prominente Gebäude in der Hohenstaufengasse 3 bis vor Kurzem allenfalls als Architekturdenkmal ersten Ranges, keineswegs dagegen als Teil des – siehe oben – „NS-Unrechtssystems" kenntlich war?

Man wird nicht fehlgehen in der Annahme, dass derlei langjähriges Versäumnis keinem Zufall geschuldet ist, vielmehr System hat: Bis in die 2000er als „Volksschädlinge", „Feiglinge", „Verräter" oder gar „Kameradenmörder" denunziert, hatten alle, die sich dem Wehrdienst im Sold eines Unrechtsregimes entzogen, sei es als Deserteure, sei es eben als „Selbstverstümmler", erst die gnadenlose Verfolgung durch eine zunehmend aggressiver um sich schlagende Wehrmachtsjustiz, nach Kriegsende allseitige Verachtung zu gewärtigen.

Nicht als Opfer, vielmehr unterschiedslos als Täter wahrgenommen, blieben sie und ihr Schicksal die längste Zeit unbeachtet und unbedacht. Und während das Terrorsystem des nationalsozialistischen Staates in der jüngeren Vergangenheit bis in die verschwiegensten Ecken und Details ausgeleuchtet wurde, verweigerte das öffentliche Bewusstsein selbst jenen unter ihnen, die sich auf die ihnen eigene Art durchaus bewusst jenem Terrorsystem entgegenstellten, jede Form von wenigstens ideeller Wiedergutmachung für erlittene Schmach. Erst 64 Jahre nach Kriegsende, 2009, wurden die Urteile gegen die Verfolgten der Wehrmachtsjustiz durch ein eigenes Aufhebungs- und Rehabilitationsgesetz formell sistiert.

Allein am Standort Hohenstaufengasse 3 wurden vom hier amtierenden Feldkriegsgericht der Division 177 bis zum April 1945 69 Personen zum Tode verurteilt, 33 dieser Todesurteile wurden vollstreckt. Und mag auch nicht jeder der Verurteilten aus reinem Widerstandsgeist oder gar Heldenmut gehandelt haben: Opfer war jeder von ihnen.

Diesen Opfern zu gedenken, damit hat man an anderen Orten, die in Wien dem Verfolgungsapparat der Wehrmacht dienten, schon früher als in der Hohenstaufengasse einen Anfang gemacht. 2015 wurde an der heutigen Justizanstalt Favoriten, zwischen 1938 und 1945 zentrales Haftgebäude der NS-Militärjustiz in Wien, eine Informationstafel enthüllt, ein Jahr davor am Gebäude des ehemaligen Wehrmachtsuntersuchungsgefängnisses in der Hermanngasse 38. Auch zwei weitere Standorte des Feldkriegsgerichts der Division 177, im Regierungsgebäude am Stubenring 1 und am Loquaiplatz 9, wiesen schon Informationen zu ihrer ehemaligen Funktion aus, ehe nämliches im Jänner 2024 endlich in der Hohenstaufengasse 3 geschah.

Eine Gedenktafel anzubringen ist das eine, die vorliegende Publikation darüber, wozu konkret die Räumlichkeiten der Österreichischen Länderbank in jenen Jahren herhalten mussten, ein anderes: Bewusstsein für jene Menschen zu schaffen, deren einzige Schuld es nicht so selten war, nicht schuldig werden zu wollen. Wer waren jene, die hier in die Fänge der NS-Militärjustiz gerieten? Auf Grund welcher Beweise, welcher Verhörmethoden wurden sie festgesetzt? Wer waren die Richter, die hier Urteile fällten – und auf Basis welchen Rechts oder auch Unrechts? Und wie genau hat man sich die Gerichtsverfahren vorzustellen, wie sie hier gang und gäbe waren?

Der historischen Wirklichkeit uns so gut wie möglich anzunähern, heißt das Ziel. Und mag diese Wirklichkeit für uns auch nie letztgültig zu ergründen sein: Jeder Schritt in ihre Richtung bringt uns ihr näher – und damit der Einsicht, wie wurde, was damals war, und wie werden könnte, was heute ist und morgen sein wird.

Maria Fritsche

Der Gerichtsort Hohenstaufengasse

Eine lokal- und raumhistorische Annäherung

Bis zu 50.000 Personen sollen während des Zweiten Weltkriegs von deutschen Militärgerichten zum Tode verurteilt worden sein.[1] Etwa 30.000 Todesurteile wurden gegen Angehörige der Wehrmacht verhängt. Die Zahl der tatsächlich hingerichteten Wehrmachtangehörigen wird auf 20.000 bis 23.000 geschätzt, mindestens 15.000 davon waren Deserteure.[2]

Wie hart die Militärgerichte in der NS-Zeit gegen Regimegegner und insbesondere gegen Deserteure vorgingen, zeigt sich erst im Vergleich: Im Ersten Weltkrieg wurden in den USA 35 Soldaten hingerichtet, im Deutschen Kaiserreich 48 Soldaten, in Großbritannien 346 und in Österreich-Ungarn etwa 1100.[3] Die Wehrmachtjustiz hat also mehr als 20-mal so viele Soldaten hinrichten lassen als die für ihre Strenge bekannten Militärgerichte der österreichisch-ungarischen Monarchie.

Blicken wir auf den Zweiten Weltkrieg, so ist der Unterschied teilweise noch drastischer. Den bis zu 23.000 vollstreckten Todesurteilen gegen Wehrmachtsoldaten stehen 146 vollstreckte Todesurteile in den US-amerikanischen und 40 bei den britischen Streitkräften gegenüber. Lediglich eines der vollstreckten US-amerikanischen Todesurteile betraf einen Deserteur,[4] die Briten ließen keinen einzigen Deserteur hinrichten.

In ihrer Härte ist die Wehrmachtjustiz eher vergleichbar mit Japan und der Sowjetunion. In Japan wurden 22.253 Soldaten während des Zweiten Weltkrieges zum Tode verurteilt und hingerichtet. Zur Sowjetunion liegen keine gesicherten Angaben vor, es wird aber geschätzt, dass rund 150.000 sowjetische Soldaten erschossen wurden, viele davon allerdings ohne Gerichtsverfahren.[5]

Das Bild der Wehrmachtjustiz im Wandel der Zeit

Das öffentliche Bild von der Wehrmachtgerichtsbarkeit (und ihren Opfern) wurde sehr lange von ehemaligen Wehrmachtrichtern geprägt, die rasch nach Kriegsende wieder einflussreiche Positionen an Gerichten, Universitäten, Ministerien und in Rechtsanwaltskanzleien besetzten. Sie zeichneten das Bild einer durchaus gemäßigten, der nationalsozialistischen Ideologie fernstehenden, ja sogar in Opposition zu Hitler stehenden Gerichtsbarkeit, die „Kriminelle" gerecht bestrafte und sich nichts vorzuwerfen hatte.[6]

Eine federführende Rolle bei der Reinwaschung der Wehrmachtjustiz spielte der Marburger Jurist und ideologische Hardliner Erich Schwinge, während des Krieges ordentlicher Professor an der Universität Wien und Wehrmachtrichter am Gericht der Division Nr. 177. Als Professor der Rechte verfasste Schwinge einen mehrmals neu aufgelegten Kommentar zum Militärstrafgesetzbuch. Dieser sollte Studierenden und Richterkollegen als Handreichung zur Auslegung des Strafrechts dienen und enthielt so bemerkenswerte Sätze wie „erfahrungsgemäß rekrutieren sich die Fahnenflüchtigen zum größten Teile aus psychopathischen Minderwertigen".[7] Deserteure waren für Schwinge wahlweise Stimmungslabile, Willensschwache, haltlose Psychopathen, Hysterische und Phantasten,[8] die es mit den Mitteln des Rechts zu bekämpfen galt. Schwinge nutzte seine einflussreiche Position – er wurde nach Kriegsende Professor an der Universität Marburg und war zeitweilig auch Prorektor und Rektor der Universität –, um jegliche Kritik am Wirken der Wehrmachtjustiz abzuschmettern. 1977 gab Schwinge das von seinem verstorbenen Wehrmachtrichterkollegen Otto-Peter Schweling verfasste Buch „Die deutsche Militärjustiz im Nationalsozialismus" heraus, dessen Veröffentlichung das Münchner Institut für Zeitgeschichte als zu apologetisch abgelehnt hatte.[9] Ernst Roskothen, während der NS-Zeit Wehrmachtrichter am Gericht des Kommandanten von Groß-Paris,[10] notierte in seiner Buchrezension erfreut die „gute Aufnahme" des Werkes, das sogar in der „sog. Boulevardpresse" zur Kenntnis genommen worden sei und somit der deutschen Kriegsgerichtsbarkeit zu einer „gerechteren Wertung" in der Öffentlichkeit verhelfe.[11]

Dieses verharmlosende Bild bekam jedoch mit der sogenannten Filbinger-Affäre erste Sprünge. Hans Filbinger, zwischen 1966 und 1978 CDU-Ministerpräsident von Baden-Württemberg und ehemaliger Marinerichter, hatte 1978 gegen den Dramatiker Rolf Hochhuth geklagt, weil dieser ihn wegen seiner Mitwirkung an Todesurteilen als „furchtbare[n] Jurist[en]" bezeichnet hatte. Nicht die Tatsache, dass Filbinger an der Verhängung von Todesurteilen beteiligt gewesen war, führte zu seinem Rücktritt als Ministerpräsident – kein einziger Wehrmachtrichter wurde deswegen zur Verantwortung gezogen. Vielmehr war es Filbingers beharrliche Weigerung, selbstkritisch über sein Handeln als Wehrmachtrichter zu reflektieren, die ihm zum Verhängnis wurde. Seine Verteidigung – „Was damals rechtens, kann heute nicht Unrecht sein" – beschädigte sein Ansehen nachhaltig.[12]

Dennoch sollte es noch einige Jahrzehnte dauern, bis die Urteile der Wehrmachtgerichte offiziell als Unrechtsurteile anerkannt und aufgehoben wurden. Eine wichtige Grundlage dafür stellten die Forschungsarbeiten der Historiker Manfred Messerschmidt und Fritz Wüllner dar, die als erste Mitte der 1980er Jahre die existierenden Darstellungen zur Wehrmachtjustiz einer kritischen Überprüfung unterzogen und akribisch widerlegten.[13]

Es folgte ein Schub an neuen Forschungsarbeiten zur Militärjustiz und seinen Opfern. Das gestiegene Interesse, das vor allem den Wehrmachtdeserteuren galt, war mehreren Entwicklungen geschuldet: zum einen einer zu dieser Zeit sehr aktiven Friedensbewegung, die in den Deserteuren ein Widerstandssymbol gegen Krieg und Aufrüstung sah und sich für die Etablierung von Deserteursdenkmälern einsetzte. Zum anderen spielte auch die Öffnung der Geschichtswissenschaften hin zu einer „Geschichte von unten" und das Bemühen um die Sichtbarmachung der Erfahrungen von marginalisierten Gruppen eine Rolle. Ein wichtiger Impuls ging außerdem von der 1995 eröffneten Wehrmachtausstellung aus, welche erstmals einem breiten Publikum die Beteiligung der Wehrmacht an Kriegsverbrechen und dem Holocaust aufzeigte und damit heftige Kontroversen auslöste. So wie der Mythos der „sauberen Wehrmacht" an den fotografischen Beweisen der Ausstellung zerbrach, löste sich auch das Bild von der „maßvollen" Wehrmachtjustiz allmählich auf.

Die von einigen überlebenden Wehrmachtdeserteuren und ihren Unterstützer*innen vorangetriebene Forderung nach einer juristischen und gesellschaftlichen Rehabilitierung beeinflusste auch die Forschung zur Wehrmachtjustiz. Von den 1980er bis zu den frühen 2000er Jahren fokussierten historische Arbeiten vor allem auf die brutale Verfolgung der Deserteure und Kriegsdienstverweigerer, auf die übermäßig harten „Terrorurteile" der Wehrmachtgerichte und ihre oft menschenverachtende Rhetorik. Die dem linken und liberalen Lager zuzuordnenden Befürworter*innen einer Rehabilitierung nutzten die Forschungsergebnisse, um mit Verweis auf den terroristischen Charakter des NS-Regimes eine Aufhebung der Urteile und eine Rehabilitierung und Entschädigung der Opfer zu fordern. Ihnen gegenüber standen jene, die sich als Vertreter und Beschützer der „anständigen" Wehrmachtsoldaten betrachteten und vor allem dem rechtskonservativen bis rechtsextremen Lager zuzurechnen waren. Sie lehnten eine Rehabilitierung vehement ab und reaktivierten die in der NS-Zeit propagierten Feindbilder vom Deserteur als „Vaterlandsverräter", „Kameradenschwein", „Feigling" oder „Krimineller", um die Rechtmäßigkeit der Urteile zu verteidigen.[14]

Die teilweise sehr hitzig und auch über die Medien geführten Diskussionen veränderten die gesellschaftliche Sicht auf die Militärjustiz und ihre Opfer und mündeten schließlich in parlamentarische Beschlüsse, die Verfolgten rechtlich zu rehabilitieren.[15] 2002 novellierte der Deutsche Bundestag das bereits 1998 verabschiedete Gesetz zur Aufhebung nationalsozialistischer Unrechtsurteile und beschloss die pauschale Aufhebung (nahezu) aller militärgerichtlichen Urteile.[16] 2005 folgte der österreichische Nationalrat dem Beispiel Deutschlands und hob alle gerichtlichen Verurteilungen auf, die „als Ausdruck typisch nationalsozialistischen Unrechts zu betrachten sind".[17] 2009 rehabilitierte der Nationalrat mit dem Aufhebungs- und Rehabilitationsgesetz alle Verurteilten der Wehrmachtgerichte und erkannte sie als Opfer an.[18]

Für die Mehrheit der Opfer kam die öffentliche Rehabilitierung und Anerkennung allerdings viel zu spät. Von den vielen tausenden Verurteilten, denen nun ein Anspruch auf eine Entschädigung für die erlittene Verfolgung gewährt wurde, lebten nur noch wenige.

Mit der erfolgten juristischen und politischen Rehabilitierung kalmierte sich die Lage. Dinge wurden möglich, die vorher undenkbar waren, wie beispielsweise die Errichtung eines Denkmals für Deserteure – offiziell „Denkmal für die Verfolgten der NS-Militärjustiz" – am Wiener Ballhausplatz im Jahr 2014. Die Rehabilitierung wirkte sich auch positiv auf die Forschung aus: zum einen erleichterte sie Historikerinnen und Historikern den Zugang zu Archivbeständen, zum anderen fiel der politische Erwartungsdruck weg.

Die jüngere Forschung erweiterte den Blick auf die NS-Militärjustiz, formulierte neue Forschungsfragen und fokussierte auf Aspekte, die bislang kaum untersucht worden waren: der Einfluss von Geschlechternormen auf die Rechtsprechung, die Strafverfolgung von „gewöhnlichen" Straftaten, die Sozialprofile und Karrieren der Wehrmachtrichter, die Rolle der Wehrmachtgerichte in den von Deutschland besetzten Gebieten, der Umgang der Gerichte mit nicht-deutschen Wehrmachtsoldaten oder Frauen oder auch vergleichende Analysen von Wehrmacht- und SS-Gerichten. Viele Aspekte sind nach wie vor nicht oder erst in Ansätzen erforscht: So fehlen immer noch systematische Untersuchungen zu den Gerichtsherren, die enormen Einfluss auf die Rechtsprechung nehmen konnten, oder zu den Nachkriegskarrieren der Wehrmachtrichter. Die in den letzten 15 Jahren erschienenen Studien bestätigen weitgehend die Ergebnisse früherer Forschungen zum Unrechtscharakter der Wehrmachtjustiz, beurteilen jedoch die richterliche Praxis differenzierter, indem sie auf Nuancen und Unterschiede verweisen.

Wien als zentraler Ort der Militärgerichtsbarkeit

Dieses Buch beleuchtet die Militärgerichtsbarkeit aus einer lokal- und mikrogeschichtlichen Perspektive. Die hier versammelten Beiträge nehmen das Gebäude in der Hohenstaufengasse 3 als Ausgangspunkt, um konkret zu zeigen, wie ein Wehrmachtgericht funktionierte, welche Rolle es innerhalb des NS-Systems spielte, wer die Akteure waren und welche Auswirkungen die Strafverfahren auf die Beschuldigten hatten.

Wien war aufgrund seiner Größe und geografischen Lage ein strategisch wichtiger Knotenpunkt. Über Wien wurden Soldaten, Zivilarbeiter*innen, Gefangene und der Nachschub an Ausrüstung und Verpflegung geleitet. Gleichzeitig fungierte die Stadt als wichtiges administratives Zentrum. Wien war Hauptsitz des Wehrkreises XVII, zu dem die Gaue Wien, Oberdonau und Niederdonau gehörten. Neben einer Anzahl von Kasernen, Soldatenheimen und Lazaretten, die der Ausbildung, temporären Unterbringung und medizinischen Versorgung von Wehrmachtangehörigen dienten, bauten die Nationalsozialisten in Wien ein dichtes Netzwerk an Verfolgungsinstitutionen auf, das sich über das gesamte Stadtgebiet erstreckte. Die Wehrmachtgerichtsbarkeit spielte innerhalb dieses Netzwerkes eine tragende Rolle. Von den etwa 1000 Wehrmachtgerichten, die während des Krieges über ganz Europa verstreut waren, befanden sich mindestens neun[19] über einen kürzeren oder längeren Zeitraum in Wien.

Trotz dieser Dominanz hat die Wehrmachtjustiz kaum physische Spuren im Stadtbild hinterlassen. Viele der Gebäude, die die Wehrmacht in Beschlag nahm, um dort Verwaltungen und Gerichte, Arrest- und Hafteinrichtungen einzurichten, gingen nach dem Zweiten Weltkrieg in den Besitz der österreichischen Republik über. Weder in den

Gebäuden selbst noch an deren Außenmauern war erkennbar, wofür sie in der NS-Zeit genutzt worden waren oder wer hier vor Gericht stand oder in Haft saß.

Erst durch das Engagement einer Gruppe Aktivist*innen wurden in den letzten zehn Jahren an einzelnen Gebäuden Gedenktafeln angebracht, die auf die Funktion dieser Gebäude in der NS-Zeit aufmerksam machen und an die Opfer erinnern. Diese Erinnerungszeichen ermuntern uns auch dazu, die Häuser und die Stadt mit einem anderen Blick zu sehen.

Die Historikerin Susanne Rau argumentiert in ihrem Buch „Räume", dass wir „mehr sehen", wenn wir die Geschichte aus einer raumanalytischen Perspektive betrachten.[20] Worin liegt dieses „mehr" konkret? Wir nehmen beispielsweise den städtischen Raum anders wahr, wenn wir uns vor Augen halten, wo die Gerichte, Heeresstreifenabteilungen, Polizeidienststellen und Gefängnisse lokalisiert waren, welche Funktion sie hatten und wie sie zusammenarbeiteten. Wir erkennen plötzlich Raumordnungen und Netzwerke, verstehen Zusammenhänge und Arbeitsteilungen, wenn uns beispielsweise klar wird, dass das Gericht in der Hohenstaufengasse nur wenige Gehminuten von der Rossauer Kaserne entfernt lag, wo Soldaten verhört und gefoltert wurden. Aus dieser Perspektive betrachtet bekommt der Raum plötzlich eine zeitliche Komponente, er wird Teil eines genau konzertierten Ablaufes, in dem Menschen von einem Ort zum anderen verschoben und „behandelt" wurden: festgenommen, verhört, beschuldigt, in Untersuchungshaft genommen, angeklagt, vor Gericht gestellt, schuldig gesprochen, verurteilt, überstellt, bestraft.

Der gerichtliche Raum

Mit Raum ist hier wohlgemerkt mehr als nur der physische, greif- und sichtbare Raum gemeint. Raum bezeichnet auch den durch soziale Handlungen konstruierten Raum, der erst durch die Menschen, die ihn nutzen und ihm Funktion und Bedeutung zuweisen, zum Raum wird. Der Raum repräsentiert die gesellschaftlichen Machtverhältnisse, Normen und Wertvorstellungen, die wiederum auf die Menschen einwirken, die sich in diesen Räumen aufhalten und ihr Auftreten, Handeln und Sprechen prägen. Das gilt für eine Kirche oder Kaserne ebenso wie für ein Gerichtsgebäude.

Die physische Ausgestaltung des Gerichtssaales bestimmt, wer wo platziert wird und verdeutlicht damit die Machtverhältnisse. Die Strafprozessordnung und Verfahrensregeln legen fest, wie sich die Anwesenden im Raum zu bewegen und zu verhalten haben. Das heißt nicht, dass die Menschen immer so agieren, wie es von ihnen erwartet wird. So flüchtete etwa am 6. März 1945 der Obergefreite Wilhelm G. direkt nach der Urteilsverkündung: als er aus dem Gerichtssaal hinausgeführt wurde, sprang er die Hauptstiege der Hohenstaufengasse hinunter und von dort auf die Straße, wo er verschwand. Die Tatsache, dass der ihn begleitende Wächter von dieser Handlung vollkommen überrascht wurde,[21] zeigt, dass die allermeisten sich in den Gerichtsräumen so verhielten, wie es das Protokoll vorschrieb.

Das vom Wiener Architekten Otto Wagner im Jahr 1882 gezeichnete Gebäude in der Hohenstaufengasse 3 ist ein architektonisches Juwel. Über viele Jahre hinweg war es eine Bank mit regem Kundenverkehr. Die Kundinnen und Kunden traten über die Treppe des Haupteingangs in das runde Vestibül und kamen von dort in den mit einer Glaskuppel überdachten Kassensaal, in dem sich die Bankschalter befanden. Manchen wurde auch der Zutritt zu den Büros oder zu den im Keller liegenden Tresorräumen gewährt. Nach dem erzwungenen „Anschluss" an das Deutsche Reich übernahm die Wehrmacht das Gebäude. Ende 1943 wurde hier eine Zweigstelle des Gerichts der Division Nr. 177 eingerichtet, eines der wichtigsten Wehrmachtgerichte des Wehrkreises XVII. Ein Jahr darauf verlegte auch die Wiener Außenstelle des Zentralgerichts des Heeres ihren Sitz in die Hohenstaufengasse.

Die Büroräume und Besprechungszimmer wurden nun von Wehrmachtrichtern, Heeresjustizinspektoren und den Schreibkräften genutzt; in einigen Räumen wurden Wachzimmer für die Gerichtswachen eingerichtet. Die beiden Sitzungssäle im ersten und zweiten Stockwerk dienten als Verhandlungssäle. Für welche Zwecke die Tresorräume im Souterrain, der Kassensaal oder das große holzgetäfelte Büro des Hauptkassiers dahinter genutzt wurden, ist nicht bekannt.

Bis Anfang April 1945 führten die beiden Wehrmachtgerichte in diesem Gebäude zahlreiche Ermittlungs- und Strafverfahren durch. Wie viele Personen in diesen eineinhalb Jahren vor Gericht in der Hohenstaufengasse erschienen und wie viele verurteilt wurden, wissen wir nicht genau. Insgesamt hat das Gericht der Division Nr. 177 während des Krieges fast 17.000 Ermittlungsverfahren eröffnet, wie Thomas Geldmacher ermittelt hat. 1944 – zu diesem Zeitpunkt verfügte das Gericht bereits über sechs Abteilungen in Brünn und Wien, zwei davon in der Hohenstaufengasse – bearbeitete es 4137 Strafsachen, 1343 davon in der Hohenstaufengasse.

Die Mehrheit der Angeklagten waren Wehrmachtsoldaten, aber es fanden sich auch Frauen und männliche Zivilpersonen unter ihnen, vorwiegend mit deutscher Staatsbürgerschaft, aber auch Ausländer. Wie nahmen die Angeklagten das Gebäude wahr, das sie am Verhandlungstag, wahrscheinlich in Begleitung einer Wache, betraten? Was ging in ihnen vor, als sie in den Verhandlungssaal geführt wurden und vor den Militärrichtern standen? Und wie bewegten sich die Wehrmachtrichter in den Räumlichkeiten, in denen sie über die Schicksale so vieler Menschen entschieden? Wie gingen sie mit den Angeklagten um? War der Ton ein rauer, wie manche Zeitzeugenberichte nahelegen?[22]

Gefühle, Befehle oder Richtersprüche hinterließen keine sichtbaren Spuren im Gemäuer. Auch an die physische Präsenz der Wehrmachtgerichte erinnert nichts mehr – das Schreibstubenmobiliar wurde nach dem Krieg weiterbenutzt und irgendwann ausrangiert, die Gerichtssäle wieder in Besprechungsräume oder Büros umgewandelt, die Richterbank abgeräumt, die Unmengen an Schriftstücken entsorgt oder abgegeben. Mit der neuerlichen Umwidmung des Gebäudes nach dem Krieg verflüchtigte sich das

Wissen über die Gerichte, die hier Urteile fällten, und damit auch die Erinnerung an die Menschen, die hier verurteilt wurden.

Aufbau des Buches

Das vorliegende Buch möchte diese Vergangenheit wieder sichtbar machen, indem es aus unterschiedlichen Perspektiven die Geschichte und Funktion des Hauses beleuchtet. Den Anfang macht Andreas Nierhaus, der die architektonische Genese und Geschichte des Gebäudes nachzeichnet, das als Hauptsitz der *k. k. privilegirten Oesterreichischen Länderbank* konzipiert und nach Plänen Otto Wagners zwischen 1883 und 1884 erbaut wurde. Nierhaus nimmt uns mit auf einen inspirierenden Rundgang durch die Räumlichkeiten des Gebäudes, um Wagners künstlerische Vorstellungen und deren bauliche Umsetzung zu erläutern. Die zeitgenössische Kritik bejubelte die durchdachte räumliche Organisation, die Lichtarchitektur und die technischen Innovationen dieses modernen „Bankpalastes". Es war aber weniger seine Schönheit, die das Gebäude zu einem begehrten Objekt für die Wehrmacht machte, die es 1938 erwarb. Neben der Lage und Größe des Gebäudes war wohl auch entscheidend, dass der Bau funktional durchdacht und flexibel nutzbar war, und daher als Bank ebenso genutzt werden konnte wie als Gerichtsgebäude.

Der daran anschließende Beitrag von Mathias Lichtenwagner verortet das Gebäude Hohenstaufengasse 3 in einem breiteren *räumlichen* Kontext. Er skizziert eine Topographie der Verfolgung, die das sich verdichtende und gleichzeitig ausweitende Netzwerk nationalsozialistischer Verfolgungsinstitutionen in Wien beschreibt. Anhand von zwei detaillierten Fallgeschichten illustriert Lichtenwagner die enge Kooperation zwischen Wehrmachtgerichten, Haftanstalten, Heeresstreife, Polizei und ziviler Justiz, die durch die räumliche Nähe der verschiedenen Institutionen – manche der Gebäude lagen weniger als 500 Meter auseinander – erleichtert und gefördert wurde.

Das darauffolgende Kapitel erweitert die Perspektive und nimmt den *organisatorischen* Kontext der Wehrmachtjustiz in den Blick. Maria Fritsche beleuchtet die Hintergründe für die von Hitler betriebene Wiedererrichtung der Militärjustiz und erläutert die Struktur, Organisation, Verfahrensabläufe sowie die rechtlichen Grundlagen, auf denen die Spruchpraxis basierte. Der Beitrag greift zentrale Fragen auf, wie jene nach der Unabhängigkeit der Richter im nationalsozialistischen System oder nach der Kategorisierung der Wehrmachtjustiz als Unrechtsjustiz. Da die Urteilspraxis eng mit dem militärischen Strafvollzug verknüpft war, stellt Fritsche auch das komplexe Netzwerk an Haftstätten und Bewährungseinheiten vor und diskutiert die Prinzipien des inhumanen Strafvollzugs.

Obwohl erstaunlich viele Dokumente der Wehrmachtjustiz erhalten geblieben sind, ist unser Wissen über den tatsächlichen Ablauf der Gerichtsverfahren gering. Augenzeugenberichte und Informationen zu den Prozessen gibt es nur wenige. Die Richtlinien,

Strafprozessordnung und Formularvordrucke geben zwar Aufschlüsse darüber, wie eine Gerichtsverhandlung ablaufen *sollte*, doch was wirklich im Gerichtssaal passierte, darüber schweigen die Quellen. Das von Lisa Manneh im Stil einer Graphic Novel gezeichnete grafische Protokoll will diese Lücke füllen, in dem es den (möglichen) Ablauf eines Wehrmachtgerichtsverfahrens visualisiert, um so Organisation, Ablauf und Rollenverteilung verständlicher zu machen. Sie schildert den Prozess von der Abholung der Beschuldigten im Wehrmachtuntersuchungsgefängnis bis zur Vollstreckung der Strafe und thematisiert dabei auch die Quellenproblematik – was ist dokumentiert, was ist Interpretation?

Mannehs Illustrationen stützen sich auf die Gerichtsdokumente im Verfahren gegen zwei Wehrmachtdeserteure, die 1944 vom Gericht der Division Nr. 177 in der Hohenstaufengasse verurteilt wurden. Der konkrete Fall dieser zwei jungen Soldaten aus Niederösterreich, die gemeinsam an der Ostfront desertierten, wird im Folgekapitel unter dem Titel „Die Tapferkeit vor dem Freund" erneut aufgerollt. Der Artikel ist 2005 erstmals in der Tageszeitung *Die Presse* im Zuge der Debatten um die Rehabilitierung der Opfer der NS-Militärjustiz erschienen und wird hier mit freundlicher Erlaubnis der Zeitung erneut abgedruckt.

Die beiden Deserteure waren zwei von insgesamt 69 Männern, die vom Gericht der Division Nr. 177 in der Hohenstaufengasse in einem Zeitraum von nur 16 Monaten zum Tode verurteilt wurden. Amelie Rakar und Julian Stricker-Neumayer haben erstmals systematisch alle Todesurteile, die am Standort Hohenstaufengasse gefällt wurden, erfasst und ausgewertet. Sie ermittelten u. a., dass nahezu alle 69 Todesurteile wegen Fahnenflucht oder Wehrkraftzersetzung durch „Selbstverstümmelung" ausgesprochen wurden und die Opfer überdurchschnittlich jung waren. Rakar und Stricker-Neumayer schildern in fünf Fallgeschichten die unterschiedlichen und teilweise abenteuerlichen Tathergänge und verdeutlichen damit auch das breite Spektrum an Entziehungsformen. Dass mehr als die Hälfte der verhängten Todesurteile nicht vollstreckt wurde, lag auch daran, dass einige der Verurteilten flüchten konnten bzw. in Abwesenheit verurteilt wurden. Bei anderen wiederum wurde die Vollstreckung der Todesstrafe kurz vor dem Zusammenbruch zur „Bewährung zum besonderen Einsatz" ausgesetzt.

Eine empirische Pionierleistung präsentiert der Aufsatz von Thomas Geldmacher, der für diesen Band erstmals *alle* Ermittlungsverfahren des Gerichts der Division Nr. 177 erfasst und ausgewertet hat. Basierend auf den vollständig erhalten gebliebenen Strafsachenlisten des Gerichts, das über insgesamt sechs Abteilungen und drei Standorte in Wien sowie eine Außenstelle in Brünn (Brno) verfügte, gibt Geldmachers Analyse einen differenzierten Einblick in den Gerichtsalltag und die Spruchpraxis des Gerichts. Insgesamt 142 Todesurteile verhängte das Gericht im Laufe des Krieges – nahezu die Hälfte entfiel auf den Standort Hohenstaufengasse, wie Rakar und Stricker-Neumayer ermittelten. Geldmachers Untersuchung verweist darauf, dass weniger als ein Drittel aller Strafsachen mit einem Urteil oder einer Strafverfügung endeten, und Todesurteile, obzwar häufig, trotz allem nicht alltäglich waren. Zehn der aktivsten Divisionsrichter nimmt Geldmacher genauer unter die Lupe, beleuchtet deren Herkunft, Karrierewege und Spruchpraxis und offenbart damit nicht nur die Handlungsspielräume der Richter, sondern erklärt, wie politische Orientierung, aber auch Fronteinsätze die Urteilspraxis der Richter beeinflussten.

Den Band beschließt ein Beitrag von Lena Spanring zur Verfolgung von Frauen durch die Wehrmachtjustiz. Sie greift damit einen Themenkomplex auf, der – mit wenigen Ausnahmen[23] – in der Forschung bisher eher wenig Beachtung fand, obwohl Frauen gerade bei der Unterstützung von Deserteuren eine tragende Rolle spielten. Das verdeutlicht auch der von Spanring auf Basis von Gerichtsakten, einem Tagebuch und Interview geschilderte Fall von Margarete Tischler, die zusammen mit weiteren Familienmitgliedern vom Gericht der Division Nr. 177 verurteilt wurde, weil sie ihrem Ehemann bei der Fahnenflucht geholfen hatte. Spanrings Untersuchung bestätigt nicht nur frühere Funde zum Geschlechterbias der Wehrmachtrichter, die Helferinnen von Deserteuren häufig als die Drahtzieherinnen darstellten, welche Soldaten zur Fahnenflucht verführten, sondern offenbart auch die enorme Sprengkraft der militärgerichtlichen Verfolgung. Sie kostete Tischlers Ehemann und Schwiegervater das Leben und zerrüttete die Familie zutiefst und nachhaltig. Spanring spannt den Bogen bis in die Gegenwart, indem sie einerseits intergenerationale Traumata, andererseits auch die Frage der Entschädigungen und der öffentlichen Anerkennung der Opfer der Militärjustiz thematisiert.

Zum Schluss noch eine kurze Erklärung zu den verwendeten Begrifflichkeiten. Wehrmachtjustiz bzw. Wehrmachtgerichtsbarkeit, Militärjustiz bzw. Militärgerichtsbarkeit, Militärgerichte, Wehrmachtgerichte, Kriegsgerichte oder Feldkriegsgerichte, jeweils mit oder ohne Zusatz „NS" (nationalsozialistisch) – alle diese Begriffe bezeichnen das System bzw. die Organe (Gerichte) der deutschen Militärgerichtsbarkeit in der NS-Zeit. Roland Müller kritisierte die Verwendung des Begriffs „NS-Militärjustiz" mit dem Argument, dass die Justiz nicht deswegen Unrechtsurteile fällte, weil die Wehrmachtrichter Nationalsozialisten waren, sondern vielmehr, weil das nationalsozialistische System Strukturen schuf, die es den Richtern ermöglichte, grobes Unrecht zu sprechen.[24] Müllers Argument hat zweifellos etwas für sich und wird auch durch dieses Buch gestützt. Der Begriff „NS-Militärjustiz" wird in einzelnen Beiträgen lediglich als Kurzbezeichnung für die Militärgerichtsbarkeit in der NS-Zeit verwendet.

Literaturverzeichnis

Bade, Claudia: Deutsche Militärjuristen in Frankreich. Das Gericht des Kommandanten von Paris, in: Bade, Claudia/Skowronski, Lars/Viebig, Michael (Hg.): NS-Militärjustiz im Zweiten Weltkrieg. Disziplinierungs- und Repressionsinstrument in europäischer Dimension, Göttingen 2015, S. 213–228.

Baumann, Ulrich/Koch, Magnus (Hg.): „Was damals Recht war …". Soldaten und Zivilisten vor Gerichten der Wehrmacht, Ausstellungskatalog, Berlin 2008.

Fitl, Peter: Die Verzeichnisse der k.u.k. militärgerichtlichen Standrechtsurteile – ein Sensationsfund? Überlegungen zur Zahl der militärgerichtlichen Exekutionen in der österreichisch-ungarischen Armee im 1. Weltkrieg und die Thesen Hans Hautmanns, in: Mitteilungen des Instituts für Österreichische Geschichtsforschung 129 (2021), S. 387–410.

Fritsche, Maria: Ambivalente Machtverhältnisse. Der Umgang der Wehrmachtjustiz mit Deserteuren und ihren Helfer*innen im besetzten Norwegen, 1940–45, in: Lingen, Kerstin von/Pirker, Peter (Hg.): Deserteure der Wehrmacht und der Waffen-SS. Entziehungsformen, Solidarität, Verfolgung, Paderborn 2023, S. 241–258.

Fritsche, Maria: Entziehungen. Österreichische Deserteure und Selbstverstümmler in der Deutschen Wehrmacht, Wien 2004, S. 153–170.

Lichtenwagner, Mathias: Fehlende Jahre. Die Orte und das Netzwerk der NS-Militärjustiz in Wien, Diplomarbeit, Universität Wien 2011.

Messerschmidt, Manfred: Die Wehrmachtjustiz 1933–1945, 2. Auflage, Paderborn/Wien 2008.

Messerschmidt, Manfred/Wüllner, Fritz: Die Wehrmachtjustiz im Dienste des Nationalsozialismus. Zerstörung einer Legende, Baden-Baden 1987.

Metzler, Hannes: Ehrlos für immer? Die Rehabilitierung der Deserteure der Wehrmacht. Ein Vergleich von Deutschland und Österreich unter Berücksichtigung von Luxemburg, Wien 2007.

Müller, Roland: „Die Ausweichreaktion darf sich nicht lohnen". Wie Militärpsychiater die Wehrmachtsjustiz verschärften, in: Kirschner, Albrecht (Hg.): Deserteure, Wehrkraftzersetzer und ihre Richter: Marburger Zwischenbilanz zur NS-Militärjustiz vor und nach 1945, Marburg 2010, S. 217–224.

Rau, Susanne: Räume, Frankfurt/New York 2017.

Roskothen, Ernst: Buchbesprechung von Otto-Peter Schweling, Die deutsche Militärjustiz in der Zeit des Nationalsozialismus, herausgegeben von Erich Schwinge, in: Der Staat 17/4 (1978), S. 601–603.

Schwinge, Erich: Das Militärstrafgesetzbuch nebst Kriegssonderstrafrechtsverordnung. Erläutert von Dr. Erich Schwinge, 5., neubearbeitete Auflage, Berlin 1943.

Schwinge, Erich: Wehrmachtgerichtsbarkeit – eine Terrorjustiz? Marburg 1993.

Steurer, Leopold/Verdorfer, Martha/Pichler, Walter: Verfolgt, verfemt, vergessen. Lebensgeschichtliche Erinnerungen an den Widerstand gegen Nationalsozialismus und Krieg in Südtirol 1943–1945, Innsbruck/Wien 1993.

Verdorfer, Martha: Desertion in der mehrsprachigen Grenzregion Südtirol, in: Lingen, Kerstin von/Pirker, Peter (Hg.): Deserteure der Wehrmacht und der Waffen-SS. Entziehungsformen, Solidarität, Verfolgung, Paderborn 2023, S. 65–80.

Welch, Steven, „Harsh but Just"? German Military Justice in the Second World War: A Comparative Study of the Court-Martialling of German and US Deserters, in: German History 3/17 (1999), S. 369–99.

Wette, Wolfram/Vogel, Detlef (Hg.): Das letzte Tabu. NS-Militärjustiz und „Kriegsverrat", Bonn 2007.

Wette, Wolfram (Hg.): Filbinger – eine deutsche Karriere. Springe 2006.

Wüllner, Fritz: Die NS-Militärjustiz und das Elend der Geschichtsschreibung, Baden-Baden 1997.

Anmerkungen

1. Messerschmidt, Manfred/Wüllner, Fritz: Die Wehrmachtjustiz im Dienste des Nationalsozialismus. Zerstörung einer Legende, Baden-Baden 1987, S. 15, S. 87; Wüllner, Fritz: Die NS-Militärjustiz und das Elend der Geschichtsschreibung, Baden-Baden 1997, S. 203, 297 f.; Messerschmidt, Manfred: Die Wehrmachtjustiz 1933–1945, Paderborn/Wien 2008, S. 233.
2. Messerschmidt/Wüllner, Wehrmachtjustiz, S. 90 f., S. 138; Wüllner, NS-Militärjustiz, S. 200–203, S. 235–237, S. 297.
3. Baumann, Ulrich/Koch, Magnus (Hg.): „Was damals Recht war …" Soldaten und Zivilisten vor Gerichten der Wehrmacht, Ausstellungskatalog, Berlin 2008, S. 184; für Österreich-Ungarn hat Peter Fitl basierend auf den erhalten gebliebenen Verzeichnissen der vollstreckten feldstandgerichtlichen Urteile und den Resultaten empirischer Studien die Zahl von 1100 hingerichteten Soldaten berechnet. Ich danke Herrn Fitl für die ausführlichen Erklärungen. Für Details siehe Fitl, Peter: Die Verzeichnisse der k. u. k. militärgerichtlichen Standrechtsurteile – ein Sensationsfund? Überlegungen zur Zahl der militärgerichtlichen Exekutionen in der österreichisch-ungarischen Armee im 1. Weltkrieg und die Thesen Hans Hautmanns, in: Mitteilungen des Instituts für Österreichische Geschichtsforschung 129 (2021), S. 387–410.
4. Welch, Steven, 'Harsh but Just'? German Military Justice in the Second World War: A Comparative Study of the Court-Martialling of German and US Deserters, in: German History 3/17 (1999), S. 369–99, hier S. 392.
5. Baumann/Koch, Recht, S. 184.
6. Vgl. etwa Schwinge, Erich: Wehrmachtgerichtsbarkeit – eine Terrorjustiz? Marburg 1993.
7. Schwinge, Erich: Das Militärstrafgesetzbuch nebst Kriegssonderstrafrechtsverordnung. Erläutert von Dr. Erich Schwinge, 5., neubearbeitete Auflage, Berlin 1943, S. 174.
8. Ebd.
9. Schweling, Otto-Peter: Die deutsche Militärjustiz in der Zeit des Nationalsozialismus, bearbeitet, eingeleitet und herausgegeben von Erich Schwinge, Marburg 1977.
10. Zu Roskothen siehe auch Bade, Claudia: Deutsche Militärjuristen in Frankreich. Das Gericht des Kommandanten von Paris, in: Bade, Claudia/Skowronski, Lars/Viebig, Michael (Hg.): NS-Militärjustiz im Zweiten Weltkrieg. Disziplinierungs- und Repressionsinstrument in europäischer Dimension, Göttingen 2015, S. 213–228.
11. Roskothen, Ernst: Buchbesprechung von Otto-Peter Schweling, Die deutsche Militärjustiz in der Zeit des Nationalsozialismus, herausgegeben von Erich Schwinge, in: Der Staat 17/4 (1978), S. 601–603, hier S. 601.
12. Zum Fall Filbinger siehe beispielsweise Wette, Wolfram (Hg.): Filbinger – eine deutsche Karriere. Springe 2006.
13. Messerschmidt/Wüllner, Wehrmachtjustiz.

14 Zu den Feindbildern in der politischen Debatte siehe etwa Fritsche, Maria: Entziehungen. Österreichische Deserteure und Selbstverstümmler in der Deutschen Wehrmacht, Wien 2004, S. 153–170.
15 Eine umfassende Analyse der Rehabilitierung gibt Metzler, Hannes: Ehrlos für immer? Die Rehabilitierung der Deserteure der Wehrmacht. Ein Vergleich von Deutschland und Österreich unter Berücksichtigung von Luxemburg, Wien 2007. Einen informativen Abriss gibt auch die Website *Denkmal für die Verfolgten der NS-Militärjustiz in Wien*, URL: https://deserteursdenkmal.at/wordpress/nachkrieg/chronik_rehabilitierung/ (abgerufen am 16.10.2024).
16 Gesetz zur Änderung des Gesetzes zur Aufhebung nationalsozialistischer Unrechtsurteile in der Strafrechtspflege (NS-AufhGÄndG), 23.7.2002, (deutsches) BGBl. I, Nr. 51/2002; Gesetz zur Aufhebung nationalsozialistischer Unrechtsurteile in der Strafrechtspflege (NS-AufhG), 25.8.1998, (deutsches) BGBl. I, Nr. 58/1998. Ausgenommen war das Delikt des Kriegsverrats, das erst 2009 in das Aufhebungsgesetz inkludiert wurde. Ausführlich dazu Wette, Wolfram/Vogel, Detlef (Hg.): Das letzte Tabu. NS-Militärjustiz und „Kriegsverrat", Bonn 2007.
17 Anerkennungsgesetz, 10.8.2005, BGBl. I, Nr. 86/2005.
18 Außerdem wurden mit dem Gesetz alle Personen rehabilitiert, die wegen homosexueller Handlungen verfolgt oder zwangsweise sterilisiert worden waren. Aufhebungs- und Rehabilitationsgesetz, 21.10.2009. BGBl. I, Nr. 110/2009.
19 Siehe den Beitrag von Mathias Lichtenwagner in diesem Band. Gerichte mit mehreren Zweigstellen, wie das Gericht der Division Nr. 177, und Gerichte, die im Laufe des Krieges ihren Namen änderten, wie das Gericht der Wehrmachtkommandantur Berlin, das 1944 zum Zentralgericht des Heeres wurde, wurden nur einmal gezählt.
20 Rau, Susanne: Räume, Frankfurt/New York 2017, S. 121.
21 Lichtenwagner, Mathias: Fehlende Jahre. Die Orte und das Netzwerk der NS-Militärjustiz in Wien, Diplomarbeit, Universität Wien 2011, S. 37.
22 Kammler, Jörg: Ich habe die Metzelei satt und laufe über ... Kasseler Soldaten zwischen Verweigerung u. Widerstand (1939–1945), Fuldabrück 1997, S. 30, S. 131 f.; Kalmbach, Peter: Wehrmachtjustiz, Berlin 2012, S. 312 f., S. 318.
23 Sehr ausführlich thematisiert die Rolle von Frauen als Helferinnen von Deserteuren die auf Interviews basierende Regionalstudie von Steurer, Leopold/Verdorfer, Martha/Pichler, Walter: Verfolgt, verfemt, vergessen. Lebensgeschichtliche Erinnerungen an den Widerstand gegen Nationalsozialismus und Krieg in Südtirol 1943–1945, Innsbruck/Wien 1993. Jüngere Forschungen: Verdorfer, Martha: Desertion in der mehrsprachigen Grenzregion Südtirol, in: Lingen, Kerstin von/Pirker, Peter (Hg.): Deserteure der Wehrmacht und der Waffen-SS. Entziehungsformen, Solidarität, Verfolgung, Paderborn 2023, S. 65–80; Fritsche, Maria: Ambivalente Machtverhältnisse. Der Umgang der Wehrmachtjustiz mit Deserteuren und ihren Helfer*innen im besetzten Norwegen, 1940–45, in: ebd., S. 241–258.
24 Müller, Roland: „Die Ausweichreaktion darf sich nicht lohnen". Wie Militärpsychiater die Wehrmachtsjustiz verschärften, in: Kirschner, Albrecht (Hg.): Deserteure, Wehrkraftzer-

setzer und ihre Richter: Marburger Zwischenbilanz zur NS-Militärjustiz vor und nach 1945, Marburg 2010, S. 217–224, hier S. 223.

Andreas Nierhaus

Monumentalität und Flexibilität

Architektur und Geschichte des Länderbank-Gebäudes von Otto Wagner

Eine ungewöhnliche Fassade

Die Hohenstaufengasse ist ein typischer, beinahe unauffälliger Straßenzug im Weichbild der Wiener Ringstraße. Ab 1870 auf einem bis dahin vom kaiserlichen Zeughaus besetzten Areal im Randbereich der Stadtbefestigungen von Grund auf neu angelegt, folgt ihre Bebauung den Konventionen gehobener bürgerlicher Architektur, wie sie in der Hauptstadt der Donaumonarchie seit dem Beginn der Stadterweiterung um 1860 entwickelt und etabliert worden waren: Die Fassaden der Wohn- und Geschäftshäuser besitzen – ganz im Sinne des Historismus – in der Regel eine kräftige, geschoßweise leicht variierte Instrumentierung aus dem Motivrepertoire der italienischen, mitunter auch der französischen Renaissance. Der reiche Schmuck der Fassaden wirft im Sonnenlicht starke Schatten und erzeugt eine lebendige, flimmernde Reliefwirkung, die treffend mit der impressionistischen Malerei jener Zeit verglichen wurde.[1]

Von dieser sozial und gestalterisch anspruchsvollen, zugleich anonymen Masse hebt sich – für den Blick des 21. Jahrhunderts schwerer zu fassen als für jenen des späten 19. – die Fassade des Hauses Hohenstaufengasse 3 deutlich ab (vgl. Abb. 1). Sie zeigt zwar ähnliche historische Formen, aber anders eingesetzt als bei ihren Nachbarn. Schon die Proportionen sind ungewöhnlich: eine hohe Sockelzone, die ein Voll- und zwei Halbgeschoße umfasst, darin scharf eingeschnitten ein mächtiges und zugleich auffällig schlichtes rechteckiges Portal. Über diesem Sockel erhebt sich die Hauptzone mit einer Pilasterordnung, die zwei Vollgeschoße zusammenfasst und das Attikageschoß mit abschließendem Kranzgesims trägt. Ohne Zweifel: Hier möchte jemand auffallen und zeigen, dass sich hinter der Fassade kein gewöhnliches Wohn- und Geschäftshaus, kein Stadtpalais, sondern etwas Anderes, vom Typus her Neues befindet. Das Hochparterre ist durch seine Höhe als Bereich mit öffentlichem Charakter gekennzeichnet, die „Beletage" enthält vermutlich offizielle Räumlichkeiten. Zeitgenossen des späten 19. Jahrhunderts konnten dezente Hinweise auf die konkrete Bestimmung des Gebäudes finden: der grob behauene, mehr als zwei Meter hohe, das Blickfeld der Passantinnen und Passanten ausfüllende steinerne Sockel vermittelte durch seine schiere Materialwirkung ein Gefühl von Festigkeit und Sicherheit, das durch die mit massiven ornamentalen Gittern versehenen Souterrainfenster noch gesteigert wurde; das hoch aufragende Portal aus Karstmarmor[2] verwies in seiner für Wien ungewöhnlichen Formensprache, verstärkt durch die mit Ornamenten gefüllten Felder links und rechts, in das Italien der Frührenaissance, wo um die Mitte des 15. Jahrhunderts in Florenz das moderne Bankwesen erfunden worden war.

Tatsächlich gehörte der 1883/84 nach Plänen von Otto Wagner (1841–1918) erbaute und 1884 in Betrieb genommene Hauptsitz der *k. k. privilegirten Oesterreichischen Länderbank* in der Hohenstaufengasse zu den ersten modernen Bankpalästen Wiens.[3] Erst im Jahr zuvor waren ganz in der Nähe die Gebäude der *Allgemeinen Verkehrsbank* (Wipplingerstraße 28, Entwurf: Friedrich Schachner) und des *Wiener Giro- und Cassenvereins* (Rockhgasse 4, Entwurf: Emil Ritter von Förster) vollendet worden.[4] Im Jahr darauf sollte mit der *k. k. priv. Allgemeinen Oesterreichischen Bodencredit-Anstalt* (Teinfaltstraße 8–10, Entwurf: Emil Ritter von Förster) eines der bis dahin größten Bankgebäude der Monarchie in Angriff genommen werden.[5] Wie die unterschiedliche Formensprache dieser Bauten deutlich macht, war für ihren sehr spezifischen und durchaus neuartigen Zweck zwar kein einheitlicher historischer Stil, wohl aber eine gewisse architektonische Grundhaltung verbindlich, die den Eindruck von Solidität mit einem offiziösen Auftreten verband.[6] Im Fall von Otto Wagners Länderbank kam der schon früh formulierte Anspruch hinzu, eine Fassade müsse die „Qualität" der dahinter liegenden Räume anschaulich machen.[7] Der Journalist und Mitbegründer der *Neuen Freien Presse* Zacharias Konrad Lecher griff diesen Gedanken – wohl nicht unbeeinflusst von Wagners eigenen Worten – auf und stellte die architektonische Wahrhaftigkeit der Länderbank den jüngst errichteten protzigen Berliner Bankpalästen gegenüber: „ein richtiges architektonisches Kunstwerk" müsse „von innen heraus gebaut werden", ein Anspruch, den „die vornehm einfache Façade" erfülle, bringe sie doch „in ihrer äußerlichen Gliederung die glückliche Vertheilung der Innenräume zum Ausdruck, die in ihrer Art ein Unicum, für Bau-Anlagen zu gleichen oder verwandten Zwecken fortan wol den mustergiltigen Typus nicht blos für Wien bilden wird."[8]

Knapp drei Jahrzehnte später, 1910, sollte Adolf Loos die Ausdruckswerte öffentlicher Bauten im Sinne einer „Stimmung" evozierenden *architecture parlante*, allerdings bereits mit Blick auf eine neue, von der Macht der historischen Stile befreite Architektur, auf den Punkt bringen:

> Die architektur erweckt stimmungen im menschen. Die aufgabe des architekten ist es daher, die stimmung zu präzisieren. Das zimmer muß gemütlich, das haus wohnlich aussehen. Das justizgebäude muß dem heimlichen laster wie eine drohende gebärde erscheinen. Das bankhaus muß sagen: hier ist dein geld bei ehrlichen leuten fest und gut verwahrt.[9]

Otto Wagners Länderbank kam diesem Anspruch auf exemplarische Weise nach. Mehr noch, der Bau begründete den für Wien neuartigen Typus des monumentalen und zugleich in jeder Hinsicht funktional durchdachten, flexibel nutzbaren „Bankpalastes"[10], verbunden mit einer ganzen Reihe architektonischer und technischer Neuerun-

Monumentalität und Flexibilität | **27**

Abb. 1 Fassade des Länderbank-Gebäudes, Fotografie, 1884. Wagner, Otto: Einige Scizzen, Bd. 1, Wien 1889, Bl. 55.

gen – Charakteristika, die den Bau zu einem frühen Meisterstück des Architekten und zu einem Prototyp für das Hauptwerk aus Wagners später Zeit, des 1906 eröffneten Postsparkassen-Gebäudes am Stubenring machen.[11] Die spezifische „Stimmung" des Gebäudes als Bankhaus im Sinn von Adolf Loos schützte es jedoch nicht vor einer späteren Nutzung als Justizgebäude, dessen „drohende Gebärde" nicht von formalen Kriterien ausging, sondern von den Menschen, die darin Urteile sprachen.

Schon dem Schriftsteller Joseph August Lux, Wagners Biograph, galt das Gebäude der Länderbank als „Genieprobe".[12] Für den Kunsthistoriker Hans Tietze begann hier „die Tätigkeit des ‚eigentlichen' Wagner"[13] – im Sinne einer nach vorne, in die Zukunft gerichteten, von Zweck, Konstruktion und Material bestimmten Architektur für das „moderne Leben".[14] Seit der minutiösen, bis heute beeindruckenden Studie des bedeutenden Wagner-Forschers Otto Antonia Graf von 1963, die große Form und ornamentales Detail als Elemente eines künstlerisch kohärenten Entwurfsprozesses begreift, gilt der Bau als Schlüssel zu Wagners künstlerischem Denken.[15] Graf sah in der Länderbank den Beginn des funktionalen „Zukunftsstils" des 20. Jahrhunderts und damit „das kunstgeschichtlich wichtigste ausgeführte Bauwerk Otto Wagners".[16]

Im Werk Otto Wagners wie in der Geschichte der Architektur in Wien hat das Haus Hohenstaufengasse 3 also einen festen Platz – dennoch fehlt bis heute eine ausführliche monografische Untersuchung. Der vorliegende Beitrag kann diese Lücke nicht schließen, sondern lediglich einige wesentliche Aspekte beleuchten. Die noble, lichtdurchflutete Architektur des Hauses mag man sich zwar kaum als Schauplatz für die Militärjustiz der NS-Diktatur denken, deren Aufarbeitung den Ausgangspunkt und den Rahmen für diesen Text bietet – und doch war es Wagners innovativer Entwurf, der eine unkomplizierte Nutzung des Gebäudes für völlig andere Zwecke und ohne gravierende Umbauten überhaupt erst möglich machte. Die vorliegende Analyse von Baugeschichte und Architektur will damit auch Auskunft über die Funktionsweisen eines historisch „kontaminierten" Objektes bieten, ohne dessen originäre künstlerische Qualitäten zu vernachlässigen.

Die k. k. priv. Oesterreichische Länderbank

Als die *k. k. priv. Oesterreichische Länderbank* 1882 einen geladenen Wettbewerb zum Bau ihres Amtsgebäudes auslobte, hatte das junge Bankinstitut bereits eine turbulente Geschichte hinter sich. Die Bank wurde auf Initiative des schillernden französischen Eisenbahn- und Finanzfachmanns Eugène Bontoux (1820–1904) gegründet.[17] Bis 1878 Generaldirektor der von französischen Investoren kontrollierten *Südbahn-Gesellschaft*, wurde er noch im selben Jahr Gründungspräsident der *Société de l'Union Générale*, eines Instituts, das von der liberalen Wiener Presse sogleich den Titel einer „katholischen Bank" erhielt.[18] Tatsächlich erfreute sich die *Union Générale* der Unterstützung des Papstes, eröffnete unmittelbar nach der Gründung eine Filiale in Rom und zählte hohe geistliche Würdenträger und Persönlichkeiten aus dem Kreis der französischen Royalisten zu seinen Aktionären.[19] Die Geschäfte der Bank entwickelten sich rasant: das Gründungskapital von 25 Millionen Francs wurde im darauffolgenden Jahr 1879 auf 50 Millionen, 1881 auf 100, 1882 auf 150 Millionen Francs erhöht. Das Kundenguthaben stieg von 21,7 Millionen Francs im Jahr 1878 auf 130 Millionen Ende 1881.[20] Die finanzielle und wirtschaftliche Aktivität der *Union Générale* war von Anfang an auf den französischen Markt, vor allem aber auf das Gebiet der österreichisch-ungarischen Monarchie konzentriert. Mit massiver Unterstützung der neuen konservativen Regierung Taaffe und ihres Finanzministers Julian Ritter von Dunajewski konnte bald eine Wiener Filiale gegründet werden – eine Maßnahme, die ebenfalls politischen Charakter trug, sollte damit doch ein Gegengewicht zur dominierenden „liberalen" Rothschild-Bank geschaffen werden.[21] Die Gründung der vom Staat protegierten Länderbank wurde in der Forschung mit dem Ende der liberalen Ära gleichgesetzt, die mit der Gründung der Creditanstalt 1855 ihren Anfang genommen hatte.[22]

Am 15. Oktober 1880 genehmigte das k. k. Ministerium des Innern die Statuten der *k. k. priv. Oesterreichischen Länderbank*. Die Bank stand unter dem direkten Schutz der Regierung. Obwohl sie keine offizielle Staatsbank war, ernannte der Kaiser ihren Gouverneur und gewährte ihr das Recht, den Doppeladler zu tragen. Das Interesse der Regierung an der Gründung der Bank zeigte sich auch darin, dass sie ausnahmsweise genehmigte, dass nur die Hälfte der ausgegebenen und an der Börse notierten Aktien einzuzahlen war – was einer seit dem Krach von 1873 bestehenden Regelung widersprach. „Auf diese Weise erreichte Bontoux sein Ziel: Er hatte in Wien ein offizielles, der neuen konservativen Regierung politisch genehmes Unternehmen zu seiner Verfügung, eine Bank ‚mit ganz besonderen Eigenschaften'."[23]

Zum Gouverneur der Bank wurde Ludwig Graf Wodzicki (1834–1894) bestellt, den Posten des Generaldirektors übernahm Samuel Ritter von Hahn (1837–1915).[24] Das Kapital der Bank war auf 100 Millionen Francs bzw. 40 Millionen Goldgulden fixiert, ein Pariser Syndikat unter Führung der *Union Générale* übernahm fest die zur Emission gelangten 200.000 Aktien der Bank; die Gründerversammlung fand am 11. November 1880 im Wiener Grandhotel statt.[25] Ihren ersten provisorischen Sitz hatte die Länderbank im Haus Löwelstraße 18, hinter dem damals noch in Bau befindlichen Burgtheater. Die Bank entwickelte bald eine intensive Tätigkeit auf dem Gebiet des Eisenbahnbaus und des Bergbaus: 1881 übernahm die Bank Aktien der *Kaiserin-Elisabeth-Bahn* von Wien nach Salzburg bzw. Passau und engagierte sich beim Bau der Strecke von Budapest nach Semlin. Im selben Jahr wurde zusammen mit der französischen Muttergesellschaft und dem *Wiener Bank-Verein* die *Ungarische Landesbank-Actien-Gesellschaft* gegründet. Den Höhepunkt bildete die ebenfalls 1881 mit Unterstützung der Staatsverwaltung erfolgte Gründung der *Österreichisch-Alpinen Montangesellschaft*, eines der führenden Industrieunternehmen der Monarchie, das bis zur Fusion mit der *VÖEST* 1973 existierte und im Namen *Voestalpine* bis heute weiterlebt.[26]

Anfang 1882 kam es durch verlustreiche Aktienspekulation im Konkurrenzkampf mit dem Haus Rothschild und den Abzug von Kundeneinlagen zum Zusammenbruch der *Union Générale* und zur Verhaftung von Bontoux.[27] Das österreichische Tochterunternehmen konnte sich jedoch aus eigener Kraft retten und etablierte sich in der Folge als ein in jeder Hinsicht österreichisches Unternehmen, wobei die engen Beziehungen zu französischen Finanzkreisen bestehen blieben.[28] Ein sichtbares Zeichen für das Selbstbewusstsein und die neue Autonomie der Bank war die Errichtung eines eigenen repräsentativen Hauses im neu entstehenden „Bankenviertel", Adresse Hohenstaufengasse 3.

Symmetrie und Achsenbruch

Auf dem Areal zwischen Wipplingerstraße, Renngasse und Hohenstaufengasse stand zuvor das kaiserliche Zeughaus, ein ausgedehnter vierflügeliger Bau des 16. und 17. Jahrhunderts, der von der privaten *Wiener Baugesellschaft* erworben und 1871 demoliert wurde, um neuen Wohn- und Geschäftshäusern Platz zu machen (vgl. Abb. 2).[29] Im folgenden Jahrzehnt ging die Bebauung rasch voran, und im März 1882 erwarb die *Länderbank* die letzte freie Parzelle in der Hohenstaufengasse um 294.694 Gulden.[30] Im Sommer erhielt dann der damals 41-jährige Otto Wagner als Sieger eines geladenen Wettbewerbs den Auftrag für den Bau des Amtsgebäudes auf diesem Grundstück.[31] Der im Oktober 1882 begonnene Bau konnte in der kurzen Zeit von eineinhalb Jahren vollendet und im April 1884 der Benutzung übergeben werden.[32]

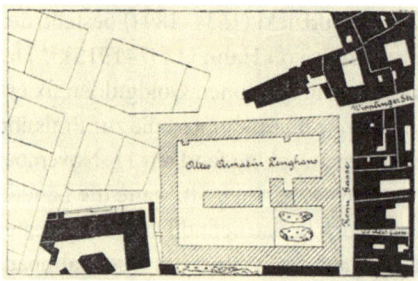 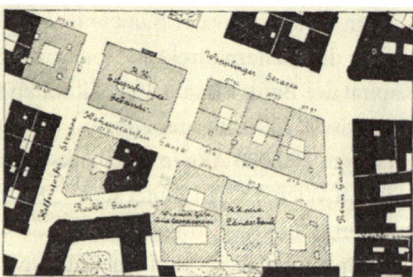

Abb. 2 Situationspläne des ehemaligen kaiserlichen Zeughauses und der an seiner Stelle angelegten Straßenzüge. Bach, Theodor: Die Anteilnahme der Wiener Bau-Gesellschaft an der baulichen Entwicklung Wiens II, in: Der Bautechniker, 24 (1904), Nr. 4, S. 61.

Die zwischen Nachbarhäusern eingezwängte Baufläche war relativ schmal und ungünstig geschnitten und erforderte daher das ganze Geschick des Architekten. Er griff für seinen Entwurf auf eine Lösung zurück, die er zwei Jahre zuvor für ein angrenzendes Grundstück in der Rockhgasse entwickelt hatte: das Wettbewerbsprojekt für das

Gebäude des *Wiener Giro und Cassen-Vereins*, mit dessen Ausführung nicht Wagner, sondern Emil von Förster beauftragt wurde.[33] Der Bauplatz dort war noch ungünstiger, da die nur wenige Meter breite Straßenfassade in einer Gassenecke zu liegen kam. Während Förster das Problem mit einem zugleich pragmatischen, platzsparenden und konventionellen, stark verschachtelten Grundriss löste, entwickelte Wagner den Bau aus der Kreisform – vom Kreissegment der konkaven Fassade über das kreisrunde Vestibül bis zum halbkreisförmigen Saal für den Publikumsverkehr, um den strahlenförmig die Amtsräume angeordnet waren (vgl. Abb. 3). Diese geradezu ikonische Grundrissform bildete den Ausgangspunkt für die Planung der Länderbank – mit entscheidenden Änderungen.

> Eine einfache klare Grundrissdisposition bedingt meist die Symmetrie des Werkes. Es liegt etwas Abgeschlossenes, Vollendetes, Abgewogenes, nicht Vergrösserungsfähiges, ja Selbstbewusstes in einer symmetrischen Anlage, auch Ernst und Würde, die steten Begleiterinnen der Baukunst, verlangen sie. Erst dort, wo Platzform, Mittel, Utilitätsgründe überhaupt die Einhaltung der Symmetrie unmöglich machen, ist eine unsymmetrische Lösung gerechtfertigt.[34]

Diese Sätze aus Wagners wichtigster theoretischer Schrift *Moderne Architektur*, zwölf Jahre nach der Vollendung der Länderbank publiziert, unterstreichen die zentrale Stellung der Symmetrie als Grundbedingung seiner an der klassischen Antike und der Renaissance geschulten Architektur. Im Fall der Länderbank musste dieser Anspruch an die Wirklichkeit eines verzogenen und nicht leicht zu bewältigenden Grundstücks angepasst werden (vgl. Abb. 4 und 5).

Das Vestibül und Johannes Benks „Austria"

Um die bereits im Wettbewerb geforderte „Central-Anlage"[35] mit mittig situiertem Kassensaal auf der unregelmäßigen Fläche unterzubringen, musste Wagner einen Bruch der Symmetrieachse des Gebäudes in Kauf nehmen. Die Stelle dieses Achsenbruchs besetzte er, einer durchaus gängigen Praxis folgend, durch ein kreisrundes Vestibül.[36] Es ist hinter dem schmalen Straßentrakt angeordnet, aber bereits von der Straße als Ziel der von hier aus emporführenden Eingangstreppe zu sehen, gerahmt von zwei mächtigen ionischen Säulen, die mit ihren Piedestalen auf die Treppenstufen gestellt sind (vgl. Abb. 6).

In der Mitte des Raumes steht, von einer Eisen-Glas-Kuppel überwölbt, auf einem hohen Postament aus poliertem rotem Marmor die monumentale, aus Bronze und Marmor gefertigte Statue der „Austria" von Johannes Benk (1844–1914). In der Rechten ein Zepter, den linken Arm in die Halterung eines Schildes mit dem habsburgischen Wappen gesteckt, auf dem Kopf die Kaiserkrone, blickt uns diese Personifikation der österrei-

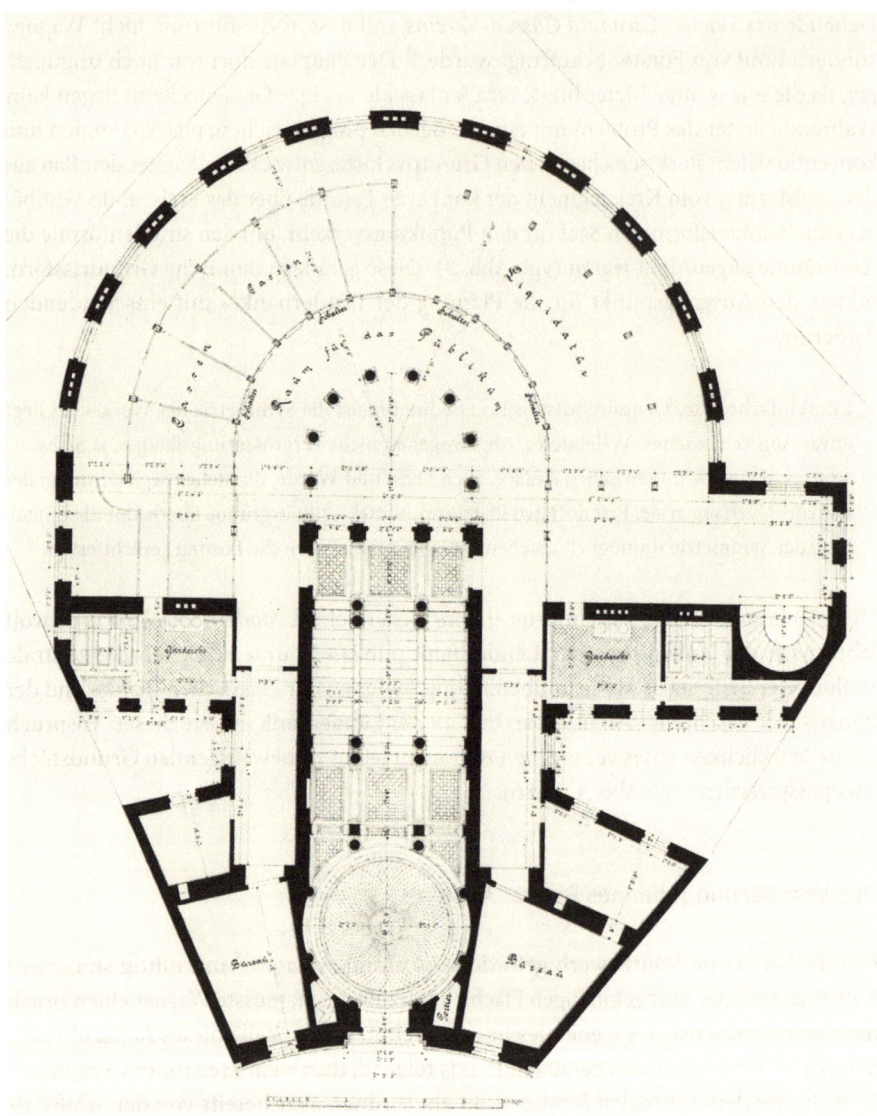

Abb. 3 Grundriss des Amtsgebäudes des Wiener Giro- und Cassenvereins, 1880. Wagner, Otto: Einige Scizzen, Bd. 1, Wien 1889, Bl. 20.

chischen Monarchie hoheitsvoll und ehrfurchtgebietend entgegen. Der Kunstkritiker Ludwig Hevesi sah die Statue wenige Wochen vor ihrer Aufstellung im Länderbank-Gebäude im Künstlerhaus und war beeindruckt: „Gewand, Schmuck und Geräth sind daran aus (nach Bedarf vergoldeter) Bronze, das Nackte aus Marmor; diese Modernisirung und Verwohlfeilung der griechischen Goldelfenbein-Statuen wirkt sehr anziehend

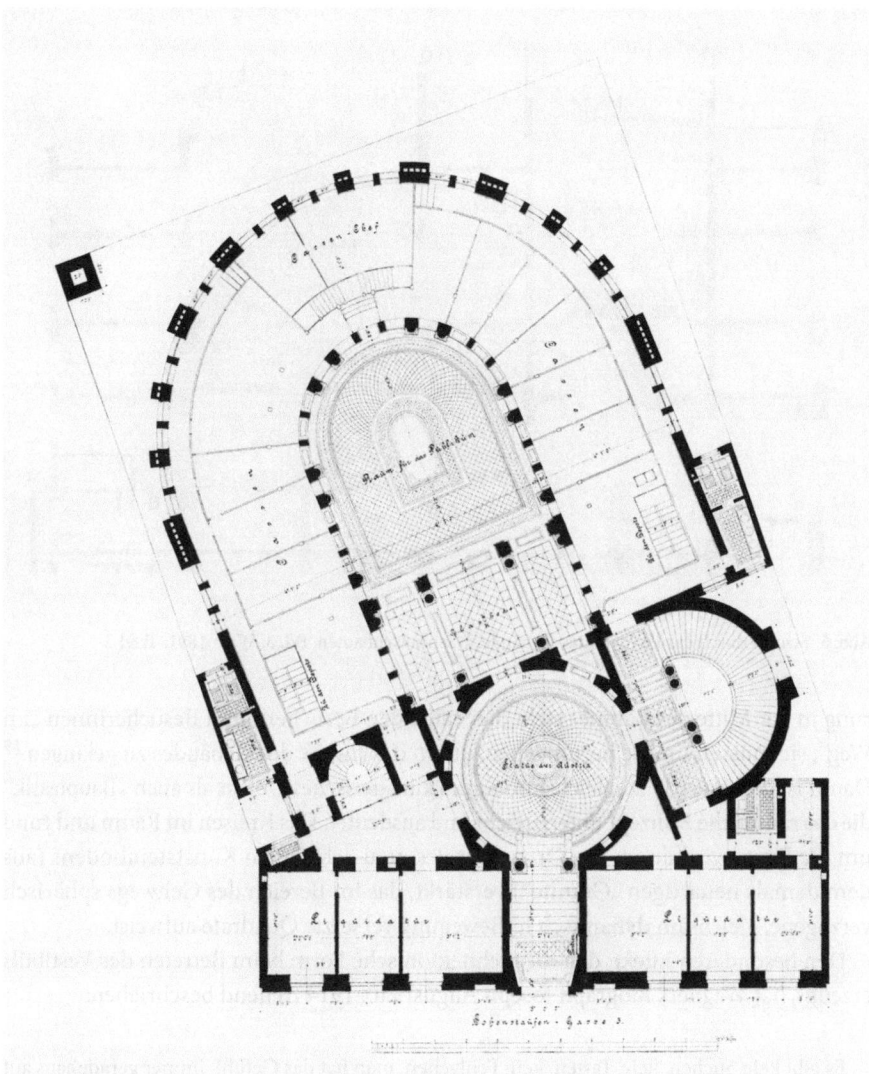

Abb. 4 Hochparterre-Grundriss des Länderbank-Gebäudes. Wagner, Otto: Einige Scizzen, Bd. 1, Wien 1889, Bl. 55.

und dürfte bald Nachfolge finden."[37] Benks zentral positionierte „Austria" ist eine Anspielung auf den Charakter der Bank als vom Staat „privilegirtes" Institut, das den Anspruch erhebt, die finanziellen und wirtschaftlichen Interessen der österreichisch-ungarischen Monarchie zu vertreten. Vor allem aber sollte die Statue den Achsenbruch im Grundriss des Gebäudes „maskiren"[38], inszeniert ihn zugleich aber – unterstützt durch eine leichte Drehbewegung – mit den Mitteln der Skulptur. Durch ihre Positionie-

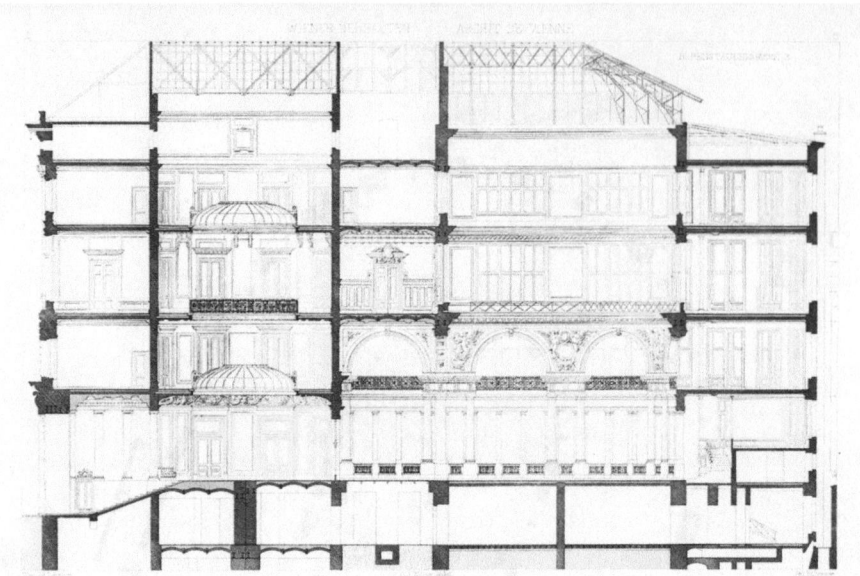

Abb. 5 Schnitt durch das Länderbank-Gebäude. Wiener Neubauten, Bd. 3, Wien 1891, Tafel 2.

rung in der Mitte des Raumes steht die Statue den Besuchern und Besucherinnen „im Weg"; sie müssen um sie herumgehen, um in das Innere des Gebäudes zu gelangen.[39] Damit ist die „Austria" zugleich autonomes künstlerisches Objekt als auch „Bauplastik", die das räumliche Konzept unterstreicht und ausdeutet. Das Kreisen im Raum und rund um die Figur wird durch das Ornament des grau-schwarzen Kunststeinbodens (aus dem damals neuartigen „Granito") verstärkt, das im Bereich des Gehwegs sphärisch verzogene, gleichsam dynamisch in Bewegung versetzte Quadrate aufweist.

Den besonderen Effekt, den die architektonische Form beim Betreten des Vestibüls erzeugt, hat Wagners Biograph Joseph August Lux 1914 treffend beschrieben:

> Es gibt kein Suchen, kein Tasten, kein Fehlgehen, man hat das Gefühl, immer geradehaus auf dem einfachsten und leichtesten Weg zu den Kassen gelangen zu können. Man hat gar nicht bemerkt, daß die Achse des Gebäudes hier einen Knick hat, der sonst so leicht den Besucher desorientiert und den Eindruck des Schiefen und Gefühlswidrigen hervorruft. Wie das hier vermieden ist? Durch den kleinen Rundsaal, der für den Augenblick die Richtungslinien aufhebt und es gar nicht bewußt werden läßt, daß in seinem Mittelpunkt der Achsenbruch liegt. Ein kleiner Umblick im Kreis, man ist neu orientiert nach dem Hauptsaal, ohne zu wissen, daß man um eine Ecke gegangen ist, in der Meinung, immer geradeaus gerichtet zu sein. Eine verblüffend einfache und eben darin so geniale Lösung.[40]

Abb. 6 Vestibül des Länderbank-Gebäudes mit Statue der „Austria" von Johannes Benk, Fotografie von Margherita Spiluttini, 1995.

Der Kassensaal als „Lichtarchitektur"

Der Kassensaal als Hauptraum der gesamten Anlage besitzt wie beim Entwurf für den *Wiener Giro- und Cassen-Verein* eine halbrunde Apsis, von der aus der Grundriss des ganzen Traktes entwickelt ist.[41] Dem eigentlichen Saal ist ein querrechteckiger Vorraum vorgeschaltet, in dem das architektonische System des Kassensaales „intoniert" wird: in raumhohe Arkadenbögen auf freistehenden dorischen Säulen – aus Granit mit Stuckmarmor-Überzug[42] – ist eine niedrigere Pfeilerkolonnade eingestellt, die Wand dadurch zur Gänze in tektonische Gliederungselemente aufgelöst; die Flächen dazwischen sind mit Glas transparent geschlossen oder offen gelassen. Von hier aus fällt unser Blick durch eine große „Serliana"[43], dem „Leitmotiv" des Saales, in den Hauptraum – ganz so, wie Otto Wagner dies in einer 1889 publizierten Zeichnung visualisiert hat (vgl. Abb. 7).[44] Im Halbdunkel dieses Vorraums stehend, überrascht – egal, ob an einem sonnigen, oder bewölkten Tag – zunächst die strahlende Helligkeit des Saales: Durch eine Glasoberlichte – heute matt, ursprünglich jedoch „teppichartig" mit farbigen Malereien der Tiroler Glasmalerei-Anstalt geschmückt[45] – fallen große Mengen natürlichen Lichts in den Raum. Dieser gläsernen Decke entspricht im Vorraum ein gläserner Fußboden – einer der ersten seiner Art in Wien –, der das Tageslicht weiter in den darunterliegenden Manipulationsraum vor den Tresoren leitet.

Der Boden des Hauptraumes dagegen ist wie jener im Vestibül aus Kunststein, das Quadrat- bzw. Schuppenmuster erweist sich hier nun als die „beruhigte" Urversion des rotierenden Bodenornaments im Vestibül. Die Wand erweckt den Eindruck einer durchlässigen, dynamisch gebogenen und doch tektonisch soliden Membran, die den Blick auf die dahinterliegende Struktur freigibt (vgl. Abb. 8–10). Dies geschieht durch eine „große Ordnung" von raumhohen Serlianen, in die als „kleine Ordnung" eine niedrigere Pfeilerkolonnade eingestellt ist – das im Vorraum angeschlagene architektonische Thema wird hier ausgeführt, sein gesamtes Potenzial ausgeschöpft, um einen besonderen gestalterischen Effekt zu erzielen, nämlich den Saal mit der ihn umgebenden Raumschicht zu verbinden und diese Verbindung auch visuell nachvollziehbar, architektonisch verständlich zu machen. Während die Serlianen dem Saal zugeordnet sind, bringen die Kolonnaden die Gliederung der dahinterliegenden Bereiche zum Ausdruck. Die Höhe der Kolonnade entspricht der Höhe der umliegenden Hochparterreräume bzw. des Umgangs im darüber liegenden Stockwerk, die Intervalle der Pfeiler definieren die Breite der Kassenschalter. Angesichts der Präsenz der architektonischen Gliederung tritt der figurale Schmuck der Bogenzwickel zurück: er besteht aus besonders zarten Stuckreliefs mit Personifikationen der Wissenschaften, der Künste und des Handels, die um zentrale kreisrunde Öffnungen bzw. halbkugelförmige (!) Vertiefungen organisiert sind.[46]

Wagner zitierte mit dem System der Wandgliederung den Kassensaal des von Édouard Corroyer (1835–1904) zwischen 1878 und 1883 errichteten *Comptoir national d'escompte de Paris*, einem bedeutenden Bankinstitut, das auch enge geschäftliche Beziehungen

Abb. 7 Blick in den Kassensaal des Länderbank-Gebäudes. Wagner, Otto: Einige Scizzen, Bd. 1, Wien 1889, Bl. 55.

Abb. 8 Kassensaal des Länderbank-Gebäudes, Fotografie von Margherita Spiluttini, 1995.

Abb. 9 Kassensaal des Länderbank-Gebäudes, Fotografie von Wolfgang Thaler, 2017.

Abb. 10 Kassensaal des Länderbank-Gebäudes, Fotografie von Wolfgang Thaler, 2017.

Abb. 11 Kassensaal im Gebäude des Comptoir national d'escompte de Paris. *Le monde illustré*, 4. März 1882, S. 141.

mit der Länderbank pflegte (vgl. Abb. 11).[47] Auch dort ist eine kleine Kolonnade mit einer Folge großer Serlianen verbunden, allerdings in einem herkömmlichen rechteckigen Raum, ohne die fast verwegene Spannkraft der im Grundriss gebogenen Bogenstellungen und die raffinierte, unterschiedliche Funktionen sichtbar machende „Transparenz" von Wagners Architektur. Während in Corroyers Pariser Bankinstitut die Wandgliederung durch eine vollständige Verglasung von den umgebenden Räumen abgeschlossen ist, sehen die Kundinnen und Kunden der Länderbank durch die Bogenöffnung das, was „dahintersteckt": die dem Bankbetrieb zugrundeliegenden Arbeitsprozesse in eigens dafür entworfenen Räumen, die sich vom Kassensaal strukturell deutlich unterscheiden. Der Kranz aus Büroräumen, der sich fächerförmig um den Saal legt, besteht aus einem Skelett aus gewalztem Eisen – eine Neuheit im Monumentalbau jener Zeit –, wobei die Pfeiler mit Holz verkleidet sind und dünne Trennwände der Forderung nach maximaler Flexibilität der Raumgrößen nachkommen.[48] Anders als die klassischen Säulen und Architrave des Saales – die in ihrem Kern zum Großteil ebenfalls aus Eisen bestehen – bilden diese Räume ein regalartig gestapeltes, mehrgeschoßiges Gerüst, das ohne jede historische Assoziation auskommt. Zwei unterschiedliche, im Grunde konträre konstruktive Systeme sind hier dem Zweck entsprechend – „funktional" im Sinne Wagners – angewandt und als Schritte auf dem Weg zu einer zunehmenden Auflösung der Wand und der Raumgrenzen, sicher auch als Demonstration der unter-

Abb. 12 Kassensaal des Länderbank-Gebäudes, Fotografie von Wolfgang Thaler, 2017.

schiedlichen Möglichkeiten „traditionell" tektonischer und technologisch „moderner" Konstruktionsweisen, miteinander in Beziehung gesetzt.

Der architektonischen und konstruktiven Logik des Raumes entsprach auch die durchdachte räumliche Organisation der Arbeitsabläufe. Den Mittelpunkt bildete dabei das im Scheitel der Apsis erhöht situierte Büro des Hauptkassiers, der „von seinem Pulte aus den ganzen Kassenraum im Auge behalten kann"[49] (vgl. Abb. 12). Die Kassierer gelangten durch separate, vom Publikumsverkehr vollständig abgetrennte Eingänge in einen Korridor, der die Bankschalter mit den Büroräumen verband (vgl. Abb. 13).[50] Letztere waren durch Trennwände aus Glas und ungewöhnlich große Außenfenster bestmöglich beleuchtet. In den darüber liegenden Stockwerken verläuft der Korridor versetzt entlang des Lichthofes, die Büroräume sind dadurch entsprechend tiefer. Im Souterrain, unter den Büros der Kassierer und mit diesen verbunden durch Sprachrohre, Aufzüge und industriell hergestellte schlichte und zugleich mit größter gestalterischer Sorgfalt entworfene eiserne Treppen, befanden sich die Kassendepots. In den Stockwerken darüber waren rund um den Kassensaal und den darüber liegenden glasgedeckten Lichthof die Büros der Buchhaltung angeordnet.[51]

Wie wichtig die Führung des Tageslichtes zu einer Zeit war, als weder Gas noch das damals neuartige elektrische Licht genügend Helligkeit versprachen, verdeutlicht der

Abb. 13 Korridor zwischen Kassenschaltern und Büroräumen im Hochparterre des Länderbank-Gebäudes, Fotografie von Margherita Spiluttini, 1995.

bereits zitierte Bericht von Zacharias Konrad Lechner, der die neue Länderbank mit den vorbildlichen Pariser Instituten des *Crédit Lyonnais* und des *Comptoir national d'escompte de Paris* verglich:

> [… dort] erhalten die Cassierräume nur aus der Mittelhalle ihre Tagbeleuchtung, verbleiben deshalb insbesondere bei regnerischer oder nebliger Zeit im rückwärtigen Theile in steter Dämmerung und finden die Beamten sich genöthigt, ihre Pulte nach vorne, in die Nähe der Schalteröffnung zusammenzudrängen, um halbwegs bei ihrer Arbeit sehen zu können. Die von zwei Seiten einfallende Beleuchtung im Länderbankhause gestattet eine beliebige Disposition der Pulte und Ausnutzung des Bureauxraumes.[52]

Wagners Anspruch, das Gebäude mit möglichst viel Tageslicht zu versorgen und zugleich die Würde der Institution durch eine entsprechend „monumentale" künstlerische Gestaltung herauszustellen, prägte auch den Entwurf des Kassensaales mit seinem Kranz aus Büroräumen. Wagner schuf hier eine eindrucksvolle „Lichtarchitektur" für die Bedürfnisse eines modernen Bürogebäudes.

Lecher, der das Gebäude noch während der Bauarbeiten besichtigte und den ersten Zeitungsartikel darüber verfasste, zeigte sich beeindruckt von der technischen Ausstattung des Gebäudes. Seine Beschreibung macht deutlich, welche Herausforderung die technische Ausstattung von Büroräumen in jener Zeit darstellte und welche Lösung Wagner fand, um die Temperaturen im Gebäude zu regulieren. Das Glasdach über der Zieroberlichte des Kassensaals wurde im Sommer mit Wasser überrieselt, um es zu kühlen, und in den Arbeitsräumen wurde die warme Luft im Deckenbereich gekühlt, um sie wieder abzusenken und so eine angemessene Raumtemperatur zu erzeugen. Die heute selbstverständliche Klimatisierung von Büroräumen war um 1880 noch ein Novum und wurde deshalb in zeitgenössischen Berichten besonders hervorgehoben.

Auch die „Haustechnik" – also Frischluftzufuhr, Beheizung und Beleuchtung der Räume – war durchdacht. Das Gebäude erhielt

> […] mittels einer zu diesem Zwecke aufgestellten, von einem Gasmotor getriebenen Maschine in allen seinen Räumen eine ausreichende Ventilation, wozu die Luft durch einen beim Garten des Schottenklosters mündenden Schacht aufgefangen wird. Die Erwärmung wird im Winter durch ein gemischtes System von Dampf und Heizwasser bewerkstelligt, für die Beleuchtung ist elektrisches Glühlicht in Aussicht genommen; die Uhren im ganzen Hause sind pneumatische und können mithin bis zu dem Bruchtheil einer Secunde gleichmäßig regulirt werden, während die Hauptuhr nach der Sternwarte geregelt wird. Daß es an einem richtig situirten Telephonraume nicht fehlt, ist selbstverständlich.[53]

Der hier in den Vordergrund gerückte technisch innovative Charakter des Gebäudes bleibt weitgehend unsichtbar. An der Hofseite des Saaltraktes, die lediglich von den

Abb. 14 Blick vom Turm der Schottenkirche auf das Länderbank-Gebäude, Fotografie von Erwin Pendl, 1898.

benachbarten Höfen oder vom Turm der Schottenkirche aus zu sehen ist und wie ein eigenartiger Fremdkörper im Gefüge der Stadt anmutet (vgl. Abb. 14), demonstriert Wagner Funktion und Konstruktion durch den radikal einfachen, industriellen Charakter der Fassade: Die großen Fenster sind ohne Rahmung in die Wand eingeschnitten, die innere Konstruktion ist an den vertikalen „Strebepfeilern" zum Ausdruck gebracht. Aus diesem Grund wurde die Hofseite der Länderbank wiederholt und zu recht als Vorwegnahme des Funktionalismus des 20. Jahrhunderts interpretiert.[54] Dabei ist zu bedenken, dass es sich bei der Hofseite um eine gleichsam unsichtbare, untergeordnete Rückseite eines räumlich und konstruktiv hochkomplexen Gebäudes handelt. Diese Rückseite konnte in Wagners Augen schmucklos und im Sinne zeitgenössischen architektonischen Denkens unbekleidet, „nackt" bleiben.[55]

Die breiteste Stiege Wiens

Das vom Vestibül aus zugängliche Hauptstiegenhaus ist analog zum Kassensaal als halbrunder Baukörper ausgebildet, der die gesamte Höhe des Gebäudes durchmisst und über ein farbiges Glasdach reichlich Tageslicht bezieht (vgl. Abb. 15). Paarweise angeordnete dorische Doppelsäulen, die den Blick in die Rundung des Stiegenlaufs leiten, tragen die Treppenpodeste, von denen großzügige Treppenläufe in weitem Schwung auf die nächste Ebene führen. Das schmiedeeiserne Geländer übersetzt mit seinen kreisförmig um eine zentrale Rosette angeordneten steigenden Rankenmotiven die Aufwärtsbewegung in ein stilisiertes Ornament und macht diese Bewegung auf diese Weise zugleich visuell nachvollziehbar.[56]

Angesichts der feierlichen Würde dieses vertikalen Raumkontinuums fällt die Vorstellung schwer, dass seine Konstruktion zur Gänze aus Eisen besteht. Auch die Säulen bestehen in ihrem Kern aus kreuzförmig angeordneten Walzeisen, die mit Ziegeln ummantelt und mit einer Hülle aus Kunstmarmor überzogen sind.[57] Wagner selbst ließ in seiner Beschreibung diesen Umstand unerwähnt, betont dafür die „bisher nicht erreichte Breite" der 2,77 Meter messenden Stufen[58] – ein Superlativ, den alle zeitgenössischen Texte über das Gebäude besonders hervorhoben. Selbst im Wiener Rathaus, so einer der Berichte, seien nicht so breite Stufen zu finden.[59] Treppenhäuser zählten zu den wichtigsten gestalterischen und bautechnischen Herausforderungen in der großstädtischen Architektur jener Zeit, insbesondere in Wien, wo die in der Bauordnung geforderte Feuersicherheit und Festigkeit mit ästhetischen Ansprüchen verknüpft wurde. Dies führte zu einem regelrechten Wettbewerb um die breiteste, stabilste, aus dem besten Material bestehende und nicht zuletzt eleganteste Stiegenanlage. Als Material für die Stufen verwendete Wagner den besonders harten Karstkalkstein aus dem Bruch von Repentabor (Monrupino) bei Triest.[60] Durch den Bau zahlreicher Zinshäuser war Wagner in der Planung einer möglichst bequemen vertikalen Erschließung geübt. Der Umstand, dass man auf Wagners Stiegen besonders angenehm emporsteigt, hängt mit dem besonderen Verhältnis der Stufenhöhe zur Tiefe zusammen. Je repräsentativer der Bau war, umso mehr versuchten die Architekten das in der Wiener Bauordnung festgelegte Maximum von Stufenbreite versus Stufenhöhe zu unterbieten. In Wagners eigenen Bauten finden sich vergleichbare halbkreisförmige Stiegen etwa im Wohnhaus in der Rathausstraße 3 von 1880[61] und später im Wohnhaus Garnisongasse 1 von 1887[62], vor allem aber dann in dem zwischen 1903 und 1906 errichteten Gebäude der Postsparkasse, wo Wagner die Eisenkonstruktion vollständig freilegte und sichtbar präsentierte.[63]

Über die Hauptstiege konnten Kundinnen und Kunden auch in die Tresorräume im Souterrain gelangen, die aufgrund ihrer ausgeklügelten Sicherheitsvorkehrungen besonders gerühmt wurden. Über einen Vorraum wurde der Kundensaal erreicht, in dem die Nutzerinnen und Nutzer der Schließfächer die in Verwahrung gegebene Habe hantieren konnten. Durch die gläserne Decke fiel natürliches Licht aus dem Kassensaal in diesen Raum (vgl. Abb. 16). Die Tresore selbst wurden mit Granitmauern ummantelt und auf eine zwei Meter dicke Betonschicht gestellt, „um den Zutritt durch eine Mine zu erschweren".[64] Von einem umlaufenden Kontrollgang aus gaben Gucklöcher den Blick in die abgeschlossenen Räume frei, die zudem durch elektrische Alarmanlagen gesichert waren.[65] Besondere Sorgfalt wurde naturgemäß auf die Sicherung der Schlösser gelegt, wie folgende Beschreibung illustriert:

Abb. 15 Hauptstiege im Länderbank-Gebäude, Fotografie von Margherita Spiluttini, 1995.

Abb. 16 Kundensaal vor den Safes. Anonym, Die Kais. Kön. Privilegirte oesterreichische Länderbank Wien 1., Hohenstaufengasse 3. Privat-Depots-Cassen unter eigenem Verschluss (Safe Deposits), Wien o. J.

Die schmiedeeiserne Thür jedes Faches wird durch ein combinirtes Schubschloß gesperrt, welches sich nur unter gleichzeitiger Anwendung des Parteienschlüssels und desjenigen der Bank öffnen läßt. Für den Fall, als der Partei der Schlüssel abhanden kommen sollte, kann ein unrechtmäßiger Besitzer doch nicht zu der Cassette des Facheigenthümers gelangen. Zur Schließung desselben bedarf die Partei der Mitwirkung der Bank nicht; das Schloß ist derart construirt, daß bei der Schließung durch die Partei allein das Controlschloß mitsperrt. Es ist sonach jedes Fach, sobald es von der Partei geschlossen wurde, auch gleichzeitig unter Mitverschluß der Bank.[66]

Ein Vorbild für die architektonische Erschließung der Safes über das Hauptstiegenhaus und die gläserne Decke könnte das 1883 nach Plänen von William Bouwens van der Boijen (1834–1907) vollendete Gebäude des *Crédit Lyonnais* in Paris gewesen sein, in dessen Kellergeschoßen sich riesige Tresoranlagen mit gläsernen Böden bzw. Decken befanden.[67]

In den drei oberen Stockwerken gelangte man vom Stiegenhaus in jene Verteilerräume, die analog zum darunter liegenden Vestibül im Hochparterre als kreisrunde „Verkehrsknoten"[68] fungieren. Sie sind hier nun allerdings als balkonartiger Umgang ausgebildet und lassen in der Mitte jeweils eine runde Öffnung frei (vgl. Abb. 17). Ein

Abb. 17 Kreisrunde Verteilerräume über dem Vestibül im Länderbank-Gebäude, Fotografie von Margherita Spiluttini, 1995.

Abb. 18 Sitzungssaal im Länderbank-Gebäude, Fotografie von Margherita Spiluttini, 1995.

großes Glasdach erfüllt diesen haushohen Zylinder bis in das Erdgeschoß mit mehrfach gebrochenem Tageslicht.

Im ersten Stock erreichte man von hier aus die Räume der Leitung des Instituts: im Straßentrakt lagen rechts der Empfangssaal und das Arbeitszimmer des Gouverneurs, daran anstoßend jenes des Sekretärs und daneben, im linken Flügel, die Zimmer des Generaldirektors;[69] die Büros des Gouverneurs und des Generaldirektors besaßen zudem „vollständige Badekabinen"[70] – zu einer Zeit, als permanente Badezimmer in Wiener Wohnhäusern noch die absolute Ausnahme waren. Über dem Foyer des Kassensaals wurde der große Sitzungssaal eingerichtet, dessen mit geätzten Scheiben versehene Fenster in den Lichthof über dem Kassensaal führen (vgl. Abb. 18). Dieser Saal fungierte während des Zweiten Weltkrieges vermutlich auch als Verhandlungssaal des hier ab 1943 stationierten Militärgerichts der Division Nr. 177. Die heutige Verkleidung der Wände des Saales entspricht nicht den ansonsten weitgehend der Ausführung entsprechenden Einreichplänen und dürfte daher aus einer späteren Zeit (nach 1900) stammen, wofür auch die neobarocke Formensprache der Beleuchtungskörper spricht. Von der von Wagner entworfenen originalen Möblierung der Länderbank – deren Formensprache in den in der Perspektive des Kassensaals (vgl. Abb. 7) wiedergegebenen Möbeln zu erahnen ist – hat sich nichts erhalten.[71]

Über die Ausstattung des darüber liegenden Stockwerks ist nichts bekannt – die Büroräume waren analog zum ersten Stock angelegt und konnten im Bereich um den

Kassensaal wie in den unteren Stockwerken leicht in ihrer Größe verändert werden. Der große Raum über dem Sitzungssaal wurde von der NS-Militärjustiz vermutlich ebenfalls als Verhandlungssaal genutzt; ob er zur Zeit der Länderbank bereits eine besondere Funktion hatte, geht aus den Plänen nicht hervor.

Konkordanz und Rapport aller Formen

Die hier skizzierten außergewöhnlichen architektonischen Qualitäten des Länderbank-Gebäudes hat niemand so pointiert zusammengefasst wie der Kunsthistoriker und Wagner-Experte Otto Antonia Graf:

> Die Länderbank […] bringt eine bestürzende Fülle von neuen Errungenschaften:
> 1. Konkordanz und Rapport aller Formen, vom kleinsten Ornamentmotiv bis zum größten Baukörper, vom Raum bis zur Außenseite. Raum und Ornamentformen gehen auf denselben Strukturierungsproßeß zurück. Formen, die im Eisengitter vorkommen, treten als Fenster, als Wandgliederungen, als Raumgestalten auf.
> 2. Alle diese aufeinander bezogenen Gebilde stehen in kontinuierlichen Übergängen. Der Raum beginnt plastisch zu fließen. Der Vorgang aller Entwicklungen ist einheitlich gesteuert. Das gesamte System nimmt seinen Ausgangspunkt vom Zentrum im Vestibül, das formal und funktional alles hervorbringt und bestimmt. Von einem Punkt entwickelt sich das Gebäude nach verschiedenen Richtungen, geradeso, wie die einzelnen Ornamente dies tun.
> 3. Getrennte Funktionssphären bilden sich heraus. Flexible Raumzellen können beliebig im Bürotrakt kombiniert werden. Die Voraussetzung dafür liegt in der Konstruktion.
> 4. Das Gebäude beruht auf dem flexiblen System des Eisenskelettes aus Walzeisen, das je nach Bedarf durch massive oder transparente Platten, Glasscheiben, Füllwände oder Mauern ausgefüllt werden kann. Die Skelettfüllungen treten stehend, hängend (Kuppeln!), in den Raum hineinkragend, durchsichtig (S. 14) oder massiv auf. Aus dem konstruktiven Skelett sind künstlerische Formen geholt; es ist überall sichtbar, da Glasböden, Glasdecken, Glaswände die Grenzen von Innen und Außen verwischen. Da treten Fensterwände auf, deren Öffnungen doppelt so lang als hoch sind. […]
> 5. Das Innere, das Konstruktionssystem und der prozessuale fließende Raum treten auf der Rückseite in einer Gestalt heraus, die man niemals um 1880 vermuten würde.[72]

Das Gebäude der Länderbank im 20. Jahrhundert

Bereits wenige Jahre nach der Eröffnung des Hauses hatten sich die Geschäfte der *Länderbank* offenbar so stark entwickelt, dass eine räumliche Ausdehnung notwendig wurde. 1890 erwarb das Bankinstitut das zehn Jahre zuvor als Wohnhaus errichtete Nachbargebäude Hohenstaufengasse 5, 1905 dann auch das 1872 gebaute Haus Renngasse 5, das in das Eigentum des *Pensionsfonds der Beamten und Diener der Österreichischen Länderbank* überging; beide Häuser wurden „in allen Geschoßen" mit dem Haupthaus verbunden.[73]

Mit dem Zerfall der Monarchie hatte die „Austria" im Vestibül der *Länderbank* ihre politische, kulturelle und wirtschaftliche Grundlage eingebüßt, und auch das Bankinstitut musste sich einem schwerwiegenden Umstrukturierungsprozess unterziehen. Die Filialen in den ehemaligen Kronländern wurden sukzessive aufgegeben. 1921 verlegte die Bank ihren offiziellen Hauptsitz nach Paris und änderte den Namen auf *Banque des Pays de l'Europe Centrale* bzw. *Zentral-Europäische Länderbank*.[74] Die Zentrale der Bank befand sich weiterhin in der Hohenstaufengasse.

Nach dem „Anschluss" 1938 versuchte das NS-Regime die österreichischen Bankinstitute unter deutsche Kontrolle zu bringen. Die Dresdner Bank leitete Verhandlungen mit der *Zentraleuropäischen Länderbank* ein mit dem Ziel, diese mit der konzerneigenen *Mercurbank* zu vereinigen.[75] Von den etwa 650 Wiener Angestellten der *Länderbank* übernahm die *Mercurbank* 510 als „arisch" klassifizierte Mitarbeiter und Mitarbeiterinnen. Die 140 restlichen, als jüdisch eingestuften Angestellten wurden abgefunden oder zwangspensioniert, mitunter schikanös behandelt.[76] Der Name des Instituts lautete nun *Länderbank Wien Aktiengesellschaft*. Die Häuser Hohenstaufengasse 3 und 5 gingen mit Kaufvertrag vom 19. Juli 1938 um 1,290.000 Schilling an die *Mercurbank*.[77] Noch im Jahr 1938 übersiedelte man in das Gebäude der *Niederösterreichischen Escompte-Gesellschaft* Am Hof, wodurch der Stammsitz in der Hohenstaufengasse 3 mit den Häusern Renngasse 5 und Hohenstaufengasse 5 seine Funktion verlor.

Bereits im September 1938 verkaufte über Vermittlung des Realitätenhändlers Richard Faltis die seit der Fusion mit der *Mercurbank* unter dem Namen *Länderbank Wien* operierende Bank und der *Pensionsfonds der Beamten und Diener der Österreichischen Länderbank* die drei zusammenhängenden Häuser in der Hohenstaufengasse und der Renngasse um insgesamt 1,350.000 Reichsmark. Käufer war der Reichsfiskus (Heer), vertreten durch die Wehrkreisverwaltung XVII.[78] Der künftige Nutzer war das Landwirtschaftsministerium unter Leitung des Österreichers Anton Reinthaller (1895–1958), illegales Parteimitglied seit 1928, SS-Mitglied und Gründer der sogenannten Freiheitspartei im Jahr 1955, aus der im selben Jahr die FPÖ hervorging. Die *Länderbank Wien* verhandelte mit dem Ministerium bezüglich der Übernahme des Reinigungspersonals, der Telefonistinnen und Heizer sowie der Einrichtung.[79] Zu diesem Zweck wurde ein Verzeichnis zur Schätzung der vorhandenen Möbel – darunter vermutlich der Großteil der heute verlorenen Originalausstattung von 1884 – aufgestellt.[80] Das Landwirtschaftsministerium nutzte jedoch das Haus Hohenstaufengasse 3 offenbar nur für kurze Zeit. Ab 1939 war hier offiziell die Wehrmachtversorgungsstelle untergebracht. vermutlich Ende 1943 zog die Abteilung III des Gerichts der Division Nr. 177 in das Haus ein, das damit zu einem wichtigen Schauplatz der NS-Militärjustiz wurde.[81] Während dieser Zeit blieb das Gebäude von größeren Umgestaltungen weitgehend verschont; lediglich die Statue der „Austria" im Vestibül dürfte damals von ihrem Sockel entfernt worden sein. Sie hätte jedenfalls keinen passenden Hintergrund für die Tätigkeit des Wehrmachtgerichts geboten.

Durch einen Bombentreffer im Nachbarhaus Hohenstaufengasse 1 gegen Ende des Krieges wurde der Bau in Mitleidenschaft gezogen; vermutlich ging dabei auch das originale Glasdach des Kassensaals zu Bruch. Die Schäden wurden nach Kriegsende zunächst nur provisorisch behoben, zugleich wurden die alten Verbindungen zu den Nachbarhäusern wiederhergestellt, um das Gebäude für Bundes- und Landesdienststellen nutzbar zu machen.[82] Ab 1946 war im Gebäude Hohenstaufengasse 3 die Sektion des *Bundesministeriums für Vermögenssicherung und Wirtschaftsplanung* untergebracht, später das *Bundesministerium für Handel und Wiederaufbau* (Sektion V). Neben dem *Österreichischen Bundesverlag*, der Lehrmittelstelle und dem Innenministerium gehörte auch die *Österreichische Fremdenverkehrswerbung* zu den Nutzerinnen des Gebäudes. Sie mietete von 1955 bis 1979 zwei Stockwerke für Bürozwecke und nutzte das repräsentative Vestibül und einen Teil der Kassenhalle für Werbezwecke.[83]

Im Jahr 1976 begannen die Planungen für eine Generalsanierung des Gebäudes, 1977/78 wurde mit den Arbeiten im Dachgeschoß begonnen und ein neuer Aufzug installiert, ein Jahr später wurden die Arbeiten jedoch eingestellt. Verhandlungen über die künftige Nutzung des Hauses führten zum Auszug aller noch hier befindlichen Ämter. Die Generalsanierung für die Nutzung durch die Sektion IV des Bundeskanzleramtes und die Österreichische Raumordnungskonferenz fand schließlich von Oktober 1989 bis Mai 1994 nach Plänen von Ernst Arthofer (1921–2000) statt.[84] Ziel war es, den ursprünglichen baulichen Zustand des Gebäudes nach Möglichkeit zu rekonstruieren und alle zweckfremden Ein- und Zubauten zu entfernen.[85] Die Statue der „Austria", die im Bundesmobiliendepot wiedergefunden wurde, konnte zum Abschluss der Sanierung ins Vestibül zurückkehren. Seit 1994 beherbergt das Haus Hohenstaufengasse 3 ohne Unterbrechung verschiedene Dienststellen des Bundes, aktuell des Bundesministeriums für Kunst, Kultur, öffentlichen Dienst und Sport.

Damit wurde die von Wagner vor 140 Jahren angestrebte, formal und konstruktiv konsequent umgesetzte Nutzungsflexibilität innerhalb des Gebäudes – in seinen Worten „ein leichtes Verschieben der Bureaux"[86] – eindrucksvoll bewiesen. Diese Flexibilität war es auch, die während der NS-Zeit eine problemlose Verwendung des Hauses für die Wehrkreisverwaltung möglich machte. Die Formensprache der Architektur war dabei wohl kaum ausschlaggebend für die Wahl gerade dieses Gebäudes, im Vordergrund standen vielmehr die zentrale Lage, die leichte Adaptierbarkeit und vor allem die rasche Verfügbarkeit. Wagners diskret-distinguiertes Bankgebäude gab keinen Hinweis auf das, was zwischen 1939 und 1945 hinter der Fassade geschah. Vergleicht man den Bau in der Hohenstaufengasse mit dem 1908–1910 von den Architekten Kayser und Großheim erbauten Sitz des Reichskriegsgerichts in Berlin, dann kann man dessen massiven, grob behauenen Sockel – im Sinne des Zitates von Adolf Loos – mit der ehrfurchtgebietenden Präsenz der militärischen Macht in Verbindung bringen. Auch der Sockel des Hauses in der Hohenstaufengasse ist aus steinernen Quadern geschichtet, die aber durch ihre kleinteiligere Bearbeitung nichts Bedrohliches an sich haben, sondern die elegante Solidität eines Renaissancepalastes vermitteln. Die Innenräume von Wagners Bankgebäude wiederum eigneten sich dank der sorgfältigen Planung für alle Arten einer administrativen Nutzung. Der Kassensaal im Zentrum hingegen verlor 1938 seine Funktion und blieb als „Vakuum" bestehen.

Literaturverzeichnis

Achleitner, Friedrich: Österreichische Architektur im 20. Jahrhundert, Bd. III/1, Salzburg/Wien 1990.

Anonym [Otto Wagner]: Gebäude der k. k. priv. Österr. Länderbank, in: Wiener Neubauten, Bd. 3, Wien 1891, o. S.

Anonym: Die Kais. Kön. Privilegirte oesterreichische Länderbank Wien 1., Hohenstaufengasse 3. Privat-Depots-Cassen unter eigenem Verschluss (Safe Deposits), Wien o. J.

Anonym: Geschäftshaus des Wiener Giro- und Kassen-Vereins, in: Allgemeine Bauzeitung 48 (1883), S. 95–96.

Bach, Theodor: Die Anteilnahme der Wiener Bau-Gesellschaft an der baulichen Entwicklung Wiens II, in: Der Bautechniker, 24/4 (1904), S. 61–62.

Bundesbaudirektion Wien (Hg.): Bundesamtsgebäude Hohenstaufengasse 3, o. O., o. J.

Ed. H.: Ein neuer Bankpalast, in: Neues Wiener Tagblatt, 8. März 1884.

Feldman, Gerald D.: Die Länderbank Wien AG in der Zeit des Nationalsozialismus, in: Feldman, Gerald D./Rathkolb, Oliver/Venus, Theodor/Zimmerl, Ulrike: Österreichische Banken und Sparkassen im Nationalsozialismus und in der Nachkriegszeit, Bd. 2, München 2006, S. 259–389.

Geretsegger, Heinz/Peintner, Max: Otto Wagner. Die unbegrenzte Großstadt. Beginn der modernen Architektur, Salzburg 1983.

Graf, Otto Antonia: Otto Wagner 1882, phil. Diss. (Ms.), Wien 1963.

Graf, Otto Antonia: Otto Wagner. Das Werk des Architekten (Ausstellungskatalog Historisches Museum der Stadt Wien), Wien 1963.

Hevesi, Ludwig: Die Jahresausstellung im Wiener Künstlerhause, in: Pester Lloyd, 19. März 1884, S. 5–6.

Holzschuh, Ingrid/Plakolm-Forsthuber, Sabine (Hg.): Wiener Wall Street. Ein Architekturführer durch das historische Bankenviertel, Innsbruck/Wien 2022.

Kortz, Paul: Wien am Anfang des XX. Jahrhunderts, Bd. 2, Wien 1906.

Krasa-Florian, Selma: Die Allegorie der Austria. Die Entstehung des Gesamtstaatsgedankens in der österreichisch-ungarischen Monarchie und die bildende Kunst, Wien/Köln/Weimar 2007.

Lecher, Zacharias Konrad: Ein Muster-Bankgebäude, in: Die Presse, 31. August 1883, S. 1–2.

Lichtenberger, Elisabeth: Wirtschaftsfunktion und Sozialstruktur der Wiener Ringstraße (Die Wiener Ringstraße, Bd. VI), Wien/Köln/Graz 1969.

Lichtenwagner, Mathias: Fehlende Jahre. Die Orte und das Netzwerk der NS-Militärjustiz in Wien, Diplomarbeit, Universität Wien 2011.

Loos, Adolf: Architektur (1910), in: ders.; Sämtliche Schriften, Wien/München 1962, S. 302–320.

Lux, Joseph August: Otto Wagner. Eine Monographie, München 1914.

Michel, Bernard: Von der k. k. privilegierten Österreichischen Länderbank zur Banque des Pays de l'Europe Centrale 1880–1938, in: Rathkolb, Oliver/Venus, Theodor/Zimmerl, Ulrike: Bank Austria Creditanstalt. 150 Jahre österreichische Bankengeschichte im Zentrum Europas, Wien 2005, S. 73–90.

Nierhaus, Andreas: Das Gebäude des Stadtschulrates für Wien und sein Architekt Friedrich Schachner, Wien 2005.

Nierhaus, Andreas/Orosz, Eva-Maria (Hg.): Otto Wagner (Ausstellungskatalog Wien Museum), Wien/Salzburg 2018.

Oechslin, Werner: Stilhülse und Kern: Otto Wagner, Adolf Loos und der evolutionäre Weg zur modernen Architektur, Zürich 1994.

Pinchon, Jean-François/Bonin, Hubert/Crosnier Leconte, Marie-Laure/Sorel, Philippe: Les palais d'argent. L'architecture bancaire en France de 1850 à 1930, Paris 1992.

Piperger, Alois: 100 Jahre Österreichische Länderbank. 1880–1980, o. O. (Wien), o. J. (1980).

Thomas, Bruno: Das Wiener Kaiserliche Zeughaus in der Renngasse, in: Mitteilungen des Instituts für Österreichische Geschichtsforschung 71 (1963), S. 175–193.

Tietze, Hans: Otto Wagner, Wien 1922.

Wagner-Rieger, Renate: Der absurde Amoklauf gegen das Ornament, in: Die Presse, 11. August 1960.

Wagner-Rieger, Renate: Geschichte der Architektur in Wien (Geschichte der bildenden Kunst in Wien, Bd. 3), Wien 1973.

Wagner, Otto: Einige Scizzen, Projecte und ausgeführte Bauwerke, Wien 1889.

Zimmerl, Ulrike: Zur Ästhetik von Bankhäusern, in: Rathkolb, Oliver/Venus, Theodor/Zimmerl, Ulrike: Bank Austria Creditanstalt. 150 Jahre österreichische Bankengeschichte im Zentrum Europas, Wien 2005, S. 91–109.

Abbildungsnachweis

Abb. 1, 3, 4, 5, 7, 14: Wien Museum
Abb. 2: Österreichische Nationalbibliothek – ANNO
Abb. 6, 8, 13, 15, 17, 18: Architekturzentrum Wien, Margherita Spiluttini Fotoarchiv
Abb. 9, 10, 12: © Wolfgang Thaler
Abb. 11: Bibliothèque nationale de France
Abb. 16: Wienbibliothek im Rathaus

Anmerkungen

1 Wagner-Rieger, Renate: Der absurde Amoklauf gegen das Ornament, in: Die Presse, 11. August 1960.
2 Lecher, Zacharias Konrad: Ein Muster-Bankgebäude, in: Die Presse, 31. August 1883, S. 1–2, hier S. 1.
3 Literatur zur Länderbank: Anonym [Otto Wagner]: Gebäude der k. k. priv. Österr. Länderbank, in: Wiener Neubauten, Bd. 3, Wien 1891, o. S.; Graf, Otto Antonia: Otto Wagner 1882, phil. Diss. (Ms.), Wien 1963; Zimmerl, Ulrike: Zur Ästhetik von Bankhäusern, in: Rathkolb, Oliver/Venus, Theodor/Zimmerl, Ulrike: Bank Austria Creditanstalt. 150 Jahre österreichische Bankengeschichte im Zentrum Europas, Wien 2005, S. 91–109, hier S. 93–96; Nierhaus, Andreas/Orosz, Eva-Maria (Hg.): Otto Wagner (Ausstellungskatalog Wien Museum), Wien/Salzburg 2018; Christl, Renate: K. k. priv. Österreichische Länderbank, in: Holzschuh, Ingrid/Plakolm-Forsthuber, Sabine (Hg.): Wiener Wall Street. Ein Architekturführer durch das historische Bankenviertel, Innsbruck/Wien 2022, S. 90–95.
4 Zur Verkehrsbank vgl. Nierhaus, Andreas: Das Gebäude des Stadtschulrates für Wien und sein Architekt Friedrich Schachner, Wien 2005; zum Giro- und Cassenverein vgl. Wochocz, Carolina: Wiener Giro- und Kassen-Verein, in: Holzschuh/Plakolm-Forsthuber, Wall Street, S. 84–89.
5 Hopfner, Anna: K. k. priv. Allg. Österreichische Boden-Credit-Anstalt, in: Holzschuh/Plakolm-Forsthuber, Wall Street, S. 96–101.
6 Zur Architektur der Wiener Bankgebäude vgl. Zimmerl, Ästhetik; Plakolm-Forsthuber, Sabine: Zur Architektur der Wiener Bank- und Börsebauten des 19. und 20. Jahrhunderts, in: Holzschuh/Plakolm-Forsthuber, Wall Street, S. 9–42.
7 Wagner, Länderbank.
8 Lecher, Muster-Bankgebäude, S. 1.
9 Loos, Adolf: Architektur (1910), in: ders.; Sämtliche Schriften, Wien/München 1962, S. 302–320, hier S. 317.
10 Ed. H., Ein neuer Bankpalast, in: Neues Wiener Tagblatt, 8. März 1884, S. 5.
11 Zur Postsparkasse vgl. Nierhaus/Orosz, Wagner, S. 377–379.
12 Lux, Joseph August: Otto Wagner. Eine Monographie, München 1914, S. 57.
13 Tietze, Hans: Otto Wagner, Wien 1922, S. 8.
14 Im Vorwort zu seiner Schrift *Moderne Architektur* von 1896 fordert Wagner, „dass der einzige Ausgangspunkt unseres künstlerischen Schaffens das moderne Leben sein soll". Wagner, Otto: Moderne Architektur, Wien 1896, S. 8.
15 Graf, Wagner 1882.
16 Graf, Otto Antonia: Otto Wagner, in: Bundesbaudirektion Wien (Hg.), Bundesamtsgebäude Hohenstaufengasse 3, o. O., o. J., S. 10–11, hier S. 11.
17 Zur Geschichte der Länderbank vgl. Michel, Bernard: Von der k. k. privilegierten Österreichischen Länderbank zur Banque des Pays de l'Europe Centrale 1880–1938, in: Rathkolb/Venus/Zimmerl, Bank Austria, S. 73–90.

18 Vgl. etwa Neues Wiener Tagblatt, 15. Mai 1878, S. 6.
19 Piperger, Alois: 100 Jahre Österreichische Länderbank. 1880–1980, o. O. (Wien), o. J. (1980), S. 30.
20 Ebd.
21 Die Ausrichtung der Länderbank war konservativ, aber weder reaktionär noch antisemitisch. Vgl. Bernard, Länderbank, S. 75.
22 Ebd., S. 31.
23 Ebd., S. 32.
24 Hahn ließ sich 1885 von Otto Wagner eine bis heute bestehende Villa errichten. Vgl. Nierhaus/Orosz, Wagner, S. 256.
25 Piperger, Länderbank, S. 33.
26 Die *Österreichisch-Alpine Montangesellschaft* entstand durch den Zusammenschluss der vormals eigenständigen Bergbauunternehmungen und Eisenverarbeitungsbetriebe *Innerberger Hauptgewerkschaft, Hüttenberger Eisenwerks-Gesellschaft, Neuberg-Mariazeller Gewerkschaft, Vordernberg-Köflacher Montan-Industrie-Gesellschaft, Steirische Eisenindustrie-Gesellschaft, Eisen- und Stahlgewerkschaft Eibiswald und Krumbach, Grazer Eisenwarenfabrik* und *St. Egydi- und Kindberger Eisen- und Stahl-Industrie-Gesellschaft*. Ziel war es, durch die Vereinigung der bedeutendsten Eisenbetriebe der Steiermark und Kärntens die Bedingungen für die Produktion günstiger zu gestalten, die Verwaltung zu vereinfachen und den destruktiven Konkurrenzkampf zu beenden. Piperger, Länderbank, S. 36–37.
27 Ebd., S. 40.
28 Ebd., S. 44.
29 Bach, Theodor: Die Anteilnahme der Wiener Bau-Gesellschaft an der baulichen Entwicklung Wiens II, in: Der Bautechniker, 24/4 (1904), S. 61–62; Lichtenberger, Elisabeth: Wirtschaftsfunktion und Sozialstruktur der Wiener Ringstraße (Die Wiener Ringstraße, Bd. VI), Wien/Köln/Graz 1969, S. 29. Zum Kaiserlichen Zeughaus vgl. Thomas, Bruno: Das Wiener Kaiserliche Zeughaus in der Renngasse, in: Mitteilungen des Instituts für Österreichische Geschichtsforschung 71 (1963), S. 175–193.
30 Wiener Allgemeine Zeitung, 30. März 1882, S. 5; Morgen-Post, 25. April 1883, S. 5.
31 Wagner, Länderbank. Die Namen der anderen Wettbewerbsteilnehmer sind nicht bekannt.
32 Piperger, Länderbank, S. 45.
33 Nierhaus/Orosz, Wagner, S. 230–231; Anonym, Geschäftshaus des Wiener Giro- und Kassen-Vereins, in: Allgemeine Bauzeitung 48 (1883), S. 95–96; Kortz, Paul: Wien am Anfang des XX. Jahrhunderts, Bd. 2, Wien 1906, S. 360.
34 Wagner, Moderne Architektur, S. 47.
35 Wagner, Länderbank.
36 Graf, Wagner 1882, S. 123–131.
37 Hevesi, Ludwig: Die Jahresausstellung im Wiener Künstlerhause, in: Pester Lloyd, 19. März 1884, S. 5–6, hier S. 5. Im Wien Museum hat sich ein Modell der Statue erhalten, Inv.-Nr. 229.647. Zur Allegorie der Austria in der bildenden Kunst vgl. Krasa-Florian, Selma: Die Allegorie der Austria. Die Entstehung des Gesamtstaatsgedankens in der österreichisch-

ungarischen Monarchie und die bildende Kunst, Wien/Köln/Weimar 2007, zu Benks Statue S. 132.
38 Wagner, Länderbank.
39 Ed. H., Bankpalast.
40 Lux, Wagner, S. 57–58.
41 Graf, Wagner 1882, S. 131–138.
42 Lecher, Muster-Bankgebäude, S. 2.
43 Die Serliana, auch „Palladio-Motiv" genannt, besteht aus einem zentralen Arkadenbogen mit links und rechts anschließendem Gebälk, das von Säulen oder Pfeilern getragen wird.
44 Wagner, Otto: Einige Scizzen, Projecte und ausgeführte Bauwerke, Wien 1889, Blatt 56.
45 Lecher, Muster-Bankgebäude, S. 2; Anonym, Die neue Länderbank, in: Beilage zum „Kapitalist", Nr. 20, 17. Mai 1884, S. 9.
46 Der Schöpfer dieser Reliefs ist nicht bekannt.
47 Erwähnung des Comptoir d'Escompte als Vorbild bei Lecher, Muster-Bankgebäude, S. 1. Vgl. Pinchon, Jean-François/Bonin, Hubert/Crosnier Leconte, Marie-Laure/Sorel, Philippe: Les palais d'argent. L'architecture bancaire en France de 1850 à 1930, Paris 1992, S. 125–135.
48 Die Eisenkonstruktion wurde wie im ganzen Haus von der Firma Anton Biró geliefert. Vgl. Ed. H., Bankpalast.
49 Lecher, Muster-Bankgebäude, S. 2.
50 In den Einreichplänen und dem von Wagner im ersten Band von *Einige Scizzen* 1889 veröffentlichten Grundriss verläuft dieser Korridor noch entlang der Außenwand des Traktes, die Kassenschalter wären damit einzelnen abgeschlossenen Büroräumen zugeordnet worden.
51 Lecher, Muster-Bankgebäude, S. 2.
52 Ebd.
53 Ebd.
54 Vgl. u. a. Wagner-Rieger, Renate: Geschichte der Architektur in Wien (Geschichte der bildenden Kunst in Wien, Bd. 3), Wien 1973, S. 227; Achleitner, Friedrich: Österreichische Architektur im 20. Jahrhundert, Bd. III/1, Salzburg/Wien 1990, S. 18.
55 Zur „Bekleidungstheorie" von Gottfried Semper und ihren Einfluss auf Otto Wagner vgl. Oechslin, Werner: Stilhülse, und Kern: Otto Wagner, Adolf Loos und der evolutionäre Weg zur modernen Architektur, Zürich 1994.
56 Zum Stiegenhaus vgl. Graf, Wagner 1882, S. 138–143.
57 Vgl. den entsprechenden, am 3. November 1882 genehmigten Plan in der Baueinlage, Baupolizei (MA 37), EZ 494.
58 Wagner, Länderbank.
59 Ebd.
60 Lecher, Muster-Bankgebäude, S. 2.
61 Nierhaus/Orosz, Wagner, S. 229.
62 Ebd., S. 262.
63 Ebd., S. 376.
64 Wagner, Länderbank.

65 Anonym, Die Kais. Kön. Privilegirte oesterreichische Länderbank Wien 1., Hohenstaufengasse 3. Privat-Depots-Cassen unter eigenem Verschluss (Safe Deposits), Wien o. J., S. 3.
66 Ebd.
67 Pinchon/Bonin/Crosnier Leconte/Sorel, Palais d'argent, S. 110–124.
68 Geretsegger, Heinz/Peintner, Max: Otto Wagner. Die unbegrenzte Großstadt. Beginn der modernen Architektur, Salzburg 1983, S. 202.
69 Lecher, Muster-Bankgebäude, S. 2.
70 Anonym, Länderbank.
71 Ein zeitgenössischer Beitrag erwähnt die „künstlerische Hand" beim Entwurf der Möbel der Repräsentationszimmer und deutet diese als Hinweis auf Wagners Autorschaft. Anonym, Länderbank.
72 Graf, Otto Antonia: Otto Wagner. Das Werk des Architekten (Ausstellungskatalog Historisches Museum der Stadt Wien), Wien 1963, S. 13–14.
73 Diese Angaben sind einer tabellarischen Aufstellung der Immobilien der Länderbank von 1938 entnommen. Bank Austria Archiv, LB-RA-Verträge. An dieser Stelle danke ich der Archivarin der UniCredit Bank-Austria AG, Dr. Ulrike Zimmerl, für die unkomplizierte und profunde Unterstützung bei meinen Recherchen.
74 Piperger, Länderbank, S. 92.
75 Ebd., S. 125. Zur Geschichte der Länderbank in der NS-Zeit vgl. Feldman, Gerald D.: Die Länderbank Wien AG in der Zeit des Nationalsozialismus, in: Feldman, Gerald D./Rathkolb, Oliver/Venus, Theodor/Zimmerl, Ulrike: Österreichische Banken und Sparkassen im Nationalsozialismus und in der Nachkriegszeit, Bd. 2, München 2006, S. 259–389.
76 Piperger, Länderbank, S. 127. Ausführlich zum Umgang mit den „nichtarischen" Angestellten: Feldman, Länderbank, S. 313–327.
77 Kaufvertrag vom 19. Juli 1938, Bank Austria Archiv, LB-RA-Verträge.
78 Kaufverträge vom 21. September (Renngasse 5, 490.000 RM) und 30. September (Hohenstaufengasse 3 und 5, 860.000,- RM), Bank Austria Archiv, LB-RA-Verträge. Das ebenfalls im Besitz der Länderbank befindliche Haus Hohenstaufengasse 6 wurde um 325.000,- RM an die *„Solo" Zündwaren- und Chemische Fabriken Act. Ges.* verkauft. Kaufvertrag vom 20. Dezember 1938, Bank Austria Archiv, LB-RA-Verträge.
79 Vgl. die Schreiben der Länderbank Wien an Richard Faltis, 24. August 1938 und 5. September 1938; Richard Faltis an Länderbank Wien, 13. September 1938, Länderbank Wien an Landwirtschaftsministerium, 14. September 1938, Aktenvermerk vom 20. September 1938, Länderbank an Landwirtschaftsministerium, 13. Oktober 1938 (darin wird auch der zur Originalausstattung zählende „grosse Tisch im Kassensaale samt Hockern" erwähnt, für den das Landwirtschaftsministerium Interesse gezeigt habe). Bank Austria Archiv, LB-RA-Verträge.
80 Internes Schreiben vom 17. Oktober 1938 und Aufstellung der Möbel des Länderbank-Gebäudes (Gesamtwert 4588 Reichsmark), 3 Typoskriptseiten, Bank Austria Archiv, LB-RA-Verträge.

81 Lichtenwagner, Mathias: Fehlende Jahre. Die Orte und das Netzwerk der NS-Militärjustiz in Wien, Diplomarbeit, Universität Wien 2011, S. 35. Vgl. auch den Beitrag von Mathias Lichtenwagner in diesem Band.
82 Bundesbaudirektion Wien, Hohenstaufengasse 3, S. 7.
83 Ebd.
84 Bundesbaudirektion Wien, Hohenstaufengasse 3, S. 3.
85 Ausführliche Darstellung der Maßnahmen in ebd., S. 12.
86 Wagner, Länderbank.

Mathias Lichtenwagner

Topographie der Verfolgung

Der Gerichtsort Hohenstaufengasse und das militärgerichtliche Netzwerk in Wien

Dieser Beitrag will sich über eine räumliche Kontextualisierung dem Gerichtsort „Hohenstaufengasse" annähern.[1] Anhand konkreter Orte wird das Verfolgungsnetzwerk skizziert, das die NS-Militärjustiz während des Zweiten Weltkrieges in Wien aufbaute bzw. nutzte. Ziel des Beitrages ist es, die Rolle und Bedeutung des Ortes Hohenstaufengasse anhand seiner institutionellen Nachbarn und deren Beziehungen zueinander fassbar zu machen.

Mit Jahreswende 1943/1944 wurde das Gebäude in der Hohenstaufengasse 3 zu einem der wichtigsten Standorte der Wehrmachtjustiz in Wien. Der Zeitpunkt und die Ortswahl spiegeln dabei die Entwicklung der NS-Militärgerichtsbarkeit in Wien wider, deren drei Phasen im ersten Teil dieses Beitrages nachgezeichnet werden: Auf die erste, von akuter Raumnot geprägte Etablierungsphase der Wehrmachtjustiz nach dem „Anschluss" 1938 folgte eine zweite Phase der zunehmenden Verdichtung der Verfolgungsinstitutionen in der Wiener Innenstadt bei gleichzeitiger Ausweitung über das gesamte Stadtgebiet. Der Bezug des Hauses in der Hohenstaufengasse gegen Ende 1943 markierte schließlich die Intensivierung der Strafverfolgung in der letzten Kriegsphase. Der zweite Teil illustriert das wehrmachtgerichtliche Verfolgungsnetzwerk am Beispiel zweier Fallgeschichten und schließt mit einem kurzen Ausblick über die Erinnerung an das Wirken der NS-Militärjustiz nach 1945.

Militärgerichtsbarkeit in Österreich

Nach dem Ende des Ersten Weltkriegs und der Ausrufung der Ersten Republik wurde am 15. Juli 1920 die Militärjustiz in Österreich abgeschafft.[2] Die Auflösung war eine indirekte Folge des Friedensvertrages von Saint-Germain, der unter anderem Maßnahmen zur Beschränkung und Demokratisierung des österreichischen Militärs forderte, darunter die Reduzierung der Größe des Militärs, das Verbot bestimmter Waffensysteme, die Integration von Soldatenräten und die Abschaffung der Wehrpflicht. Auch politische Überlegungen spielten eine Rolle. Soldaten und Offiziere, die Straftaten begingen, sollten sich wie alle Staatsbürger*innen vor zivilen Gerichten verantworten.[3]

Der Umbau des Militärs hatte strukturelle Folgen. Das auf 30.000 Personen geschrumpfte österreichische Heer der Ersten Republik, das nunmehr ein Berufsheer war, benötigte weit weniger Räume als die kaiserliche Armee. Kasernen, aber auch Gebäude, die speziell für die Militärgerichtsbarkeit erbaut worden waren, wurden nicht mehr gebraucht. Die Militärgerichte hatten alle offenen Verfahren bis Oktober 1920 abzuschließen.[4] Danach erhielten die nunmehr funktionslosen Militärgerichte und Militärgefängnisse eine andere Verwendung. Das große Militärjustizgebäude am Hernalser Gürtel im 8. Wiener Gemeindebezirk, das ab 1908 als Garnisonsgericht diente,[5] ist wohl das prägnanteste Beispiel für diesen Umbruch. Es verfügte über zahlreiche Gerichtssäle und einen umfassenden Gefängniskomplex und ist bis heute von außen als militärisches Gebäude erkennbar. Dieses pompöse Gebäude wurde in der Ersten Republik von der zivilen Justiz übernommen und fungierte ab Oktober 1920 als Sitz des „Landesgerichts für Strafsachen II"[6] (vgl. Abb. 1, Markierung ganz links). Das austrofaschistische Regime unter Engelbert Dollfuss[7] setzte nicht nur umfassende Schritte zur Aufrüstung und Re-Militarisierung der Gesellschaft,[8] sondern plante auch die Wiedereinführung einer Militärjustiz.[9] Dieser Plan wurde jedoch nie umgesetzt, wenn man von dem am 26. Juli 1934 eingerichteten Militärgerichtshof absieht, der aber ausschließlich der Strafverfolgung der am nationalsozialistischen Putschversuch Beteiligten diente.[10]

Etablierung der NS-Militärjustiz in Wien

Erst mit dem „Anschluss" im März 1938 kam es zu einer Wiedereinführung einer militärischen Sondergerichtsbarkeit in Österreich. Am 14. März 1938 wurde das österreichische Bundesheer in die deutsche Wehrmacht eingegliedert.[11] Das Fehlen einer militärischen Infrastruktur stellte die Wehrmacht jedoch vor große Herausforderungen. Für die geplanten Waffengänge und Eroberungskriege bedurfte es der Aufrüstung, Massenmobilisierung und Ausbildung an neuen Waffensystemen, wofür auch moderne Kasernen oder Flugplätze notwendig waren. Zudem fehlten Gebäude, in denen die militärische Verwaltung und Gerichte untergebracht werden konnten, sowie Räume für Untersuchungshaft und Strafvollzug. Die für den Aufbau verantwortliche Wehrkreisverwaltung ging für Friedenszeiten von einem Bedarf von fünf Gerichtsstandorten aus (vier Kriegsgerichte, ein Oberkriegsgericht), außerdem einem Haftgebäude mit 80–90 Zellen, das als Standortarrestanstalt und Wehrmachtuntersuchungsgefängnis fungieren konnte.[12] Die Verwaltung des Wehrkreises XVII, die 1938 in das ehemalige k. u. k. Kriegsministerium am Stubenring einzog, hatte die Aufgabe, die erforderlichen Räumlichkeiten zu beschaffen. Die für die Requirierung zuständigen Beamten der Wehrkreisverwaltung begannen im Sommer 1938 Kasernen, Gefängnisse und Gerichtsgebäude zu inspizieren. Auf Basis der erstellten Bewertungen wurde zwischen Wehrkreisverwaltung, Gauverwaltung und dem sich in Liquidation befindlichen Reichsjustizministerium Abteilung Österreich (das vormalige österreichische Bundesministerium für Justiz) die Zuteilung von Gebäuden ausverhandelt. Nur manche der Wünsche wurden auch erfüllt.

Topographie der Verfolgung | 63

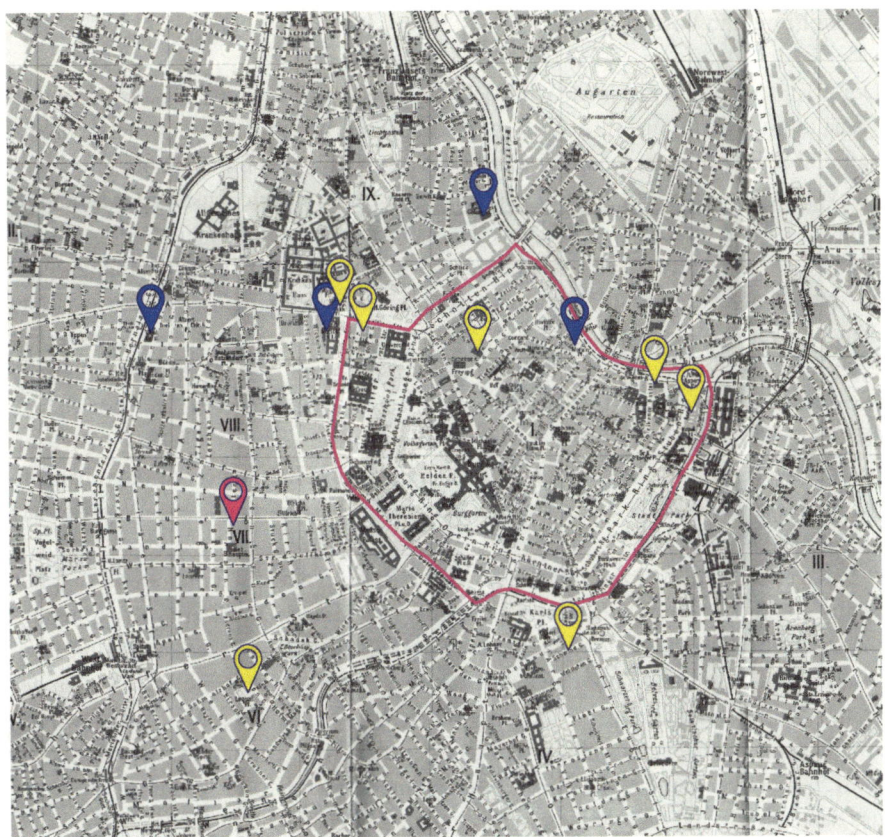

Abb. 1 Standorte der Wehrmachtjustiz in Wien innerhalb des Gürtels (Grenze 1. Bezirk: rosa; Gerichte: gelb; zivile Justiz/Gestapo: blau; Militärgefängnis: rosa). Stadtplan Wien 1941, bearbeitet durch Mathias Lichtenwagner und Alexander Wallner, © Freytag-Berndt und Artaria KG.

Das Gefangenenhaus beim Bezirksgericht Favoriten (ab 1938: Amtsgericht) war im Oktober 1938 inspiziert worden und konnte kurze Zeit später von der Wehrkreisverwaltung als Wehrmachtuntersuchungsgefängnis übernommen werden.[13] Keinen Erfolg hatte die Wiener Wehrkreisverwaltung hingegen beim bereits erwähnten Militärgerichtsgebäude am Hernalser Gürtel. Das als Militärgericht und -gefängnis erbaute Gebäude – seit 1920 das Landesgericht für Strafsachen II – verblieb Teil der zivilen Justiz (vgl. Abb. 1, „LG II" ganz links im Bild).[14] Das historische Argument, dass das Haus „seinem ursprünglichen Zweck wieder zugeführt werden" sollte, blieb wirkungslos.[15]

Ausweitung und Verdichtung

Der ursprüngliche Plan, einen Gebäudekomplex mit ausreichend Platz für Büros und Verhandlungssäle für mehrere Gerichte samt angeschlossenem Trakt für Untersuchungshaft und Strafvollzug zu requirieren oder neu zu errichten, ließ sich nicht umsetzen.[16] Die Wehrkreisverwaltung musste stattdessen für den Auf- und Ausbau der Militärgerichtsbarkeit auf verschiedene und über das Stadtgebiet verteilte Gebäude zurückgreifen. Die neu eingerichteten Wehrmachtgerichte wurden aber nicht gleichmäßig über das gesamte Stadtgebiet verteilt, sondern konzentrierten sich anfangs im Bereich zwischen dem Landgericht Wien in der Landesgerichtsstraße (vormals und heute: Landesgericht Wien) und der Rossauer Kaserne nahe dem Donaukanal, wo die Wehrmachtstreife einzog. In das Gebäude in der Universitätsstraße 7, wo heute das Neue Institutsgebäude (NIG) der Universität Wien steht, zogen die beiden Gerichte der 4. leichten Division und der 44. Infanterie-Division sowie das Standortgericht der Wehrmachtkommandantur Wien ein; das Gericht der 2. Panzer-Division etablierte sich am Otto-Wagner-Platz Nr. 5 (vgl. Abb. 3).

Diese erste, frühe Konzentration auf einen sehr begrenzten Raum bestand aber nur knapp eineinhalb Jahre lang, vom „Anschluss" im März 1938 bis zum Kriegsbeginn im September 1939. Mit dem deutschen Überfall auf Polen verließen die drei Divisionsgerichte zusammen mit den zugehörigen Verbänden die Stadt. Das Gericht der Wehrmachtkommandantur verblieb in Wien, ebenso der im Zuge der Mobilmachung am 26. August 1939 aufgestellte Kommandeur der Ersatztruppen für den Wehrkreis XVII.[17] Ab Dezember 1939 operierten der Kommandeur der Ersatztruppen XVII und das dazugehörige Gericht unter der Bezeichnung Division Nr. 177.[18] Da die Division Nr. 177 als Teil des Ersatzheeres für den Nachschub aus dem Wehrbezirk Wien verantwortlich war, verblieb das Divisionsgericht während der gesamten Kriegsdauer in Wien.

Die Entwicklung dieses Divisionsgerichts illustriert die zunehmende räumliche Ausdehnung der Militärjustiz und der mit ihr kooperierenden Verfolgungsinstitutionen bei gleichzeitiger Verdichtung des Netzes. Der erste Standort des Gerichts der Division Nr. 177 befand sich am Stubenring im ehemaligen Kriegsministerium, wo auch die Wiener Wehrkreisverwaltung ihren Sitz hatte, und verblieb dort bis Kriegsende. Spätestens im Jahr 1942, vielleicht auch schon früher, zogen Teile des Gerichts der Division Nr. 177 an den Loquaiplatz Nr. 9 im 6. Wiener Gemeindebezirk um.[19] Zum Jahreswechsel 1943/1944 folgte schließlich die Einrichtung einer dritten Zweigstelle in der Hohenstaufengasse Nr. 3 (vgl. Abb. 3). Mit der Wahl des Standortes am Loquaiplatz wurde die bisherige Konzentration auf den ersten Bezirk durchbrochen, mit dem Bezug des Gebäudes in der Hohenstaufengasse wurde hingegen erneut ein Standort in enger räumlicher Nähe zu den übrigen Militärgerichten gewählt. 1943 befanden sich vier Wehrmachtgerichte in unmittelbarer Nähe zueinander (vgl. Abb. 5): Hohenstaufengasse (Division Nr. 177, Abteilung III), Franz-Josefs-Kai (Außenstelle Wehrmachtkommandantur Berlin), Stubenring (Division Nr. 177) und Universitätsstraße (Wehrmachtkommandantur Wien). Die Wege zwischen den verschiedenen Ebenen der NS-Militärjustiz waren damit überaus kurz.

Sowohl räumlich als auch organisatorisch eng mit den Militärgerichten verzahnt arbeiteten andere nationalsozialistische Verfolgungsinstitutionen wie Gestapo, Abwehr, Streife, Landgericht und Polizeigefängnis. Die Heeresstreifenabteilung Groß-Wien mit Sitz in der Rossauer Kaserne spielte eine zentrale Rolle bei der Verfolgung von flüchtigen Soldaten und nutzte Knotenpunkte wie Bahnhöfe und Luftschutzkeller als Zugriffspunkte. In den Akten tauchen besonders Franz-Josefs-Kai 7–9 und Kohlmarkt 8–10, nebst der Rossauer Kaserne, als Standorte auf, in denen Kommandeure der Streife ihre Berichte abzeichneten. An der Schnittstelle von Militärjustiz und politischer Verfolgung operierte auch die Gestapo, die im Hotel Métropole am Morzinplatz untergebracht war, sowie das Polizeigefängnis an der Roßauer Lände, nahe der Rossauer Kaserne (vgl. Abb. 2 und 4).

Abseits dieser Konzentration im oben beschriebenen Gebiet spannte sich das Netz der Verfolgungsinstitutionen über die gesamte Stadt Wien. Zum Netzwerk der NS-Militärjustiz gehörten die Haftanstalten der Wehrmacht, die sich aus der Standortarrestanstalt und den Wehrmachtuntersuchungsgefängnissen (WUG) zusammensetzten: das WUG II in der Albrechtskaserne, das WUG X in der Hardtmuthgasse, das WUG VII in der Hermanngasse, das WUG XIX in der Gatterburggasse und das WUG XXI in Floridsdorf – die römische Zahl verweist auf den jeweiligen Bezirk, in dem sich das Gefängnis befand. Als Haftorte für Zivilpersonen nutzten die Wehrmachtgerichte das Gefangenenhaus an der Roßauer Lände und die Gefangenenhäuser bzw. Untersuchungshaftanstalten (UHA) beim Landgericht Wien (Standort Landesgerichtsstraße und Hernalser Gürtel). Die beiden Hinrichtungsorte in Wien waren der Militärschießplatz Kagran und der Hinrichtungsraum im Landgericht Wien (vgl. den Beitrag von Amelie Rakar und Julian Stricker-Neumayer). Der zu vielen Hinrichtungen beigezogene katholische Wehrmachtseelsorger Franz Loidl schilderte, dass das Prozedere zur Erschießung in Kagran eng mit der im 10. Bezirk liegenden Trostkaserne (heute Starhemberg-Kaserne) verbunden war. Sie fungierte offenbar in manchen Fällen als Sammelpunkt für zum Tode verurteilte Soldaten, die hier ihre letzte Nacht verbrachten, bevor sie frühmorgens zur Exekution transportiert wurden.[20]

Intensivierung der Verfolgung gegen Kriegsende

Als Gericht des Ersatzheeres spielte das Gericht der Division Nr. 177 in Wien eine überaus wichtige Rolle in der militärischen Maschinerie. Die Divisionen der Ersatztruppen hatten unter anderem die Aufgabe, für den kontinuierlichen Nachschub an Soldaten und Material für die im Feld stehenden Einheiten zu sorgen. Sie waren für die Ausbildung von Rekruten zuständig, die dann an die Front bzw. an die in den besetzten

Abb. 2 Standorte der Wehrmachtjustiz in Innenstadtnähe (Grenze 1. Bezirk: rosa; Gerichte: gelb; zivile Justiz/Gestapo: blau; Streife: orange; Gerichtsherren: grün). Stadtplan Wien 1941, bearbeitet durch Mathias Lichtenwagner und Alexander Wallner, © Freytag-Berndt und Artaria KG.

Gebieten stationierten Truppen weitergeleitet wurden. Zu den Aufgaben gehörte auch die medizinische Versorgung und Wiedereingliederung von Verwundeten, außerdem die Organisation des Heimaturlaubs.[21] In die Zuständigkeit des Gerichts der Division Nr. 177 fielen alle Soldaten, die sich im Wehrersatzbezirk Wien in Ausbildung, auf Urlaub oder in Lazarettbehandlung befanden – darunter auch solche der Luftwaffe, der Marine oder anderer Heereseinheiten.

Die seit spätestens 1943 zunehmende Verschärfung der Kriegslage für die Wehrmacht (Niederlagen bei Stalingrad und Kursk sowie Landung der Westalliierten in Sizilien) erhöhte die Arbeitslast, aber auch die Bedeutung des Gerichts der Division Nr. 177. Die Zahl der Soldaten, die nach einer Verwundung auf einen Genesungsurlaub in ihre Heimat geschickt wurden, nahm zu, was eine entsprechende Überwachung notwendig machte. Die Lazarette füllten sich mit kranken und verwundeten Soldaten, von denen manche lieber krank blieben, als an die Front zurückzumüssen. Die massiven Kriegsverluste erzeugten einen immensen Personalmangel, führten aber auch zu einem Anstieg an Wehrdienstentziehungen durch Soldaten, die nach dem Urlaub nicht mehr zur Truppe zurückkehrten oder ihre Rückkehr hinauszuzögern versuchten. Die Intensivierung der Verfolgung zeigt sich vielleicht am deutlichsten an der engen Zusammenarbeit zwischen dem Leiter des Divisionsgerichtes in der Hohenstaufengasse, Karl Everts, und den verdeckten Fahndern der Heeresstreifenabteilung Groß-Wien, stationiert in der nahegelegenen Rossauer Kaserne (vgl. Abb. 5), wie weiter unten ausgeführt wird. Letztere schreckten auch nicht vor Folter zurück, um die angeblich ab 1944 in Wien grassierende „Selbstverstümmelungsseuche" zu stoppen (vgl. den Beitrag von Amelie Rakar und Julian Stricker-Neumayer).

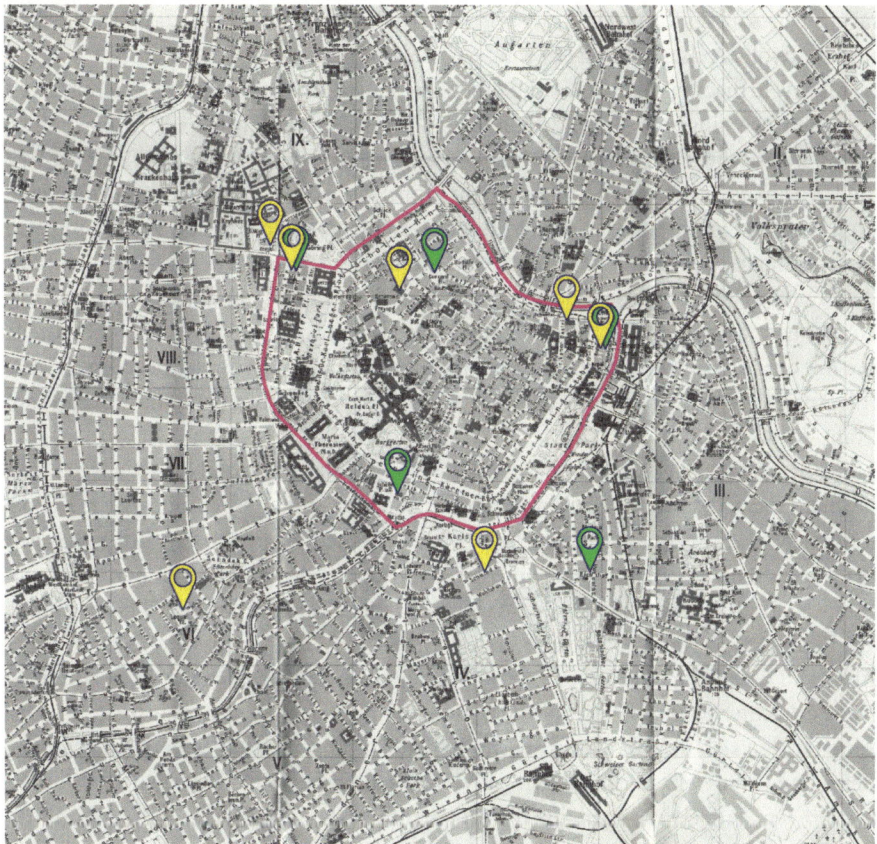

Abb. 3 Standorte aller Militärgerichte und Gerichtsherren innerhalb des Gürtels (Grenze 1. Bezirk: rosa; Gerichte: gelb; Gerichtsherren: grün). Stadtplan Wien 1941, bearbeitet durch Mathias Lichtenwagner und Alexander Wallner, © Freytag-Berndt und Artaria KG.

Netzwerk der Verfolgung

Spätestens ab Mitte des Krieges verfügte also die Wehrmachtjustiz über ein engmaschiges Netz an Kontroll- und Haftinstitutionen, das sich über den gesamten Stadtraum von Wien erstreckte. Diese räumliche Verteilung war zum einen funktional begründet. Da die Wehrmachtstreife unter anderem auch für die Kontrolle von Soldaten und die Festnahme von zur Fahndung ausgeschriebenen Wehrmachtangehörigen zuständig war, war sie an wichtigen Knotenpunkten, wie Bahnhöfen, Kasernen, Lazaretten, Urlauberheimen oder Luftschutzkellern, stationiert.[22] Zum anderen war die räumliche Ausdehnung der Verfolgungsorte schlichtweg der Raumnot geschuldet. Aufgrund des Mangels an Gebäuden in Zentrumsnähe musste die Wehrkreisverwaltung mit Haftorten vorliebnehmen, die über das Stadtgebiet verteilt waren und teilweise an deren Peripherie lagen. Der Aufwand für den Transport zwischen Untersuchungshaftanstalt, Gericht und Strafvollstreckung musste in Kauf genommen werden.

Alle Wehrmachtgerichte bzw. die ihnen zugehörigen Standorte der Gerichtsherren befanden sich hingegen – mit Ausnahme des Luftwaffengerichts in der Maxingstraße[23] im 13. Bezirk sowie der bereits erwähnten Zweigstelle des Gerichts der Division Nr. 177 am Loquaiplatz im 6. Bezirk – in der Wiener Innenstadt oder direkt an diese angrenzend (vgl. Abb. 3).[24] Insbesondere zwei dieser Gerichte spielten bei der Verfolgung von Deserteuren und Selbstverstümmlern und ihren Helfer*innen eine maßgebliche Rolle: das bereits erwähnte Gericht der Division Nr. 177, das über Standorte am Stubenring, am Loquaiplatz und in der Hohenstaufengasse verfügte, sowie die Wiener Außenstelle des mit der Fahndung nach flüchtigen Soldaten beauftragten Zentralgerichts des Heeres (bis April 1944 unter dem Namen Gericht der Wehrmachtkommandantur Berlin) am Franz-Josefs-Kai 7–9.

Bei der Lektüre der Verfahrensakten des Gerichts der Division Nr. 177 aus der Zeit nach der Bezugnahme des Standorts Hohenstaufengasse fällt die besonders enge Kooperation sowie die geringe geografische Distanz zwischen folgenden vier Einrichtungen ins Auge: dem Gericht der Division Nr. 177 in der Hohenstaufengasse, dem Gestapo-Hauptquartier am Morzinplatz, der Wiener Außenstelle des Zentralgerichts des Heeres am Franz-Josefs-Kai und der Heeresstreifenabteilung in der Rossauer Kaserne (vgl. Abb. 4). Diese Orte liegen teils nur 500 Meter voneinander entfernt. Die räumliche Nähe erleichterte eine effektive Kooperation auf mehreren Ebenen: Schriftstücke oder Akten ließen sich in Windeseile übermitteln, die geringen Distanzen erleichterten die Beiziehung von Wehrmachtrichtern bei Verhören oder persönliche Treffen zur Klärung von Fragen. Aufzeichnungen, die diesen persönlichen Austausch und die mündliche Kommunikation dokumentieren, existieren nur in wenigen Fällen. Mitunter finden sich jedoch kurze Aktennotizen oder andere Hinweise über die Teilnahme von Wehrmachtrichtern bei Verhören der Heeresstreife oder bei Besprechungen über spezielle Verdachtslagen bzw. vereinbarte Maßnahmen, um Verdächtige zu stellen, wie der folgende Abschnitt illustriert.

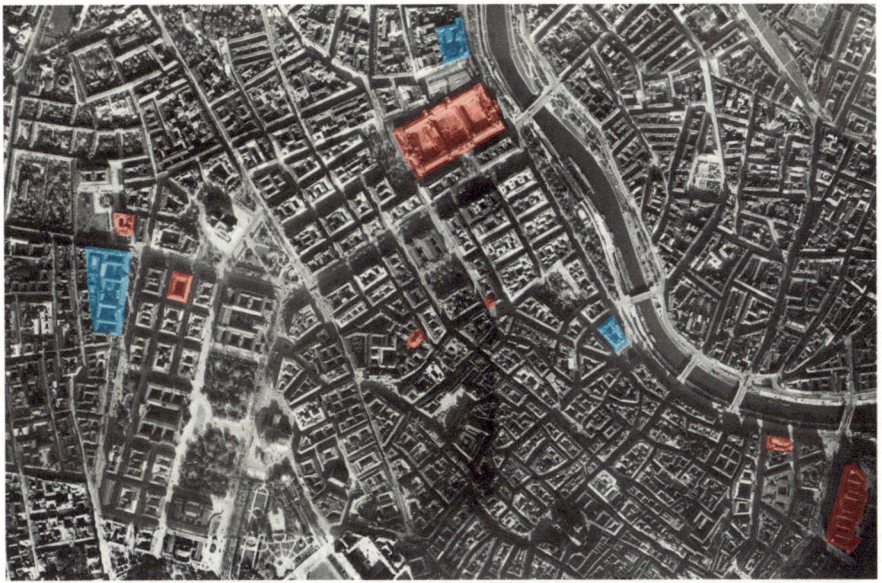

Abb. 4 Luftbildkarte Wiener Innenstadt vom 1.11.1938 mit markierten Gebäuden der Wehrmachtjustiz (rot) und ziviler Justiz/Gestapo (blau) (Zusammenfügung zweier Luftbilder, Retusche im Überlappungsbereich und Markierungen durch Mathias Lichtenwagner und Alexander Wallner).

Die Verfolgten der NS-Militärjustiz: Orte und Netzwerke

Wie sich die skizzierten räumlichen Strukturen der NS-Militärjustiz auf die Opfer auswirkten, soll nun am Beispiel von zwei Verfolgungsgeschichten illustriert werden. Die Schilderung zeichnet den Ablauf des Verfahrens anhand konkreter Orte nach, um so die einzelnen Schritte der Verfolgung verständlicher und auch greifbarer zu machen. Die Fälle wurden ausgewählt, weil sie einerseits sehr unterschiedliche Aspekte der militärgerichtlichen Verfolgung abbilden, andererseits das enge Zusammenwirken der verschiedenen Institutionen besonders deutlich zeigen.

Die Fallschilderungen basieren ausschließlich auf Informationen aus den im Österreichischen Staatsarchiv archivierten Gerichtsakten. Diese Verfahrensakten enthalten oft Dutzende Schriftstücke von unterschiedlichen Institutionen, die mit dem Gericht im Austausch waren. Anhand der Datumsangaben lässt sich der Ablauf des Verfahrens chronologisch nachzeichnen, die Adressen oder Feldpostnummern ermöglichen eine örtliche Einordnung. Allerdings ist unbedingt mitzudenken, dass es sich bei diesen Wehrmachtgerichtsakten um „Täterakten" handelt. Die Darstellungen schildern die Sicht der Verfolgungsinstitutionen, das heißt, sie sind einseitig und ideologisch gefärbt, getragen vom Bemühen, die Angeklagten eines Verbrechens zu überführen. Negative Charakterbeschreibungen, Auslassungen oder unzureichende bzw. selektive Beweiswürdigung wurden genutzt, um die Schuld der Angeklagten zu belegen (siehe dazu den Beitrag von Maria Fritsche zur Militärgerichtsbarkeit). Aber auch die Aussagen der Beschuldigten sind nicht als „objektive" Fakten zu lesen, sondern als Verteidigungsstrategien, um sich selbst oder andere zu schützen.

Wehrdienstentziehung durch Fahnenflucht

Karl Vitecek wurde am 12. August 1926 in Oberlanzendorf südlich von Wien geboren.[25] Als Jugendlicher war er Mitglied der örtlichen Hitlerjugend (HJ), danach absolvierte er seinen Dienst beim Reichsarbeitsdienst (RAD). Beim RAD bekam er einmal eine Arreststrafe wegen unerlaubter Entfernung und einmal einige Monate Haft im Jugendgefängnis wegen Diebstahl. Im August 1944 wurde er kurz nach seinem 18. Geburtstag zur Wehrmacht eingezogen und der Panzertruppe in Mödling (Panzer-Ersatz-und-Ausbildungs-Abteilung 4) zugeteilt. Wegen besonders guter Ergebnisse bei einer Schießübung erhielt er für Sonntag, 8. Oktober 1944, von 14.00 bis 22.00 Sonderurlaub – von diesem kehrte er jedoch nicht in die Kaserne zurück. Seine Einheit meldete seine Abwesenheit an das Gericht der Division Nr. 177 als zuständiges Ersatztruppengericht und schrieb ihn zur Fahndung aus: 175 cm groß, Gestalt mittel, blaue Augen, braune Haare, gewandet in die Dienstuniform der Panzertruppe mit Seitengewehr und Koppel. Alle Streifenstandorte und einige Gendarmerieposten in der Nähe seines letzten Wohnorts bekamen Durchschläge der Fahndungsmeldung. Die Gendarmerie suchte Viteceks Eltern auf, um sie über den Verbleib ihres Sohnes zu befragen. Diese gaben an, dass er nach seinem Besuch wieder zur Einheit zurückkehren wollte. Am 18. Oktober 1944 meldete die Kommandantur des Heeresstreifendienstes (Rossauer Kaserne) dem Gericht der Division Nr. 177 (Hohenstaufengasse), dass sie Vitecek in einem Soldatenheim festgenommen habe.

Im Verhör durch die Streife erklärte Vitecek, dass er den Zug zurück in die Kaserne verpasst habe, und sich auf Grund der Verspätung nicht mehr hin traute. Er hielt sich eine Woche lang in Wien auf, lebte von etwas erspartem Geld und gesammelten Verpflegungsmarken und nächtigte in Werkstätten des Wiener Arsenals und Unterkunftsheimen der Wehrmacht. Angezeigt wurde er vom Personal des Wehrmachtheims in der Scheugasse (heute Glasergasse) in Wien-Alsergrund, in dem er die Nacht verbringen wollte.

Die Heeresstreife überstellte Vitecek nach dem Verhör am 19. Oktober abends als Untersuchungshäftling in das Wehrmachtuntersuchungsgefängnis Wien, Zweigstelle Neubau (WUG VII, Hermanngasse 38). Auf Basis der von der Streife übermittelten Unterlagen entschied der für das Gericht der Division Nr. 177 zuständige Gerichtsherr Generalmajor Erich Müller-Derichsweiler, Anklage gegen Vitecek zu erheben. Die Gerichtsverhandlung wurde bereits für den 27. Oktober 1944 anberaumt. An diesem Tag wurde Vitecek um 12.15 Uhr aus dem WUG ins Gericht der Division Nr. 177 (Hohenstaufengasse 3, III. Stock, Zi. 19) gebracht, die Hauptverhandlung war für eine halbe Stunde angesetzt. Das Gericht unter Leitung von Kriegsgerichtsrat Otto Pruckner und Ankläger Georg von Winiwarter (vgl. Beitrag von Thomas Geldmacher) verurteilte Vitecek wegen unerlaubter Entfernung zu acht Monaten Gefängnis. Das Gericht fertigte das Urteil am 28. Oktober 1944 in der Hohenstaufengasse 3 aus und übersandte es dem Divisionskommandeur als zuständigem Gerichtsherrn am Stubenring zur Bestätigung. Dieser bestätigte das Urteil, setzte jedoch die Gefängnisstrafe zur Frontbewährung aus. Schon am 1. November 1944 wurde Karl Vitecek aus dem WUG VII (Hermanngasse) entlassen und zu seiner Einheit nach Mödling überstellt. Dort blieb er jedoch nicht lange. Laut Vernehmungsprotokoll vom 3. Jänner 1945 verließ er am 15. November 1944 seine Einheit erneut und fuhr nach Wien, wo er unterzutauchen versuchte. Die Tage verbrachte er in Kaffeehäusern, Kinos oder Bädern, wie etwa dem Dianabad im 2. Bezirk oder dem Jörgerbad im 17. Bezirk, die Nächte auf Bahnhöfen (Aspangbahnhof im 3. Bezirk, Ostbahnhof im 10. Bezirk oder Westbahnhof im 15. Bezirk). Er suchte also Deckung an Orten, wo viele Menschen zusammenkamen und er nicht weiter auffiel. Außerdem illustrieren die genannten Orte, dass er sich durch die ganze Stadt bewegte. Im Verhör durch die Streife gab er an, dass er bis zum 23. Dezember 1944 Uniform getragen habe, erst danach habe er sich von einem Kellner, den er in einem Lokal am Praterstern im 2. Bezirk kennengelernt hatte, Zivilkleidung gekauft. Dass er schließlich festgenommen wurde, lag daran, dass er zum Überleben und Bestreiten des Alltags auf Einbrüche angewiesen war. Karl Vitecek wurde am 2. Jänner 1945 im Gasthaus Hochleitner festgenommen,[26] die genauen Umstände lassen sich nicht rekonstruieren. Vitecek selbst gab an, im Gasthaus um Brot oder Marken gebeten zu haben. Ein dort anwesender Soldat erkannte ihn und vermochte ihn einem Einbruch zuzuordnen, woraufhin er von Anwesenden festgehalten wurde. Nachdem bei der Prüfung seiner Personalien sein Status als (flüchtiger) Soldat festgestellt wurde, übergab man ihn zuständigkeitshalber der Heeresstreife, welche ihn in die Rossauer Kaserne brachte. Das Protokoll des Verhörs vom 3. Jänner 1945 ging umgehend in die nahe Hohenstaufengasse. Da der Sachverhalt für das Gericht offenbar ausreichend geklärt war, wurde die Gerichtsverhandlung bereits für den 16. Jänner 1945 angesetzt. Diesmal lautete das Urteil auf Todesstrafe wegen Fahnenflucht.

Todesurteile mussten dem übergeordneten Gerichtsherrn, in diesem Fall dem Befehlshaber des Ersatzheeres in Berlin, zur Bestätigung vorgelegt werden. Zu diesem Zeitpunkt hatte diese Funktion Reichsführer-SS Heinrich Himmler inne. Himmler setzte jedoch die Todesstrafe mit Verfügung vom 23. Februar 1945 zur Frontbewährung aus. In welche Einheit Vitecek Ende Februar 1945 überführt wurde und wo diese zum Einsatz kam, ist aus dem Akt nicht ersichtlich. Jedenfalls überlebte Karl Vitecek den Krieg. Er verstarb am 10. Oktober 2012 86-jährig in Wien und liegt heute am Wiener Zentralfriedhof begraben.

Viteceks Beispiel zeigt, wie schwer es für einen Deserteur ohne Unterstützungsnetzwerk war, in einer von Streife, Polizei und Spitzeln kontrollierten Stadt langfristig zu überleben.[27] Als Soldat in Uniform konnte er jederzeit kontrolliert und anhand seiner

Papiere als Deserteur identifiziert werden. Aber selbst in Zivilkleidung erregte ein unverletzter junger Mann Anfang 1945 in Wien Aufmerksamkeit. Sollte er nicht an der Front sein? Er machte sich verdächtig, wenn er bei Fliegeralarm keinen Luftschutzkeller aufsuchte, um einer möglichen Kontrolle zu entgehen. Ohne Familie oder Freunde, die ihm Essen verschafften oder ihm einen Schlafplatz anboten, war er mitten im Winter gezwungen, illegalerweise in Soldatenheimen zu nächtigen oder, als er keine Uniform mehr trug, auf Bahnhöfen, immer in Gefahr, entdeckt zu werden. Ohne Möglichkeiten, legal an Essensmarken zu gelangen, war Vitecek zu Diebstählen und Einbrüchen gezwungen, um sein Überleben zu sichern. Der Aufenthalt an öffentlichen und halböffentlichen Plätzen, die von vielen Menschen frequentiert wurden, bot zwar durch die Anonymität einen gewissen Schutz. Jedoch war auch dort die Gefahr, kontrolliert oder erkannt zu werden, immer vorhanden.

Das Beispiel der Verfolgung von Karl Vitecek illustriert die gut koordinierte Zusammenarbeit zwischen verschiedenen militärischen, polizeilichen und zivilen Institutionen. Es zeigt auch, wie rasch Informationen, Meldungen und Akten weitergeleitet wurden, so dass in den meisten Fällen die Schriftstücke bereits am Folgetag von der zuständigen Stelle bearbeitet werden konnten. Besonders ins Auge springt die enge Zusammenarbeit zwischen der Heeresstreife in der Rossauer Kaserne und dem Divisionsgericht in der Hohenstaufengasse im Laufe der Ermittlungen, die auch im nächsten Fall maßgeblich ist.

Wehrdienstentziehung durch „Selbstverstümmelung"

Das Ehepaar Hedwig und Franz Weiser wohnte zusammen mit zwei Kindern in einem Gemeindebau im 20. Wiener Gemeindebezirk, Engerthstraße 109.[28] Der 1909 geborene Franz Weiser war Tischler und wurde im Mai 1940 zur Wehrmacht eingezogen. Nach der Ausbildung war er der Sanitäts-Ersatz-Abteilung 17 in der Radetzkykaserne im 16. Bezirk dienstzugeteilt und wurde 1942 als Krankenträger nach Lettland versetzt. Franz Weiser sehnte sich nach Hause, seine Anträge auf Heimaturlaub wurden jedoch immer wieder abgelehnt. Laut Anklageschrift soll seine Ehefrau Hedwig ihm schließlich in ihren Briefen vorgeschlagen haben, absichtlich eine Krankheit herbeizuführen, um auf diese Weise den ersehnten Heimaturlaub zu erhalten. Sie sandte ihm per Post zermahlene Rizinusbohnen. Eingelegt ins Augenlied erzeugen diese Bohnen eine Augenentzündung, die aber keine dauerhaften Schäden hinterlässt. Franz Weiser folgte der Anleitung seiner Gattin, eine Augenentzündung stellte sich tatsächlich ein. Von seiner Einheit wurde er daraufhin ins Lazarett nach Narva, später nach Riga verlegt und erhielt nach erfolgter Genesung im November 1943 Heimaturlaub in Wien. Als er Mitte Dezember die Meldung zur Wiedereinrückung erhielt, schmierte er sich erneut das Mittel in die Augenlider und ging mit entzündeten Augen zum zuständigen Arzt. Dort

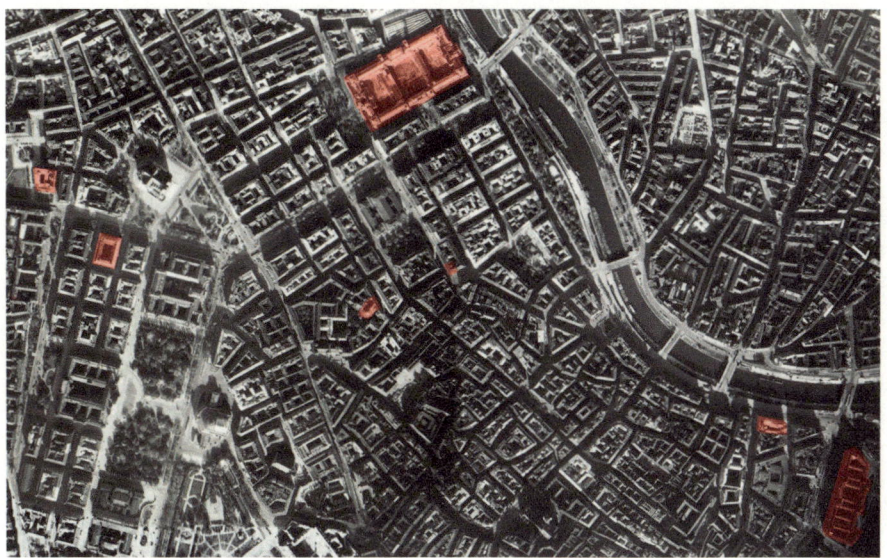

Abb. 5　Luftbildkarte Wiener Innenstadt vom 1.11.1938 mit rot markierten Wehrmachtgerichten und Gerichtsherrenstandorten (Zusammenfügung zweier Luftbilder, Retusche im Überlappungsbereich und Markierungen durch Mathias Lichtenwagner und Alexander Wallner).

wurde er jedoch sofort festgenommen. Die Bohnen, die er noch bei sich trug, wurden ihm abgenommen und zum verhängnisvollen Beweis einer „Selbstverstümmelung".

Was Weiser nicht wusste: Eine Fahndungsgruppe der Heeresstreifenabteilung Groß-Wien, die im Akt als „Pürrer-Schmitz-Tobis" bezeichnet wir, hatte durch frühere Ermittlungen Verdacht geschöpft, dass Soldaten in Wien versuchten, ihren Genesungsurlaub zu verlängern. Sie informierten Oberfeldrichter Karl Everts, Divisionsrichter des Gerichts der Division Nr. 177 am Standort Hohenstaufengasse (vgl. den Beitrag von Thomas Geldmacher), über ihren Verdacht und schlugen vor, Heimaturlauber ab der Mitteilung der erneuten Frontabstellung genau zu beobachten. Weiser war eines ihrer ersten Opfer. Die Heeresstreife verhaftete ihn am 16. Dezember 1943 beim Arzt, verbrachte ihn in die Rossauer Kaserne und verhörte ihn dort. Das Protokoll der Einvernahme schickte die Streife sofort an das Gericht der Division Nr. 177 zu Handen Oberfeldrichter Karl Everts.[29] Weiser wurde als Untersuchungshäftling in das WUG X (Favoriten) überstellt. Der Kommandeur des Streifendienstes setzte eine Reihe von Stellen vom Fahndungserfolg in Kenntnis: Franz Weisers Dienststelle (Radetzkykaserne), die Wehrmachtkommandantur Wien (Universitätsstraße 7), die Gestapo (Morzinplatz) sowie die Abwehrstelle im Wehrkreis XVII.

Am 21. Dezember 1943 informierte das Gericht der Division Nr. 177 die Gestapo (Morzinplatz) von der Aufnahme von Ermittlungen gegen Weiser und die involvierten Zivilpersonen wegen des Delikts der Wehrkraftzersetzung und ersuchte um Übermittlung von Unterlagen, welche die Gestapo dazu gesammelt hatte. Ab diesem Zeitpunkt führte das Divisionsgericht Ermittlungen gegen mindestens sechs Personen, sowohl Soldaten als auch Zivilpersonen; entsprechend umfangreich und kompliziert ist der Akt. In das Verfahren waren nämlich auch die zivile Staatsanwaltschaft in Wien (Landesgerichtsstraße 11) und die Abwehrstelle (Stubenring 1) eingebunden; außerdem das Gefängnis am Hernalser Gürtel (UHA II), wo Weisers inzwischen verhaftete Ehefrau Hedwig in Untersuchungshaft saß, und das Polizeigefängnis an der Roßauer Lände, wo man den Beschaffer der Rizinusbohnen gefangen hielt.

Das Strafverfahren fällt genau in die Zeit des Umzugs des Gerichts der Division Nr. 177 an den Standort Hohenstaufengasse. Die vor dem Jahreswechsel versandten Poststücke gingen noch an den früheren Standort am Loquaiplatz, jene, die im Jänner 1944 verschickt wurden, gingen bereits an die neue Anschrift Hohenstaufengasse 3. Die Gerichtsverhandlung gegen das Ehepaar Weiser und zwei weitere Angeklagte fand am 17. Februar 1944 in der Hohenstaufengasse statt. Der verhandlungsleitende Richter Erwin Rasch folgte dem Antrag des Anklagevertreters Karl Paschinger (zu beiden Richtern vgl. den Beitrag von Thomas Geldmacher) und verurteilte Franz Weiser wegen Wehrkraftzersetzung durch Selbstverstümmlung zu sechs Jahren Zuchthaus, Hedwig Weiser ebenfalls wegen Wehrkraftzersetzung zu drei Jahren Gefängnis; die beiden Helfer*innen wurden indes freigesprochen. Das Gericht schickte die Urteilsausfertigung zur Bestätigung an den zuständigen Gerichtsherrn, Generalmajor Erich Müller-Derichsweiler.[30] Dieser bestätigte das Urteil aber aus unbekannten Gründen nicht, sondern hob das Urteil komplett auf und ordnete eine Neuverhandlung an.

Das Gericht, das diesmal unter dem Vorsitz von Richter Langer[31] und Ankläger Fritz Bauer (vgl. den Beitrag von Thomas Geldmacher) tagte, verurteilte am 14. April 1944 Franz Weiser zu sieben Jahren Zuchthaus. Hedwig Weiser wurde zu drei Jahren und sechs Monaten Gefängnis verurteilt, die zwei mitangeklagten Helfer*innen zu sechs bzw. acht Monaten Gefängnis. Das Urteil ging an den Befehlshaber des Ersatzheeres, Generalmajor Friedrich Fromm, zur Bestätigung. Dieser bestätigte die Urteile gegen Hedwig Weiser und die beiden Mitangeklagten, jenes gegen Franz Weiser hob er jedoch aus unbekannten Gründen auf und übertrug am 18. Mai 1944 das Verfahren der am Franz-Josefs-Kai 7–9 eingerichteten Wiener Außenstelle des Gerichts der Wehrmachtkommandantur Berlin (welches kurze Zeit später in Zentralgericht des Heeres umbenannt wurde). Das Gericht der Wehrmachtkommandantur Berlin war zuständig für die Verfolgung von schweren Wehrkraftzersetzungsfällen im Gebiet des Ersatzheeres sowie die Fahndung nach flüchtigen Soldaten (vgl. dazu den Beitrag von Maria Fritsche). Am 25. Juli 1944 verhängte die Wiener Außenstelle dieses Gerichts – nun schon unter dem Namen Zentralgericht des Heeres – das Todesurteil gegen Franz Weiser wegen Zersetzung der Wehrkraft. Als Ankläger fungierte Wehrmachtrichter Würfel, die Verhandlung leitete Wehrmachtrichter Hübner.[32] Franz Weiser wurde am 19. September 1944 um 6.15 Uhr am Schießplatz in Kagran von einem Erschießungspeloton hingerichtet. Die Leiche wurde ins Anatomische Institut gebracht und später am

Zentralfriedhof in der Gruppe 40 in einem Schachtgrab begraben. In der Gruppe 40 wurden bis 1945 jene Personen in Schachtgräbern beerdigt, die im Landgericht Wien (durch Enthaupten bzw. Erhängen) und in Kagran (durch Erschießen) hingerichtet worden waren.

Das Verfahren gegen Weiser zeichnet sich durch mehrere Besonderheiten aus. Zum einen dokumentiert es die enge institutionelle Verzahnung und Kooperation zwischen dem Divisionsgericht, das das Strafverfahren leitete, und der Wehrmachtstreife als Ermittlungsorgan. Außerdem legt es den Blick frei auf die Kooperation der Militärjustiz mit der Gestapo ab dem Zeitpunkt, als das Verfahren auf Zivilpersonen erweitert wurde. Alle drei Standorte waren nur wenige Häuserblocks voneinander entfernt (vgl. Abb. 4). Auf einer mehr individuellen Ebene dokumentiert das Verfahren den direkten und engen Austausch zwischen den Akteuren und deren gemeinsames Ziel, Soldaten, die sich durch eine Selbstverletzung einer Abstellung an die Front entziehen wollten, eine Falle zu stellen. Der Fall unterstreicht zudem die Machtposition der Gerichtsherren im kriegsgerichtlichen Verfahren (vgl. dazu auch den Beitrag von Maria Fritsche), die ihre Macht nutzten, um den Fall insgesamt zwei Mal neu verhandeln zu lassen. Auf einer zeitlichen Ebene markiert der Fall den Startpunkt einer sich ab Anfang 1944 rapide ausweitenden Verfolgungswelle gegen „Selbstverstümmler", die im Spätherbst 1944 vollends eskalierte (vgl. Beitrag von Amelie Rakar und Julian Stricker-Neumayer).

Orte der Verfolgung, Orte der Erinnerung

Welche physischen Spuren hinterließ die NS-Militärgerichtsbarkeit in Wien? Wie wurden die Gebäude nach Kriegsende genutzt? Welche Erinnerung an das Unrecht gibt es heute an jenen Orten und Gebäuden, die bis 1945 der Verfolgung von Soldaten und Zivilpersonen durch Wehrmachtgerichte dienten?

Abgesehen vom heutigen Landesgericht für Strafsachen Wien in der Landesgerichtsstraße und dem Donaupark Kagran (dem ehemaligen Militärschießplatz Kagran), wo seit Jahrzehnten durch Erinnerungszeichen und Gedenkfeiern auf die nationalsozialistischen Verbrechen hingewiesen wird, gab es an den übrigen Orten der Haft, Verurteilung und Folter sehr lange bzw. gibt es teilweise bis heute keine Erinnerungszeichen. Der Autor dieses Beitrages hat die Erinnerungszeichen bzw. ihr Fehlen an und in Standorten der NS-Militärjustiz in Wien in verschiedenen Arbeiten untersucht und dabei aufgezeigt, dass das Gedenken an die Opfer grob in zwei Zeitphasen zerfällt:[33] eine erste Phase, die sich über die ersten Nachkriegsjahrzehnte erstreckt, und eine recht späte zweite Phase der Etablierung von Erinnerungszeichen, die erst in den vergangenen zehn Jahren begann.

Die erste Gedenktafel, die an die Opfer der Militärjustiz (mit)erinnert, wurde 1951 im ehemaligen Hinrichtungsraum des Landgerichts eingeweiht.[34] An diesem Ort wurden während der NS-Zeit über 1200 zum Tode Verurteilte enthauptet, einige wenige auch erhängt.[35] In beiden Gruppen finden sich auch Personen, die von einem Wehrmachtgericht in Wien zum Tode verurteilt worden waren. 1984 wurde im Donaupark Kagran ein Gedenkstein errichtet, der an die Hinrichtungen der „österreichischen Freiheitskämpfer aus den Reihen der Wehrmacht […] und Angehörige der Wiener Feuerwehr" erinnert.[36] 129 Personen wurden während der NS-Zeit auf dem Militärschießplatz durch Erschießen hingerichtet, 115 davon aufgrund eines Todesurteils durch ein Wehrmachtgericht.[37] Bei beiden Orten handelt es sich um die tragischen Endpunkte nationalsozialistischer Verfolgung, was die (relativ) frühe Etablierung von Erinnerungszeichen erklären kann. An beiden Orten wurde jedoch auch eine große Zahl von „Politischen" hingerichtet, also Personen, die nach 1945 von den NS-Opferverbänden als politisch verfolgte Opfer des Nationalsozialismus benannt wurden. Im Vordergrund der Etablierung dieser Erinnerungsorte stand also die Erinnerung an Widerstandskämpfer*innen; Opfer der NS-Militärjustiz waren nicht oder nur selektiv inkludiert, wie beispielsweise der oben zitierte Text auf der Gedenktafel in Kagran verdeutlicht.

Erinnerungszeichen an bzw. in Gebäuden, die von der Wehrmachtjustiz in Wien als Haft-, Gerichts- oder Folterorte genutzt wurden, entstanden erst in den vergangenen zehn Jahren. Sie resultierten aus der österreichischen Debatte um die Rehabilitierung der Opfer der NS-Militärjustiz, die Anfang der 2000er Jahre teilweise sehr kontrovers geführt wurde. Da auch der Autor aktiv an der Etablierung dieser Erinnerungszeichen beteiligt war, sollen hier lediglich die Orte aufgelistet werden, an denen Gedenktafeln zur Erinnerung an die Verfolgung durch die NS-Militärjustiz angebracht wurden: 2013 am Gebäude des ehemaligen Gerichts der Division Nr. 177 am Loquaiplatz im 6. Bezirk; 2014 am Gebäude des ehemaligen WUG VII im 7. Bezirk; 2015 am Eingang des früheren WUG X im 10. Bezirk (der heutigen Justizanstalt Wien-Favoriten) sowie an der Außenmauer der Rossauer Kaserne; 2023 am heutigen Regierungsgebäude am Stubenring, das ab 1938 dem Aufbau und als Zentrale der Wehrmachtjustiz diente; 2024 an den Gebäuden des ehemaligen Gerichts der Division Nr. 177 in der Hohenstaufengasse sowie am Gebäude Concordiaplatz Nr. 1, in dem der für die Panzertruppe zuständige Gerichtsherr bis 1945 seinen Standort hatte. Diese Orte fungierten als wichtigste Knotenpunkte der militärgerichtlichen Verfolgung in Wien.

Eines eint sämtliche innerstädtische Orte, die von der NS-Militärjustiz genutzt wurden: sie sind heute in öffentlicher Hand. Die Gebäude, in denen Wehrmachtgerichte, Wehrmachtverwaltungen und Kommandeure ihren Sitz hatten, werden von österreichischen Ministerien, Verwaltungsstellen, Gerichten oder der Universität Wien genutzt. Der Umstand, dass erst sehr spät an das in diesen Gebäuden begangene Unrecht und das Wirken der NS-Militärjustiz erinnert wurde, lag also nicht am fehlenden Zugriff. Es bedurfte außenstehender Akteure, die öffentlich sichtbare Hinweise auf die Vergangenheit dieser Gebäude einforderten. Die Gedenkformen und Erinnerungszeichen weisen zwar große Unterschiede in Inhalt, Formulierung und Form auf. Zusammen betrachtet stellen sie trotzdem das Netzwerk der Verfolgung adäquat dar. Wer sich heute zu Fuß oder mit dem Rad durch die Wiener Innenstadt[38] bewegt, kann an fünf Orten etwas über das Wirken der NS-Militärjustiz in Wien erfahren; im gesamten Stadtraum sind es zehn.

Literaturverzeichnis

Bailer, Brigitte/Maderthaner, Wolfgang/Scholz, Kurt: „Die Vollstreckung verlief ohne Besonderheiten." Hinrichtungen in Wien 1938 bis 1945. Wien 2013.
Buchmann, Bertrand Michael: Österreicher in der deutschen Wehrmacht, Wien 2009.
Exenberger, Herbert/Riedel, Heinz: Militärschießplatz Kagran, Wien 2003.
Fritsche, Maria: Entziehungen. Österreichische Deserteure und Selbstverstümmler in der Deutschen Wehrmacht, Wien 2004.
Geldmacher, Thomas/Lichtenwagner, Mathias: Von Häusern und Männern – Die Verwendung von Gerichtsgebäuden der NS-Militärjustiz in der Zweiten Republik und die Nachkriegskarrieren österreichischer Wehrmachtrichter, in: juridikum. zeitschrift für kritik | recht | gesellschaft, 2/2015, Wien 2015, S. 245–256.
Hornung, Ela: Denunziation als soziale Praxis. Fälle aus der NS-Militärjustiz, Wien 2010.
Kalmbach, Peter: Wehrmachtjustiz, Berlin 2012.
Lichtenwagner, Mathias: Belasteter Beton. Formen der Erinnerung an Orten der NS-Militärjustiz in Wien, in: Alton, Juliane/Geldmacher, Thomas/Koch, Magnus/Metzler, Hannes (Hg.): „Verliehen für die Flucht vor den Fahnen". Das Denkmal für die Verfolgten der NS-Militärjustiz in Wien. Göttingen 2016, S. 104–124.
Lichtenwagner, Mathias: Gedenkorte NS-Justiz, Wien 2017 (unveröffentlichtes Manuskript).
Lichtenwagner, Mathias: Militärgerichtsbarkeit im Wandel der Zeit. Erste Republik, Austrofaschismus, Nationalsozialismus, Zweite Republik, in: Bezirksmuseum Josefstadt (Hg.): 175 Jahre Gerichtsbarkeit in der Josefstadt, Wien 2014, S. 53–60.
Lichtenwagner, Mathias: Leerstellen. Zur Topographie der Wehrmachtjustiz in Wien vor und nach 1945, Wien 2012.
Loidl, Franz: Gedenkstein-Enthüllung für Widerstandskämpfer, Soldaten und Feuerwehrleute auf der Kagraner Schießstätte am 5. November 1984, in: Miscellanea der Wiener Katholischen Akademie, 3. Reihe, Nr. 38, Wien 1984.
Loidl, Franz: Standortpfarrer i. N. für Groß-Wien und Lazarettpfarrer (1941–1945). Ein demütigender Seelsorgsdienst in härtester Zeit, Wien 1971.
Moll, Martin: Militärgerichtsbarkeit in Österreich (circa 1850–1945), in: Beiträge zur Rechtsgeschichte Österreichs 6/2 (2016), S. 324–344.
Tálos, Emmerich: Das austrofaschistische Herrschaftssystem, Wien 2013.
Tuider, Othmar: Die Wehrkreise XVII und XVIII: 1938–1945, in: Militärhistorische Schriftenreihe 30, Wien 1975.
Theis, Kerstin: Wehrmachtjustiz an der „Heimatfront". Die Militärgerichte des Ersatzheeres im Zweiten Weltkrieg, Berlin 2016.

Waldstätten, Alfred: Staatliche Gerichte in Wien seit Maria Theresia. Beiträge zu ihrer Geschichte. Ein Handbuch, Wien 2011.

Abbildungsnachweis

Abb. 1, 2 und 3: © Freytag-Berndt und Artaria KG
Abb. 4 und 5: © Stadt Wien/Stadtvermessung Wien (MA 41)

Anmerkungen

1   Der Autor greift für diesen Beitrag vor allem auf eigene Vorarbeiten zurück, das sind: Lichtenwagner, Mathias: Belasteter Beton. Formen der Erinnerung an Orten der NS-Militärjustiz in Wien, in: Alton, Juliane/Geldmacher, Thomas/Koch, Magnus/Metzler, Hannes (Hg.): „Verliehen für die Flucht vor den Fahnen". Das Denkmal für die Verfolgten der NS-Militärjustiz in Wien, Göttingen 2016, S. 104–124; ders.: Militärgerichtsbarkeit im Wandel der Zeit. Erste Republik, Austrofaschismus, Nationalsozialismus, Zweite Republik, in: Bezirksmuseum Josefstadt (Hg.): 175 Jahre Gerichtsbarkeit in der Josefstadt, Wien 2014. S. 53–60; ders.: Leerstellen. Zur Topographie der Wehrmachtjustiz in Wien vor und nach 1945, Wien 2012; Geldmacher, Thomas/Lichtenwagner, Mathias: Von Häusern und Männern – Die Verwendung von Gerichtsgebäuden der NS-Militärjustiz in der Zweiten Republik und die Nachkriegskarrieren österreichischer Wehrmachtrichter, in: juridikum. zeitschrift für kritik | recht | gesellschaft, 2/2015, Wien 2015, S. 245–256. Die für diesen Aufsatz analysierten Verfahrensakten wurden von Amelie Rakar und Julian Stricker-Neumayer (siehe deren Artikel in diesem Band) zusammengetragen – ich danke sehr für die Überlassung.
2   Moll, Martin: Militärgerichtsbarkeit in Österreich (circa 1850–1945), in: Beiträge zur Rechtsgeschichte Österreichs 6/2 (2016), S. 324–344, hier S. 334 f.; Lichtenwagner, Wandel, S. 53–55.
3   Lichtenwagner, Wandel, S. 54.
4   Ebd.
5   Nach Änderung der Militärstrafprozessordnung (1914): Divisions- und Brigadegericht. Vgl. Waldstätten, Alfred: Staatliche Gerichte in Wien seit Maria Theresia. Beiträge zu ihrer Geschichte. Ein Handbuch, Wien 2011, S. 213; Moll, Militärgerichtsbarkeit, S. 330, Fußnote 36.
6   Lichtenwagner, Leerstellen, S. 25.
7   Zum Begriff siehe Tálos, Emmerich: Das austrofaschistische Herrschaftssystem, Wien 2013, S. 585 f.; zu den militärischen Veränderungen und Anpassungen im austrofaschistischen Heer siehe ebd., S. 212 f.
8   Dazu zählten etwa die Wiedereinführung der Wehrpflicht und das Frontmilizgesetz, wodurch die Maximalgrenze von 30.000 Soldaten überschritten wurde. Vgl. Lichtenwagner, Wandel, S. 55–56.

9   Als Zwischenschritt (oder aber innenpolitische Hinhaltung) kann die Einführung des Militärschöffengesetzes gesehen werden, das zwar an der Zuständigkeit ziviler Gerichte für Soldaten nichts änderte, jedoch bestimmte, dass nur Militärangehörige als Schöffen oder Geschworene berufen werden konnten. Vgl. Militärschöffengesetz, BGBl. Nr. 118/1935 vom 2.4.1935; vgl. auch Lichtenwagner, Wandel, S. 55 f.
10 Moll, Militärgerichtsbarkeit, S. 336; Lichtenwagner, Wandel, S. 55 f.; ders., Leerstellen, S. 25 f.
11 Buchmann, Bertrand Michael: Österreicher in der deutschen Wehrmacht, Wien 2009, S. 16 f.
12 Lichtenwagner, Leerstellen, S. 56 f.
13 Ebd., S. 233 f.
14 Das Straflandesgericht I in der Landesgerichtsstraße 11 wurde mit dem Straflandesgericht II, Hernalser Gürtel 6–12, zusammengelegt und lief nun unter der Bezeichnung „Landgericht Wien". Die Haftanstalt am Hernalser Gürtel 6–12 scheint in den untersuchten Unterlagen meist als Untersuchungshaftanstalt II (UHA II) auf. Die Gründe für die Nicht-Übernahme sind bisher nicht zufriedenstellend untersucht. Vgl. Waldstätten: Gerichte, S. 266 f.; Lichtenwagner, Leerstellen, S. 55–57.
15 Zit. n. Lichtenwagner, Leerstellen, S. 56, Fußnote 187.
16 Ebd., S. 56.
17 Zum Wehrkreis XVII gehörten die Gaue Wien, Oberdonau und Niederdonau, wobei die letzteren beiden jeweils um einige Gebiete der ehemaligen Tschechoslowakei bzw. des Burgenlandes erweitert wurden. Der Wehrkreis XVII war in zwei Wehrersatzbezirke unterteilt: Wien und Linz. Tuider, Othmar: Die Wehrkreise XVII und XVIII: 1938–1945, in: Militärhistorische Schriftenreihe 30, Wien 1975, S. 5–7.
18 Lichtenwagner, Leerstellen, S. 73.
19 Ebd., S. 90.
20 Loidl, Franz: Gedenkstein-Enthüllung für Widerstandskämpfer, Soldaten und Feuerwehrleute auf der Kagraner Schießstätte am 5. November 1984, in: Miscellanea der Wiener Katholischen Akademie, 3. Reihe, Nr. 38, Wien 1984; Loidl, Franz: Standortpfarrer i. N. für Groß-Wien und Lazarettpfarrer (1941–1945). Ein demütigender Seelsorgsdienst in härtester Zeit, Wien 1971; siehe auch Lichtenwagner, Leerstellen, S. 246–248.
21 Die Aufgaben des Ersatzheeres und seiner Gerichte beschreibt detailliert Theis, Kerstin: Wehrmachtjustiz an der „Heimatfront". Die Militärgerichte des Ersatzheeres im Zweiten Weltkrieg, Berlin 2016, S. 43–49.
22 Lichtenwagner, Leerstellen, S. 59. Die Wehrmachtstreife hatte weniger Kompetenzen als die Feldjäger und die Feldgendarmerie. Beide erfüllten ähnliche Aufgaben, operierten jedoch frontnäher. Siehe dazu Kalmbach, Peter: Wehrmachtjustiz, Berlin 2012, S. 290–305.
23 Feldgericht des Höheren Fliegerausbildungskommandeurs 17 in der Maxingstraße 20. Lichtenwagner, Leerstellen, S. 187 f.
24 Gerichte: Otto-Wagner-Platz (Gericht der 2. Panzer-Division), Universitätsstraße (Gericht der Wehrmachtkommandantur Wien), Hohenstaufengasse (Gericht der Division Nr. 177 und Zentralgericht des Heeres, Außenstelle Wien), Franz-Josefs-Kai (Gericht der Wehrmachtkommandantur Berlin, Außenstelle Wien, ab April 1944 Zentralgericht des Heeres, Au-

ßenstelle Wien), Stubenring (Gericht des XVII. Armeekorps, Gericht der Division Nr. 177), Schwindgasse (Feldgericht des Luftgaus XVII), Loquaiplatz (Gericht der Division Nr. 177); Gerichtsherrenstandorte: Stubenring, Metternichgasse, Schwindgasse, Universitätsstraße, Concordiaplatz.

25 Sämtliche Angaben aus dem Gerichtsakt der Division Nr. 177, Strafsache gegen Karl Vitecek, Österreichisches Staatsarchiv/Archiv der Republik (ÖStA/AdR), DWM/GerA, Gericht der Division Nr. 177, Abt. I, 1063/1944.

26 Es konnte nicht eruiert werden, welches Gasthaus damit gemeint ist.

27 Fritsche, Maria: Entziehungen. Österreichische Deserteure und Selbstverstümmler in der Deutschen Wehrmacht, Wien 2004, insb. S. 71–90; Hornung, Ela: Denunziation als soziale Praxis. Fälle aus der NS-Militärjustiz, Wien 2010.

28 Sämtliche Angaben aus den Gerichtsakten des Gerichts der Division Nr. 177 bzw. Zentralgericht des Heeres, Strafsache gegen Franz Weiser und Mitangeklagte, ÖStA/AdR, DWM/GerA, Gericht ZdH. X d 370/1944 bzw. Gericht der Division Nr. 177, Abt. I, 1203/1943.

29 Zu diesem Zeitpunkt, Mitte Dezember 1943 noch am Standort Loquaiplatz, also kurz vor Bezug des neuen Standorts in der Hohenstaufengasse.

30 In den untersuchten Akten stellte Generalmajor Müller-Derichweiler die Urteilsbestätigungen an drei unterschiedlichen Orten aus: am Kommandostandort Stubenring 1 im 1. Bezirk, im ehemaligen Palais Rothschild in der Metternichgasse im 3. Bezirk, und am Sitz des Gerichts der Division Nr. 177 am Loquaiplatz 9 im 6. Bezirk. Lichtenwagner, Leerstellen: S. 94, S. 116 f.

31 Der Vorname des Wehrmachtrichters ist nicht bekannt.

32 Die Vornamen der beiden Richter sind nicht bekannt.

33 Als Mitarbeiter des an der Universität Wien/Institut für Staatswissenschaft durchgeführten Forschungsprojekts „Politics of Remembrance and the Transition of Public Spaces (POREM)", URL: https://porem.univie.ac.at/ (abgerufen am 16.10.2024), sowie in Lichtenwagner, Beton, und ders., Leerstellen.

34 Lichtenwagner, Mathias: Gedenkorte NS-Justiz, Wien 2017 (unveröffentlichtes Manuskript), S. 8 f. Siehe auch DÖW-Fotoarchiv, Sign. 9560, sowie Bundesverband der österreichischen KZler, Häftlinge und politisch Verfolgten: Der neue Mahnruf, 1951, H. 10, S. 14.

35 Lichtenwagner, Leerstellen, S. 300–304; Bailer, Brigitte/Maderthaner, Wolfgang/Scholz, Kurt: „Die Vollstreckung verlief ohne Besonderheiten." Hinrichtungen in Wien 1938 bis 1945. Wien 2013, S. 22.

36 Andere in Frage kommende Erinnerungszeichen wären der 1951 errichtete Gedenkstein am Morzinplatz (der 1985 zu einem Denkmal erweitert wurde) in Erinnerung an die Verfolgung im dort angesiedelten Gestapo-Hauptquartier sowie die 1947 errichtete Gedenktafel an der Feuerwehrzentrale Am Hof. Angehörige der Wehrmacht wurden jedoch nur in seltenen Fällen von der Gestapo verfolgt. Die auf der Gedenktafel Am Hof genannten Angehörigen der Feuerwehr wurden nicht von einem Wehrmachtgericht, sondern einem SS- und Polizeigericht zum Tode verurteilt.

37 Exenberger, Herbert/Riedel, Heinz: Militärschießplatz Kagran, Wien 2003, S. 16; Lichtenwagner, Leerstellen, S. 309.
38 Hier großzügig als das Gebiet innerhalb der sogenannten Zweierlinie definiert, und nicht nur innerhalb der Ringstraße. Ringstraße und Zweierlinie bilden grob die innere und äußere Begrenzung des ehemaligen Glacis der Wiener Innenstadt.

Maria Fritsche

Die Militärgerichtsbarkeit im Nationalsozialismus

Funktion, Organisation, Strafvollzug

Um die Rolle und Funktion der Wehrmachtgerichte verständlicher zu machen, will der vorliegende Beitrag einen Überblick über das System der Militärjustiz im Zweiten Weltkrieg geben. Wie funktionierten die Wehrmachtgerichte? Auf welche rechtlichen Grundlagen stützten sich die Wehrmachtrichter? Wie viele Militärgerichte und Militärrichter gab es eigentlich, für wen und für was waren sie zuständig? Wie sah die Spruchpraxis der Wehrmachtgerichte aus und welche Folgen hatte eine Verurteilung? Diese Fragen will dieser Beitrag in aller Kürze beantworten und damit gleichzeitig einen Überblick über den aktuellen Forschungsstand geben. Auch das Thema der richterlichen Unabhängigkeit, die unter der NS-Herrschaft stark beschnitten, aber doch nicht ganz abgeschafft wurde, sowie die Kategorisierung der nationalsozialistischen Militärjustiz als „Unrechtsjustiz" soll im Folgenden diskutiert werden.

Wiedereinführung der Militärgerichtsbarkeit

Die Militärgerichtsbarkeit war nach Ende des Ersten Weltkrieges sowohl in Österreich als auch in Deutschland aufgehoben worden.[1] Am 12. Mai 1933, also nur kurze Zeit nach der Machtergreifung der Nationalsozialisten in Deutschland, beschloss Adolf Hitler die Militärjustiz wiedereinzuführen.[2]

Dieser frühe Zeitpunkt unterstreicht die wichtige Rolle, die Hitler der Militärgerichtsbarkeit zumaß. Hitler hatte Großes vor, wie die Aufrüstung der Wehrmacht und die Wiedereinführung der allgemeinen Wehrpflicht im Jahr 1935 – beides klare Verstöße gegen den Friedensvertrag von Versailles – deutlich machen. Die Militärjustiz sollte zum einen als „Führungsmittel" fungieren, um die Soldaten politisch und weltanschaulich zu „lenken".[3] Zum anderen sollten die Gerichte militärische Disziplin und absoluten Gehorsam durchsetzen, um die „Schlagkraft der Truppe" zu stärken, die für die geplante Eroberung Europas unabdingbar war.

Der Aufbau der nationalsozialistischen Wehrmachtgerichtsbarkeit hing eng zusammen mit dem „Trauma von 1918" – der Niederlage Deutschlands im Ersten Weltkrieg – und der sogenannten Dolchstoßlegende, die bereits kurz nach Kriegsende in Deutschland zu kursieren begann und vor allem im rechtskonservativen und rechtsnationalen Lager starken Anklang fand. Bei der „Dolchstoßlegende" handelt es sich um eine Verschwörungstheorie, die die Schuld an der Niederlage der deutschen Armee kommunistischen und sozialistischen Agitatoren sowie jüdischen Geschäftemachern zuschrieb. Nicht die militärische Führung habe versagt, sondern Juden und Linke hätten im Hinterland den Unmut in der Bevölkerung geschürt und damit Revolten ausgelöst, die zum Zusammenbruch des Kaiserreiches führten. Die Nationalsozialisten nutzten diese Verschwörungstheorie geschickt, um gegen ihre politischen Gegner im linken Lager vorzugehen und Stimmen zu gewinnen. Hitler machte aber nicht nur die Juden, Sozialisten und Kommunisten für die Niederlage Deutschlands verantwortlich. Seiner Ansicht nach trugen die kaiserlichen Militärgerichte eine Mitschuld, da sie allzu milde mit „Feiglingen", „Drückebergern" und Tachinierern umgegangen seien. Diesen Fehler sollte die neu etablierte Wehrmachtjustiz nicht wiederholen.

Mit der Annektierung Österreichs durch das Deutsche Reich im März 1938 wurde das österreichische Bundesheer in die deutsche Wehrmacht eingegliedert, womit auch die damals rund 40.000 Mitglieder des Bundesheeres unter die Jurisdiktion der Wehrmachtgerichtsbarkeit fielen.[4] Bis Kriegsbeginn spielte die Militärjustiz allerdings eine marginale Rolle. Dies änderte sich mit dem Angriff Deutschlands auf Polen am 1. September 1939. Nun trat das Kriegsstrafrecht in Kraft, dem neben Soldaten auch Zivilpersonen unterworfen waren (dazu weiter unten). Bereits im ersten Kriegsjahr verurteilten deutsche Militärgerichte laut Wehrmachtkriminalstatistik über 50.000 Wehrmachtangehörige, Verfahren gegen Kriegsgefangene oder Zivilpersonen nicht einberechnet.[5]

Mit Ausbruch des Zweiten Weltkrieges entwickelte sich die Militärjustiz zu einem zentralen Pfeiler des nationalsozialistischen Herrschaftssystems. Immer mehr Männer wurden zur Wehrmacht eingezogen – im Laufe des Krieges insgesamt über 17 Millionen, davon etwa 1,3 Millionen Österreicher[6] –, wodurch auch der Kontroll- und Disziplinierungsbedarf wuchs. Zudem erweiterten sich durch Deutschlands aggressive Expansionspolitik der geographische Einzugsbereich und die Aufgaben der Militärgerichte.

Aufgabenbereiche und Funktionen der Militärjustiz

Die Militärjustiz war in erster Linie für Wehrmachtsoldaten und das sogenannte Wehrmachtgefolge zuständig. Dazu zählten zivile Angestellte der Wehrmacht, wie beispielsweise Wehrmachthelferinnen oder ziviles Küchen- und Büropersonal, sowie Angehörige des Reichsarbeitsdienstes (RAD), des Zollgrenz- bzw. des Luftschutzes sowie bestimmte Einheiten der Organisation Todt, die Verteidigungsanlagen und Verkehrswege baute. Ebenfalls in den Zuständigkeitsbereich der Wehrmachtgerichtsbarkeit fielen Kriegsgefangene.[7]

Obwohl es sich bei der Wehrmachtjustiz primär um eine Sondergerichtsbarkeit für Militärangehörige handelte, waren auch Zivilpersonen unter bestimmten Umständen der Militärgerichtsbarkeit unterworfen. Das betraf neben der Zivilbevölkerung in den besetzten Gebieten auch deutsche Bürgerinnen und Bürger – und zwar bei allen Handlungen, die als Gefahr für die militärische Sicherheit oder Schlagkraft interpretiert werden konnten.[8] Dazu zählten insbesondere Verstöße gegen die am 26. August 1939 in Kraft getretene Kriegssonderstrafrechtsverordnung (KSSVO), die unter anderem den neuen Tatbestand der „Zersetzung der Wehrkraft" schuf.[9]

Neben ihrer eigentlichen Aufgabe, die militärische Disziplin und Ordnung durch strafrechtliche Ahndung von disziplinarischen Verstößen und kriminellen Handlungen sicherzustellen, hatte die Wehrmachtjustiz also auch eine politische Funktion. Sie sollte Kritik am NS-Regime und seiner Kriegsführung sowie Versuche, sich dem Kriegseinsatz zu entziehen, durch härteste Strafen sanktionieren und damit auch Signale der Abschreckung aussenden, um abweichendes oder widerständiges Verhalten im Keim zu ersticken. Die Wehrmachtgerichte fungierten somit als Instrumente der Ordnungssicherung, im Inneren wie im Äußeren.

Diese Aufgabe erstreckte sich auch auf die eroberten Gebiete. Die Rolle der Wehrmachtgerichte als Besatzungsinstrument ist bislang nur in Ansätzen erforscht und kann hier aus Platzgründen nicht vertieft werden.[10] Es ist allerdings wichtig zu betonen, dass Aufgaben und Spruchpraxis der Militärgerichte in den verschiedenen besetzten Gebieten sehr unterschiedlich und stark von den jeweiligen Besatzungsstrategien und Zielen des NS-Regimes beeinflusst waren. So wurde in den eroberten sowjetischen Gebieten die Militärjustiz durch Hitlers Kriegsgerichtsbarkeitserlass weitgehend ausgeschaltet.[11] Das heißt, dass Zivilpersonen in der Regel ohne Gerichtsverfahren erschossen oder deportiert, Übergriffe von Wehrmachtsoldaten gegen die Bevölkerung hingegen nur in Ausnahmefällen strafrechtlich geahndet wurden.[12] Umgekehrt spielte die Wehrmachtjustiz in Teilen West- und Nordeuropas eine zentrale Rolle in der Sicherung der Besatzungsherrschaft. Zumindest in der Anfangsphase präsentierten sich dort die Gerichte gerne als unideologische, „faire" Institutionen, die im Einklang mit dem Völkerrecht Recht sprachen und durchaus auch milde Strafen gegen Einheimische verhängten.[13] Dies änderte sich jedoch mit dem Erstarken des organisierten Widerstandes gegen die deutschen Besatzer.[14]

Wehrmachtgerichte

Schätzungen zufolge existierten während des Zweiten Weltkrieges mindestens 1000 Wehrmachtgerichte, wovon etwa drei Viertel dem Heer, dem zahlenmäßig größten Wehrmachtteil, angehörten. Manche dieser Gerichte operierten lediglich über kürzere Zeiträume, andere wiederum für die Dauer des Krieges.[15]

Wehrmachtgerichte wurden von der Divisionsebene aufwärts eingerichtet. Neben den Divisionsgerichten beim Feld- und Ersatzheer gab es beispielsweise Gerichte bei Armeen und Armeeabteilungen sowie bei Standort- und Feldkommandanturen; auch die Luftwaffe und Kriegsmarine verfügten über eigene Militärgerichte.[16]

Da die meisten Wehrmachtgerichte an den Standort ihrer Einheit gebunden waren, wechselten sie ihren Sitz, wenn die Truppe versetzt wurde. Außerdem verfügten Wehrmachtgerichte, die einen größeren geografischen Einzugsbereich abdeckten, oft über zusätzliche Zweigstellen, um die Strafverfolgung effizienter zu gestalten. So betrieb das Gericht des Admirals der norwegischen Westküste im norwegischen Bergen zeitweise auch Abteilungen in den Hafenstädten Stavanger und Kristiansand; das Gericht der Division Nr. 177, das als Teil des Ersatzheeres während der gesamten Kriegsdauer in Wien stationiert war, verfügte über eine Außenstelle in Brünn (heute Brno).

Die Gerichte des Feldheeres im Frontbereich und im rückwärtigen Gebiet waren in der Regel eher klein und verfügten oft nur über ein bis zwei Wehrmachtrichter, einen Heeresjustizinspektor, der als Urkundsbeamter tätig war, sowie Hilfspersonal. Deutlich größer waren die in wichtigen Großstädten stationierten Gerichte, wie das Gericht der Kommandantur von Groß-Paris mit 22 Richtern im März 1944, sowie die im Reichsgebiet stationierten Gerichte des Ersatzheeres, das für den Nachschub an Personal verantwortlich war. In die Zuständigkeit der Ersatzheeresgerichte fielen alle Soldaten, die sich innerhalb des gerichtlichen Einzugsgebietes in Ausbildung, auf Urlaub oder im Lazarett befanden, die Wach- und Luftschutzaufgaben erfüllten, aber auch Insassen von Kriegsgefangenenlagern.[17] Ein solches Gericht war das Gericht der Division Nr. 177 in Wien, an dem im ersten Halbjahr 1943 zwischen elf und siebzehn Wehrmachtrichter tätig waren; am Gericht der Division Nr. 418 in Klagenfurt samt Zweigstelle Graz arbeiteten im selben Zeitraum zwischen zehn und dreizehn Richter.[18]

Auch wenn die Untersuchung von Straftaten und die Durchführung von Strafverfahren zu den Hauptaufgaben der Gerichte gehörten, erfüllten sie darüber hinaus eine Reihe anderer Aufgaben, wie Beurkundungen in Erbschafts-, Eheschließungs- und Scheidungsangelegenheiten oder die Klärung von Vaterschaften und Unterhaltsforderungen. Außerdem hatten die Wehrmachtgerichte bei den gar nicht selten vorkommenden Suiziden, Unfällen oder Tötungen Todesermittlungsverfahren durchzuführen, um die Todesursache zu klären und ein Verschulden der Wehrmacht auszuschließen.[19]

Innerhalb des Systems der nationalsozialistischen Militärgerichtsbarkeit nahmen zwei Gerichte eine Sonderrolle ein: das Reichskriegsgericht sowie das Gericht der Wehrmachtkommandantur Berlin bzw. dessen Nachfolger, das Zentralgericht des Heeres. Es handelte sich dabei um keine übergeordneten Gerichte, wie oft fälschlicherweise angenommen wird, da mit Kriegsbeginn der Instanzenzug im Militärgerichtsverfahren wegfiel. Vielmehr handelt es sich um Gerichte mit besonderen Zuständigkeiten.

Reichskriegsgericht

Das 1936 gegründete Reichskriegsgericht (RKG) war zunächst als oberste Gerichtsinstanz der drei Wehrmachtteile konzipiert; ab Kriegsbeginn fungierte es nur noch als erstinstanzliches Gericht.[20] Das RKG hatte seinen Sitz in Berlin-Charlottenburg. Im

August 1943 wurde es aufgrund der Gefahr alliierter Luftangriffe nach Torgau verlegt und operierte von dort aus bis kurz vor Kriegsende.[21] Das RKG war anders organisiert als reguläre Wehrmachtgerichte. Es bestand aus vier Senaten, die jeweils mit fünf (statt mit drei) Richtern besetzt waren. Darüber hinaus verfügte das RKG, anders als die regulären Wehrmachtgerichte, über einen eigenen Oberreichskriegsanwalt, der Ermittlungsverfahren durchführte und die Rolle des Anklägers in den Verfahren übernahm.

In die Zuständigkeit des RKG fielen einerseits Strafverfahren gegen Offiziere und Wehrmachtbeamte im Admirals- und Generalsrang, andererseits die Strafverfolgung von Widerstandsdelikten: dazu zählten beispielsweise Verbrechen wie Hoch-, Landes- und Kriegsverrat, Angriffe auf den Führer und Reichskanzler, Sabotage oder schwerwiegende Fälle „wehrkraftzersetzender" Äußerungen.[22] Zudem behandelte das RKG als einziges Gericht Wehrdienstverweigerungen aus religiösen Gründen.[23]

Zu den Hauptaufgaben des RKG gehörte es also, „den politisch und religiös begründeten Widerstand gegen Krieg und Kriegsführung" im Inland zu verfolgen.[24] Gleichzeitig spielte es eine wichtige Rolle bei der Bekämpfung des Widerstands gegen die deutsche Besatzung in Polen, Nord- und Westeuropa. Zu diesem Zweck reiste das RKG auch in die besetzten Gebiete. Zwischen August 1940 bis Dezember 1941 etwa tagte das RKG mehrmals in Oslo und Bergen und ließ dort mindestens 22 Norweger wegen Spionage und Feindbegünstigung hinrichten.[25] Auch innerhalb Deutschlands führte das RKG eine Reihe von Verfahren gegen ausländische Widerstandskämpfer*innen durch, die als „Nacht- und Nebel"-Gefangene nach Deutschland verschleppt worden waren, ohne dass die Angehörigen etwas über ihren Verbleib oder ihr weiteres Schicksal erfuhren. Von den insgesamt 1189 Todesurteilen, die das RKG bis Februar 1945 verhängte, entfielen 662 auf Deutsche, 527 auf Ausländer*innen.[26]

Während das RKG vorrangig für die Verfolgung von Kriegsdienstverweigerern und sogenannten Verratsdelikten zuständig war, spielte das Gericht der Wehrmachtkommandantur (WMK) Berlin eine wichtige Rolle bei der Strafverfolgung flüchtiger Deserteure.

Gericht der Wehrmachtkommandantur Berlin/Zentralgericht des Heeres

Das 1934 gegründete Gericht der Wehrmachtkommandantur Berlin, das während der gesamten Kriegsdauer eine Außenstelle in Wien betrieb, war mit über 100 Richtern das größte Wehrmachtgericht. Der hohe Personalstand war dem besonderen Tätigkeitsbereich des Gerichts geschuldet. Das Gericht der WMK Berlin war zuständig für die Strafverfolgung von Soldaten, die von Frontgerichten zur Fahndung ausgeschrieben und nach Ablauf von drei Monaten noch immer nicht gefasst worden waren.[27] Die Gerichte traten die Fälle an das Gericht der WMK Berlin ab, das die Fahndung übernahm und Angeklagte auch in Abwesenheit verurteilte, besonders wenn Belege für ein erfolgreiches Überlaufen zum Feind auftauchten. Zusätzlich dazu übertrug Hitler dem

Gericht im August 1942 die Verfolgung von „politischen" – also gegen die NS- oder Militärführung gerichtete – Äußerungen durch Mitglieder des Ersatzheeres.[28]

Im April 1944 übernahm das neueingerichtete Zentralgericht des Heeres (ZdH) die besonderen Agenden des Gerichts der WMK Berlin inklusive der Fahndung nach flüchtigen Deserteuren aus Heer und Marine.[29] Eine interne Statistik, der zufolge Ende Oktober 1944 insgesamt 10.590 Fahndungen beim ZdH anhängig waren, illustriert dabei auch den rapiden Anstieg an Desertionen, den die Landung der Westalliierten in Frankreich ausgelöst hatte.[30]

Wie das Beispiel der „wehrkraftzersetzenden Äußerungen" illustriert, waren die Zuständigkeitsbereiche der Gerichte keineswegs klar getrennt. „Wehrkraftzersetzende Äußerungen" konnten je nach eingeschätzter Schwere von einem regulären Wehrmachtgericht, vom RKG oder vom Gericht der WMK Berlin bzw. dem ZdH verfolgt werden. Überlappungen der Zuständigkeiten gab es auch bei Verurteilungen von Deserteuren in Abwesenheit[31] oder der Strafverfolgung von Verratsdelikten oder Spionage durch Einheimische der besetzten Gebiete; in beiden Fällen verhängten auch reguläre Wehrmachtgerichte Todesurteile.[32]

Wehrmachtrichter

Etwa 3000 Wehrmachtrichter waren während des Zweiten Weltkrieges tätig, wobei circa zwei Drittel an Militärgerichten des Heeres arbeiteten.[33] Voraussetzung für die Aufnahme in den Wehrmachtjustizdienst und damit für eine Karriere als „richterlicher Militärjustizbeamter" waren eine mit dem zweiten Staatsexamen abgeschlossene juristische Ausbildung inklusive eines dreijährigen Referendariats und die dadurch erworbene „Befähigung zum Richteramt". Außerdem mussten die Bewerber einen Offiziersrang des Beurlaubtenstandes vorweisen. Diesen hatten ältere Wehrmachtrichter zumeist während des Ersten Weltkrieges erworben, jüngere Bewerber mussten dazu die militärische Grundausbildung nach Wiedereinführung der Wehrpflicht 1935 ableisten.[34] Mit fortlaufender Dauer des Krieges wurden aufgrund des Personalmangels die Anforderungen gelockert, so dass teilweise auch Juristen ohne abgeschlossene Ausbildung als Hilfsrichter in der Wehrmacht tätig waren.

Der Begriff „Wehrmachtrichter" ist insofern missverständlich, weil Wehrmachtrichter nicht nur als Richter fungierten, die Verhandlungen leiteten und Urteile fällten, sondern auch als Anklagevertreter auftraten. Welche Rolle ein Wehrmachtrichter in einem bestimmten Verfahren einnahm, bestimmte der Gerichtsherr (siehe dazu weiter unten). Bei kleineren Gerichten im Frontgebiet betraute der Gerichtsherr häufig Offiziere mit der Rolle des Anklägers.[35] Bei größeren Militärgerichten wurden die Wehrmachtrichter oft nach dem Rotationsprinzip eingesetzt, so dass ein Wehrmachtrichter in einem Verfahren die Untersuchungen leitete, im nächsten als Vertreter der Anklage auftrat und wiederum im nächsten als verhandlungsleitender Richter fungierte. Der kontinuierliche

Wechsel vom weisungsgebundenen Ankläger zum (formell) unabhängigen Richter erzeugte eine Vermischung der Rollen, die die richterliche Unabhängigkeit negativ beeinflusste.

Die richterlichen Militärjustizbeamten waren auf Lebenszeit bestellt, konnten aber jederzeit von den Oberbefehlshabern der jeweiligen Wehrmachtteile versetzt werden. Zudem waren sie, außer in ihrer Funktion als verhandlungsleitende Richter, an die Weisungen ihres Vorgesetzten gebunden, der gleichzeitig Kommandeur und Gerichtsherr der militärischen Einheit war, bei der sie dienten. Da der Gerichtsherr – selbst weder Jurist noch Richter – einen immensen Einfluss auf die militärgerichtlichen Strafverfahren ausüben konnte, muss hier kurz seine Rolle erläutert werden.

Gerichtsherren

Jedes Wehrmachtgericht war einem „Gerichtsherrn" unterstellt. Das waren in der Regel die Kommandeure der militärischen Einheit, an die das Gericht angegliedert war. Bei einem Divisionsgericht übte für gewöhnlich der Divisionskommandeur die Rolle des Gerichtsherrn aus, bei einem Kommandanturgericht beispielsweise der Stadtkommandant. Die Gerichtsherren wurden durch den Chef des OKW bzw. durch die Oberbefehlshaber der drei Wehrmachtteile (Heer, Luftwaffe, Kriegsmarine) bestimmt, die gleichzeitig als übergeordnete Gerichtsherren fungierten und etwa Todesurteile bestätigten. Oberster Gerichtsherr war Adolf Hitler, dem alle Todesurteile gegen Offiziere und Wehrmachtbeamte vorgelegt werden mussten.[36]

Der Kommandeur bzw. Gerichtsherr des jeweiligen Gerichts verfügte über umfassende Befugnisse.[37] Er entschied, zumindest offiziell, über die Einleitung oder Einstellung eines Ermittlungsverfahrens und darüber, ob eine Anklage erhoben oder ein Fall an ein anderes Gericht abgegeben werden sollte. Der Gerichtsherr bestimmte auch, wer die gerichtliche Untersuchung leiten, wer die Rolle des Anklägers und jene des verhandlungsleitenden Richters übernehmen sollte; bei kleineren Gerichten waren die Wahlmöglichkeiten des Gerichtsherrn allerdings begrenzt. In weiterer Folge ernannte der Gerichtsherr die beiden richterlichen Beisitzer und entschied, ob die Angeklagten einen Verteidiger erhalten sollten. In das laufende Verfahren durfte der Gerichtsherr jedoch nach § 34 Kriegsstrafverfahrensordnung (KStVO) nicht eingreifen. Ob die Truppenkommandeure diese Aufgaben in der Praxis wirklich alle wahrnahmen oder weitgehend den Vorschlägen des Richterpersonals folgten, lässt sich nicht sagen.

Den vielleicht entscheidendsten Einfluss übte der Gerichtsherr aber *nach* der Urteilsverkündung aus, denn um Rechtskraft zu erlangen, musste das Urteil durch den Gerichtsherrn bestätigt werden; bei *Todes*urteilen oblag das Bestätigungsrecht dem übergeordneten Gerichtsherrn, wobei ein Rechtsgutachter dazu ein Gutachten verfassen musste,[38] das allerdings nicht bindend war. Im Zuge der Bestätigung konnte der Gerichtsherr die verhängte Strafe (innerhalb des gesetzlichen Rahmens) abmildern, die Strafe zur Bewährung aussetzen, deren – sofortige oder teilweise – Vollstreckung anordnen oder die Strafe verschärfen, indem er die Einweisung in eine Sonderabteilung befahl.[39] Der Gerichtsherr konnte jedoch auch die Bestätigung verweigern, wenn ihm die Strafe zu streng oder zu milde erschien. Ein Urteil *aufheben* durfte allerdings nur der übergeordnete Gerichtsherr, der dann eine Neuverhandlung anordnete oder das Verfahren einstellen ließ.

Das Militärgerichtsverfahren sah keine Rechtsmittel gegen eine gerichtliche Entscheidung vor (siehe dazu weiter unten). Verurteilte konnten lediglich ein Gnadengesuch an den Gerichtsherrn richten und um eine Abmilderung oder Aussetzung der Strafe *bitten*. § 112 Abs. 1 KStVO gewährte dem Gerichtsherrn das Recht, die „Hauptstrafe ganz oder teilweise zu erlassen, umzuwandeln, oder zu unterbrechen". Bei Todesstrafen entschied allerdings nicht der reguläre Gerichtsherr über eine Begnadigung, sondern der ihm übergeordnete Oberbefehlshaber des jeweiligen Wehrmachtteils, der Befehlshaber des Ersatzheeres oder, als höchste Instanz, Adolf Hitler.[40]

Richterliche Unabhängigkeit

Über das Bestätigungs- und Gnadenrecht konnten die Gerichtsherren erheblichen Einfluss auf die Entscheidungen der Gerichte nehmen und so die richterliche Unabhängigkeit effektiv begrenzen. Wie unabhängig waren die Wehrmachtrichter also wirklich?

Tatsache ist, dass das nationalsozialistische System die richterliche Freiheit auf vielen Ebenen einschränkte – sowohl durch die Organisation der Gerichtsbarkeit und die Strafprozessordnung als auch durch zahlreiche Direktiven und Vorgaben.[41] Zwar garantierte das nationalsozialistische Rechtssystem den Wehrmachtrichtern in ihrer Funktion als verhandlungsleitende Richter die richterliche Unabhängigkeit.[42] Doch waren sie, wie Manfred Messerschmidt herausstreicht, „von Richtlinien und Weisungen geradezu umstellt".[43] Neben den Vorgaben von oben ist auch der Einfluss, der von Schulungen, Fachzeitschriften oder Rechtskommentaren ausging, nicht zu unterschätzen. So bildete das vom ideologischen Hardliner und Wehrmachtrichter Erich Schwinge kommentierte Militärstrafgesetzbuch, das jedes Jahr neu aufgelegt wurde, eine wichtige Grundlage für die Auslegung des Rechts.[44]

Im nationalsozialistischen Herrschaftssystem bedeutete „richterliche Unabhängigkeit" etwas grundlegend anderes als in einem demokratischen Rechtsstaat. Die militärische Führung und die Rechtsabteilungen der drei Wehrmachtteile erwarteten sich von ihren Richtern eine „ideologiekonforme Rechtsauslegung" und die „freiwillige Bindung" an militärische Bedürfnisse.[45] Auch Adolf Hitler forderte, dass Wehrmachtrichter ihre Rechtsauslegung an militärischen und nationalsozialistischen Werten ausrichteten: „Sie [die Richter, Anm. MF] haben nach ihrer freien, aus dem gesamten Sachverhalt geschöpften Überzeugung zu stimmen und dabei soldatische Grundsätze und eine von nationalsozialistischer Weltanschauung getragene Rechtsauslegung zugrunde zu legen."[46]

Die deutlich formulierten Erwartungshaltungen und Einflussnahmen bedeuteten jedoch nicht, dass die Wehrmachtrichter bloße Marionetten der militärischen und nationalsozialistischen Führung waren, um unangepasste oder undisziplinierte Soldaten zur Raison zu bringen. Die rechtlichen Vorschriften gewährten den Wehrmachtrichtern trotz allem einen beträchtlichen Ermessensspielraum, sowohl was die Anwendung des Gesetzes als auch die Bemessung der Strafe betraf. Diesen konnten die Richter, wie Kerstin Theis in ihrer beachtenswerten Studie zu den Gerichten der Division Nr. 156 und Nr. 526 detailliert aufgezeigt hat, zu Gunsten, aber auch zu Ungunsten der Beschuldigten nutzen.[47]

Der richterliche Handlungsspielraum offenbarte sich besonders deutlich am Beispiel der Verfolgung von Deserteuren. Die Frage, ob eine Abwesenheit von der Truppe als „unerlaubte Entfernung" nach § 64 Militärstrafgesetzbuch (MStGB) oder als „Fahnenflucht" nach § 69 MStGB einzustufen war, mussten die Richter entscheiden. Als Fahnenflucht galt das Verlassen oder Fernbleiben von der Truppe oder Dienststelle „mit der Absicht, sich der Verpflichtung zum Dienste in der Wehrmacht dauernd" oder für die Dauer des Krieges oder einer „kriegerischen Unternehmung" zu entziehen.[48] Die Richter konnten aus einer verspäteten Rückkehr aus dem Heimaturlaub eine Fahnenflucht konstruieren, wenn sie hinter der Abwesenheit die Absicht einer dauerhaften Entziehung zu erkennen glaubten. Sie konnten aber sogar eine monatelange Abwesenheit vom Militär als unerlaubte Entfernung deuten, die mit einer deutlich geringeren Strafe bedroht war.[49] Zudem gewährte ihnen das Gesetz bei der Strafbemessung beträchtliche Spielräume. Bei „Fahnenflucht im Felde" (das heißt zu Kriegszeiten) war gemäß § 70 des Militärstrafgesetzbuches von 1940 „auf Todesstrafe oder auf lebenslanges oder zeitiges Zuchthaus zu erkennen".[50] Die Verhängung der Todesstrafe bei Fahnenflucht war also keineswegs zwingend. Selbst Hitlers Richtlinien zur Bestrafung von Deserteuren ließen mit Formulierungen wie „Die Todesstrafe ist geboten, wenn …" oder „die Todesstrafe ist im allgemeinen angebracht" Handlungsspielräume offen.[51]

Dass die Wehrmachtrichter die ihnen zugestandene Unabhängigkeit verteidigten, illustrieren beispielsweise jene Fälle, in denen Gerichtsherren sich weigerten ein Urteil zu bestätigen und das Gericht aufforderten, den Fall erneut zu behandeln. Nicht immer brachten die neuen Urteile das vom Gerichtsherrn gewünschte Ergebnis. Fälle, in denen das Gericht auf seinem Urteil beharrte, selbst wenn es der Gerichtsherr mehrfach aufhob, gab es immer wieder.[52] Dennoch: die Regel waren sie nicht. Im Allgemeinen dürfte die Zusammenarbeit zwischen den Wehrmachtrichtern und dem Gerichtsherrn, der ja als Kommandeur ein juristischer Laie und auf die Expertise seiner Richter angewiesen war, gut funktioniert haben.[53] In der Mehrheit folgten die Gerichtsherren den Urteilen und Empfehlungen ihrer Richter und Rechtsgutachter[54], was auf eine weitgehende Interessensübereinstimmung zwischen Gerichtsherren und Richtern hindeutet.

Wehrmachtjustiz als Unrechtsjustiz

Wie lassen sich also die hohe Zahl an Todesurteilen, die oft unverhältnismäßig harten Strafen auch für harmlose Vergehen und – nicht zuletzt – die menschenverachtende Rhetorik in vielen Urteilen erklären?[55] Untersuchungen haben gezeigt, dass die Mehrheit der Wehrmachtrichter keine fanatischen Nazis waren (siehe dazu auch den Beitrag von Thomas Geldmacher); vielmehr war das Gros „stark nationalkonservativ, antirepublikanisch und antiparlamentarisch eingestellt".[56] Allerdings gab es eine Reihe von ideologischen und weltanschaulichen Berührungspunkten mit den Nationalsozialisten: die Identifikation mit männlich-militärischen Werten, eine autoritäre, antiliberale und antidemokratische Grundhaltung, der Glauben an die Überlegenheit der Deutschen und der Wunsch, Deutschland wieder zu alter Größe zu verhelfen und die „Schmach von Versailles" zu tilgen.[57]

Basierend auf dieser Interessensgleichheit zeigten sich die Wehrmachtrichter größtenteils überaus willig, rechtliche Grundprinzipien über Bord zu werfen, um die der Militärjustiz zugedachte Aufgabe zu erfüllen: die Schlagkraft der Wehrmacht gegen innere und äußere „Feinde" zu sichern, um so den Kriegszweck – in letzter Konsequenz die Beherrschung Europas und die Ausmerzung der jüdischen Bevölkerung – zu erreichen.[58]

Die Wehrmachtjustiz sprach nicht nur in Einzelfällen Unrechtsurteile, sondern verstieß *systematisch* gegen zentrale Rechtsgrundsätze, die ein rechtsstaatliches Strafverfahren auszeichnen: dazu gehörten etwa das Prinzip der Unschuldsvermutung bzw. die Erbringung des Schuldbeweises oder das Prinzip der Gleichheit vor dem Gesetz.[59] Der Leiter der Rechtsabteilung der Kriegsmarine, Admiral Warzecha, forderte die Richter dazu auf, „der Person und den Motiven des Täters nur begrenzt Rücksicht"[60] zu schenken. Tatsächlich untersuchten viele Gerichte Tatbestände häufig nur oberflächlich, ignorierten entlastende Beweise oder sprachen auf Basis einer bewiesenen Straftat den Beschuldigten auch für andere schuldig, auch wenn die Beweise fehlten. Wehrmachtgerichte enthielten Angeklagten bzw. ihren Verteidigern relevante Informationen vor, verwehrten ihnen mitunter trotz Rechtsanspruchs eine Verteidigung und nutzten, wie etwa bei den „Selbstverstümmelungsprozessen" in Wien, Geständnisse, die durch Drohungen und Folter erzwungen worden waren.

Die häufig mangelhafte Beweisführung war auch der Arbeitslast geschuldet. Mit dem rapiden Anstieg an Delikten im Verlauf des Krieges wuchs der Druck, Verfahren möglichst rasch abzuschließen und Angeklagte auch ohne umfassende Beweiswürdigung abzuurteilen. Beschränkt wurden die Rechte der Beschuldigten auch durch ein im November 1939 eingeführtes verkürztes Strafverfahren, der sogenannten *Strafverfügung*. Diese ermöglichte den Wehrmachtgerichten, Freiheitsstrafen bis zu sechs Monaten Gefängnis zu verhängen, ohne dass der Beschuldigte persönlich gehört oder eine Gerichtsverhandlung durchgeführt wurde.[61] Ein beträchtlicher Teil der Strafsachen, die oft Klein- und Kleinstdelikte betrafen, wurden mittels Strafverfügungen „erledigt".[62]

Rechtliche Grundlagen

Die Beurteilung der Wehrmachtjustiz als Unrechtsjustiz bezieht sich aber nicht nur auf die *Urteilspraxis* der Militärgerichte, sondern auch auf die rechtlichen und verfahrensrechtlichen Bestimmungen, die dieser zugrunde lagen. Die mit Kriegsbeginn in Kraft getretene Kriegsstrafverfahrensordnung (KstVO) etwa beschränkte das Recht auf einen Verteidiger für „strafbare Handlungen, die mit dem Tode bedroht" waren.[63] In der Praxis wurde selbst gegen diese Vorgabe immer wieder verstoßen.[64] Zudem sah das Kriegsgerichtsverfahren keinen Instanzenzug vor: wehrmachtgerichtliche Urteile waren nicht anfechtbar, die Verurteilten konnten lediglich ein Gnadengesuch einreichen.[65]

Außerdem verschärften die Nationalsozialisten die Strafen für eine Reihe von Delikten durch die Novellierung des Militärstrafgesetzbuchs (MStGB) von 1872 sowie des deutschen Reichsstrafgesetzbuchs (RStGB) von 1871, die die wichtigsten Grundlagen der wehrmachtgerichtlichen Rechtsprechung bildeten.[66]

Das NS-Regime schuf aber auch neues (Un)Recht, indem es Handlungen, die bislang nicht oder nicht in dieser Form strafbar waren, zu Straftaten erklärte. Mit Kriegsbeginn wurde eine Reihe von strafrechtlichen Bestimmungen erlassen, die etwa den Umgang mit Kriegsgefangenen, das Hören ausländischer Radiosender oder das Schwarzschlachten verboten. Besonders relevant in diesem Zusammenhang ist jedoch die bereits erwähnte Kriegssonderstrafrechtsverordnung, kurz KSSVO. Sie war bereits 1938 vorbereitet worden, wurde jedoch erst am 26. August 1939, wenige Tage vor dem deutschen Angriff auf Polen und dem Ausbruch des Krieges, öffentlich gemacht.

Die KSSVO führte unter anderem drei neue, mit der Todesstrafe bedrohte Straftatbestände ein: Spionage, Freischärlerei und Zersetzung der Wehrkraft. Besonders das unter § 5 KSSVO als „Zersetzung der Wehrkraft" definierte Delikt spielte in der Praxis der Gerichte eine zentrale Rolle. Das Verbrechen der Wehrkraftzersetzung war sehr breit (und vage) definiert und stellte eine Reihe von Handlungen unter Strafe: zum einen alle in der Öffentlichkeit getätigten kritischen Äußerungen über den Krieg, das NS-Regime oder einzelne Führungspersönlichkeiten; darunter fielen auch Witze, humoristische Kommentare oder das Weitergeben von Gerüchten oder alliierten Nachrichten.[67] Zum anderen galt als Wehrkraftzersetzung jegliche Form der Wehrdienstentziehung, sei es durch „Selbstverstümmelung", Täuschung „oder auf andere Weise", was auch die offene Kriegsdienstverweigerung inkludierte. Außerdem stellte der Paragraf die *Verleitung* zur Wehrdienstentziehung oder zu Ungehorsam bzw. die *Unterstützung* von Deserteuren oder Selbstverstümmlern unter Strafe. Auf Wehrkraftzersetzung stand die Todesstrafe, in minder schweren Fällen konnten die Gerichte auch eine Zuchthaus- oder Gefängnisstrafe verhängen.[68]

Die KSSVO wurde insgesamt sechsmal ergänzt. Von Bedeutung ist insbesondere die erste Ergänzungsverordnung vom 1. November 1939, die den Paragrafen § 5a hinzufügte. Dieser Zusatz gab den Gerichten die Möglichkeit, bei *allen* Straftaten den regulären Strafrahmen zu überschreiten. Unter Berufung auf § 5a KSSVO konnten sie strengere Strafen bis hin zur Todesstrafe für jedes Delikt verhängen, vorausgesetzt, dass die Tat nach Ansicht der Richter „die Manneszucht oder das Gebot soldatischen Mutes" verletzte und die strengere Strafe für „die Aufrechterhaltung der Manneszucht oder die Sicherheit der Truppe" notwendig war.[69]

Nicht jedes Urteil, das die Wehrmachtgerichte verhängten, war ungerechtfertigt oder exzessiv. Tatsache ist jedoch, dass die Wehrmachtjustiz systematisch und mit Absicht gegen zentrale rechtliche Grundprinzipien verstieß, um die NS-Herrschaft und die Erreichung der Kriegsziele zu sichern.

Die gerichtliche Hauptverhandlung

Eine Gerichtsverhandlung vor einem regulären Wehrmachtgericht fand vor drei Richtern statt, die der Gerichtsherr bestimmte: einem Wehrmachtrichter, der den Vorsitz hatte und die Verhandlung leitete, und zwei militärischen Beisitzern, die juristische Laien waren und die militärische Perspektive ins Verfahren einbringen sollten. Einer der Beisitzer musste einen Offiziersrang haben, der zweite sollte dieselbe Rangklasse wie der Angeklagte innehaben.[70] Die Rolle des Anklagevertreters übernahm nach den Bestimmungen des § 49 KStVO ebenfalls ein richterlicher Militärjustizbeamter; fehlte ein solcher, konnte der Gerichtsherr einen zum Richteramt befähigten Offizier als Vertreter der Anklage berufen, was bei kleineren Gerichten im Einsatzgebiet häufiger der Fall war. Ein Heeresjustizinspektor fungierte als Urkundsbeamter, der beispielsweise die Hauptverhandlung protokollierte und die Urteilsschrift ausfertigte. Das Urteil musste mit einer Stimmenmehrheit beschlossen werden, doch wie viel Einfluss die beiden richterlichen Beisitzer auf den Richterspruch und die Strafbemessung wirklich hatten, lässt sich aufgrund fehlender schriftlicher Spuren kaum einschätzen.[71]

Überhaupt existieren kaum schriftliche oder auch fotografische Quellen über den Ablauf solcher Gerichtsprozesse.[72] Zwar können wir aufgrund der Strafprozessordnung (KStVO), den Protokollvordrucken und den ausgefüllten Verfahrensprotokollen vermuten, wie ein solches Verfahren in der Praxis ablief; doch letztlich bleiben viele Unsicherheiten. Wir wissen jedoch, dass die gerichtlichen Hauptverhandlungen in der Regel sehr kurz waren und selten länger als eine Stunde dauerten. Lediglich bei sehr komplexen Strafverfahren, die eine Vielzahl von Angeklagten involvierten, wurden mehrere Tage für eine Verhandlung anberaumt. Während die Hauptverhandlung sehr kurz war, mussten die Beschuldigten häufig viele Wochen auf die Verhandlung warten und saßen dabei meist in U-Haft. Die lange Verfahrensdauer war selten der ausführlichen Ermittlung geschuldet, sondern dem hohen Arbeitsaufkommen der Gerichte.

Spruchpraxis

Schätzungen zufolge führte die Militärjustiz während des zweiten Weltkrieges etwa drei Millionen Verfahren durch. Insgesamt wurden circa 1,5 Millionen Wehrmachtangehörige von Wehrmachtgerichten *verurteilt*.[73] Nach derzeitigem Stand der Forschung wird die Zahl der von Wehrmachtgerichten gefällten Todesurteile auf *bis zu* 50.000 geschätzt; davon entfallen zwischen 25.000 und 30.000 auf Wehrmachtangehörige, 6000 bis 10.000 auf Kriegsgefangene und Zivilpersonen, insbesondere aus den besetzten Gebieten.[74]

Das Gros der gegen Wehrmachtangehörige ausgesprochenen Todesurteile lautete auf Fahnenflucht oder „Zersetzung der Wehrkraft". Deserteure, darunter auch viele nichtdeutsche Staatsbürger, die als „Volksdeutsche" in die Wehrmacht rekrutiert worden waren, repräsentieren damit die größte Opfergruppe.[75] Statistischen Berechnungen zufolge wurden bis zu 22.000 Wehrmachtsoldaten wegen Fahnenflucht zum Tode verurteilt, etwa 15.000 von ihnen hingerichtet. Weitere 5000 bis 6000 Todesurteile wurden wegen sogenannter Wehrkraftzersetzung verhängt, in erster Linie aufgrund von absichtlich herbeigeführten Selbstverletzungen und Kriegsdienstverweigerung. Insgesamt wurden zwischen 20.000 und 23.000 Todesurteile gegen Wehrmachtangehörige vollstreckt.[76]

Wir müssen uns allerdings vor Augen halten, dass Todesurteile lediglich die Spitze der militärgerichtlichen Spruchpraxis abbilden. Die Wehrmachtgerichte waren mit einer Vielzahl von unterschiedlichen Straftaten befasst, darunter auch zahlreichen Klein- und Kleinstdelikten, wie Übertretungen der Straßenverkehrsordnung, verspätete Rückkehr zur Truppe, Devisenvergehen, Fälschungen von Urlaubsscheinen oder Diebstählen von Essenswaren oder Zigaretten. Die geschätzte Zahl von drei Millionen Strafverfahren verdeutlicht die enormen Zeit- und Arbeitsressourcen, die die Wehrmacht in die Strafverfolgung investierte – sie führte den Krieg auch mit der Schreibmaschine!

Wehrmachtstatistiken zufolge entfielen die meisten Verurteilungen auf Eigentumsdelikte und unerlaubte Entfernungen.[77] Empirische Studien zu einzelnen Wehrmachtgerichten beim Front- wie beim Ersatzheer haben diesen Befund bestätigt (vgl. dazu auch den Beitrag von Thomas Geldmacher).[78] Dabei variierten die verhängten Strafen für bestimmte Delikte teilweise beträchtlich, abhängig vom jeweiligen Richter, dem sozialen Profil und Dienstgrad der Angeklagten sowie dem Zeitpunkt der Verurteilung. Gleichzeitig lassen sich einige zentrale Konstanten feststellen: Besondere Härte zeigten die Wehrmachtgerichte gegenüber Deserteuren, Wehrdienstverweigerern und Soldaten, die in irgendeiner Form Kritik am NS-Regime oder Krieg übten, wobei sowohl die Zahl der diesbezüglichen Verurteilungen als auch die Härte der Strafen mit zunehmendem Kriegsverlauf anstiegen. Auch Wachverfehlungen, beispielsweise das Einschlafen auf dem Wachposten, oder Ungehorsam bzw. Widerrede gegen militärische Vorgesetzte bestraften die Gerichte oft sehr hart. Streng gingen die Militärgerichte zudem gegen Diebstähle, insbesondere Kameradendiebstähle, vor. Hier ging es jedoch in erster Linie um den Schutz des *deutschen* Eigentums. Der von den Wehrmachtgerichten häufig als deutsche Kardinaltugend propagierte Respekt vor Privateigentum umfasste jedoch nicht den Besitz von Juden und Jüdinnen oder der slawischen Bevölkerung.[79]

Am unteren Ende der Strafskala finden sich Urteile wegen Übergriffen auf die Zivilbevölkerung in den besetzten Gebieten. Diese Taten bestraften die Gerichte – wenn überhaupt – oft sehr milde und in der Regel nur, wenn sie das Ansehen der Wehrmacht zu gefährden drohten.[80] Auch von Wehrmachtgerichten verhängte Strafen für Sittlichkeitsdelikte, wie Unzucht zwischen Männern, bewegten sich oft eher am unteren Ende der Strafskala.[81] Deutlich zutage tritt jedoch die Ungleichbehandlung von Wehrmachtangehörigen. Trotz der viel beschworenen nationalsozialistischen „Volksgemeinschaft" wurden Vergehen von Soldaten mit niederem Dienstrang durchgehend deutlich härter bestraft als jene von Offizieren.[82]

Strafvollzug

Das Wirken der Militärjustiz endet nicht mit dem Urteilsspruch. Die Wehrmachtgerichte und Gerichtsherren entschieden über die Art des Strafvollzugs und kontrollierten die Vollstreckung; außerdem organisierten und leiteten die Wehrmachtrichter die Hinrichtungen von zum Tode Verurteilten. Da die ganze Härte der militärgerichtlichen Praxis erst im Strafvollzug zum Ausdruck kam, möchte ich abschließend drei zentrale Prinzipien des militärischen Strafvollzuges beleuchten und daran anschließend die Struktur der militärischen Haft- und Strafeinrichtungen skizzieren.

Der militärische Strafvollzug basierte auf dem Prinzip, dass die Haft härter als der Kriegsdienst sein sollte. Soldaten sollten also auf keinen Fall auf die Idee kommen, sich durch einen „bequemen" Haftaufenthalt vom Kriegseinsatz drücken zu können. Mit Ausnahme von Arreststrafen waren alle Freiheitsstrafen mit Arbeitspflicht verbunden, wobei der Arbeitszwang mit 11 bis 12 Stunden Arbeit täglich sehr hoch war – bei unzureichender Ernährung und strenger Bestrafung, falls die Häftlinge das Arbeitspensum nicht schafften.[83]

Das zweite Prinzip war jenes der „Strafaussetzung bis Kriegsende". Damit wollte die militärische Führung verhindern, dass die angeblich „Feigen und Ehrlosen" versuchten, durch Begehen einer Straftat „ihr Leben während des Strafvollzuges hinter der Front in Sicherheit zu bringen".[84] „Zur Beseitigung derartiger Gelüste",[85] wie es Hermann Göring als Oberbefehlshaber der Luftwaffe formulierte, sollte die Verbüßung von Freiheitsstrafen in der Regel „bis nach Beendigung des Kriegszustandes ausgesetzt" werden.[86] Verurteilte waren entweder zur „Bewährung" an die Front zu schicken oder „während der gesamten Kriegsdauer unter härtesten Lebensbedingungen in einem Straflager" zu verwahren.[87] Die Haftzeiten wurden dabei nicht auf die Strafe angerechnet. In der Praxis bedeutete das Prinzip der „Strafaussetzung" zweierlei: Wehrmachtangehörige, die zu einer Arrest- oder Gefängnisstrafe verurteilt worden waren, sollten gleich oder nach teilweiser Verbüßung der Strafe zur Bewährung an die Front versetzt werden.[88] Soldaten, die hingegen als „erziehungsbedürftig" eingestuft oder aufgrund einer Zuchthausstrafe oder anderer Gründe als „wehrunwürdig" klassifiziert wurden, sollten in „Verwahrung" kommen, die aber nicht als Straf*verbüßung* galt.[89]

Damit ist ein weiteres wichtiges Prinzip des militärischen Strafvollzugs erwähnt, nämlich jenes der Wehrunwürdigkeit. Der Dienst in der Wehrmacht galt den Nationalsozialisten als „Ehrendienst", der mit Privilegien und Pflichten verbunden war. Der „Verlust der Wehrwürdigkeit" war eine militärische Ehrenstrafe, die nach § 31 MStGB bei einer Verurteilung zum Tode oder einer Zuchthausstrafe automatisch verhängt wurde. Wer als wehrunwürdig eingestuft wurde, wurde aus dem militärischen Dienstverhältnis ausgeschlossen und der Reichsjustizverwaltung zum Vollzug der Strafe übergeben.

Von Militärgerichten zu Freiheitsstrafen verurteilte Zivilpersonen, darunter auch Frauen, mussten ihre Strafen in Gefängnissen und Zuchthäusern der Reichsjustizverwaltung abbüßen (siehe dazu den Beitrag von Lena Spanring).

Für den Vollzug von Freiheitsstrafen nutzte die NS-Militärjustiz ein komplexes und sich ständig erweiterndes Netz an Haftanstalten, Erziehungs- und Bewährungseinheiten, das sich über das gesamte Reich bis weit in die besetzten Gebiete erstreckte.[90] Trotz einer Vielzahl von Richtlinien, Anordnungen und Bestimmungen, die den Strafvollzug zu regeln versuchten, war das System reichlich unübersichtlich.[91] Selbst Wehrmachtgerichten, die die Strafvollstreckung zu überwachen hatten, mangelte der Überblick. Wer wann und wieso in welche Strafeinrichtung kam, ist deshalb oft nicht immer nachvollziehbar.

Im Folgenden werden nur einige der zentralsten Haft- und Strafeinrichtungen vorgestellt, die auch die enge Kooperation zwischen Wehrmacht und Reichsjustizministerium illustrieren. Aus Platzgründen ausgespart bleiben die Sonderabteilungen und Sonderbataillone zur Erziehung von undisziplinierten, aber nicht eigentlich straffällig gewordenen Soldaten, sowie die Konzentrationslager und die Bewährungstruppe 999 bzw. die SS-Sondereinheit Dirlewanger, die für den Vollzug wehrmachtgerichtlicher Strafen eine eher untergeordnete Rolle spielten.[92]

Emslandlager

Zu Zuchthausstrafen verurteilte Wehrmachtangehörige wurden, wie erwähnt, als „wehrunwürdig" aus der Wehrmacht ausgeschlossen und in der Regel in ein Strafgefangenenlager der Reichsjustizverwaltung überstellt. Dabei handelt es sich häufig um Deserteure oder wegen Widerstandsdelikten bzw. „Wehrkraftzersetzung" verurteilte Soldaten.

Für gewöhnlich hatten diese Männer schon monatelang in Untersuchungshaft gesessen und kamen nach der Urteilsbestätigung zuerst in die sogenannten Emslandlager in Nordwestdeutschland.[93] Diese 1933 errichteten Lager waren ursprünglich als Konzentrationslager für politische Gegner konzipiert und genutzt worden. Sie wurden ab Mitte der 1930er Jahre als Strafgefangenenlager genutzt und auf 15 Einzellager erweitert.

Mit Kriegsbeginn wandelte die Reichsjustizverwaltung nach einer Absprache mit dem Oberkommando der Wehrmacht sechs Lager zu Straflagern für militärgerichtliche Verurteilte um.

Bis Kriegsende waren zwischen 25.000 und 30.000 Wehrmachtangehörige in diesen KZ-ähnlichen Militärstraflagern inhaftiert, wo sie, nur dürftig ernährt und gekleidet, zur Zwangsarbeit in den umliegenden Torfgebieten und Wirtschaftsbetrieben eingesetzt wurden. Fast sechs Prozent der Insassen starben an Hunger, Krankheiten oder der Misshandlung durch Wachmannschaften.[94] Viele der Häftlinge wurden im weiteren Verlauf des Krieges in eine besondere Bewährungstruppe an die Ostfront überstellt (siehe dazu weiter unten). Andere starben in einem der Außenkommandos, die ab 1942 an der norwegischen Küste und der französischen Kanalküste eingerichtet wurden: allein in Norwegen kamen über die Hälfte der 2000 Häftlinge um, die sich aus Hoffnung auf bessere Lebensbedingungen zum Einsatz in eines der mit dem Überbegriff „Lager Nord" bezeichneten Außenlager gemeldet hatten (vgl. auch den Beitrag von Lena Spanring).[95]

Wehrmachtgefängnisse, Wehrmacht- und Feldstrafgefangenenabteilungen

Zum Vollzug von Gefängnisstrafen standen insgesamt acht über das deutsche Reichsgebiet verteilte Wehrmachtgefängnisse zur Verfügung. Sie fungierten als Haftstätten, aber auch als Verteiler- und Sammelstellen und als Hinrichtungsorte. Obwohl Gefängnisstrafen möglichst schnell zur Frontbewährung ausgesetzt werden sollten, waren die Gefängnisse rasch überfüllt. Zur Entlastung der Wehrmachtgefängnisse wurden sogenannte Wehrmachtgefangenenabteilungen (WGA) eingerichtet, die als Art Außenlager der Stammhäuser dienten. Die Zahl und Standorte der WGA schwankten. Anfang 1942 existierten 28 WGAs, drei davon auf österreichischem Boden: die WGA Silvrettadorf in Vorarlberg, die WGA Gross-Mittel bei Wiener Neustadt und die WGA Döllersheim in Niederösterreich.[96] Wie es in einer Anordnung des Oberkommandos der Wehrmacht hieß, sollten die Insassen der Wehrmachtgefängnisse und WGAs „geistig betreut, erzieherisch ausgerichtet und exerziermässig straff ausgebildet werden".[97] In die Praxis übersetzt bedeutete dies: dürftige Ernährung, Exerzieren, strengste Disziplin sowie Zwangsarbeit auf Baustellen oder in Rüstungs- und Industriebetrieben.[98]

Aufgrund der hohen Kriegsverluste entschied sich die Heeresführung (OKH) 1942, den Vollzug von Gefängnisstrafen verstärkt in den frontnahen Bereich zu verlegen, um die Arbeitskraft der Häftlinge auszunutzen. Mit Erlass des OKH vom 5. Mai 1942 wurden drei Feldstrafgefangenenabteilungen (FGA) an der Ostfront eingerichtet. Die Zahl der FGA wuchs bis Kriegsende auf 23 Abteilungen.[99] In die FGAs kamen vor allem Soldaten, die mehrfach vorbestraft waren oder die wegen Verurteilung aufgrund unerlaubter Entfernung, Wehrkraftzersetzung oder Fahnenflucht als „Drückeberger" galten und nicht zur Frontbewährung bei einer regulären Einheit zum Einsatz kommen sollten.¹⁰⁰ Ab 1943 kamen auch Verurteilte mit Zuchthausstrafen vermehrt in die FGAs. Die Lebensbedingungen waren äußerst hart: Häftlinge wurden zu gefährlichen und besonders anstrengenden Einsätzen, wie Minenräumen oder Stellungsbau in Frontnähe, herangezogen. Sie litten unter ständigem Hunger, so dass viele zusammenbrachen oder zu flüchten versuchten (siehe dazu der Beitrag von Amelie Rakar und Julian Stricker-Neumayer).¹⁰¹

Straflager und Feldstraflager

Als strafverschärfende Maßnahme konnten die Gerichtsherren zusätzlich zu einer Gefängnisstrafe eine „Straflagerverwahrung" anordnen. In die Straflager sollten „unverbesserliche Schädlinge" eingewiesen werden, außerdem „Schwächlinge, deren Schlappheit auch durch die erzieherische Einwirkung der Strafvollstreckung nicht behoben werden kann", wie es das Oberkommando der Marine im August 1940 formulierte.¹⁰² Wer genau damit gemeint war, erklärte Kriegsgerichtsrat Fritz Hodes in einem Aufsatz in der *Zeitschrift für Wehrrecht*: „asoziale" oder „wehrfeindliche" Personen, Soldaten, die mehrfach wegen Homosexualität, Diebstahl oder Betrug vorbestraft waren, sich aus einem „Hang zur Landstreicherei" wiederholt unerlaubt entfernt hatten – oder auch nur „aus Gründen der Abschreckung".¹⁰³

Für die Straflagerverwahrung wurden eigene Straflagerkompanien etabliert, die an die Wehrmachtgefängnisse angeschlossen waren. Erhöhte Arbeitspflicht bis 14 Stunden täglich, zusätzliche Exerzierübungen, strengste Disziplin und Kürzung der ohnehin reduzierten Essensrationen prägten das Leben in den Straflagern. Mit Prügelstrafen, Folterungen, willkürlichen Erschießungen und teilweise auch medizinischen Versuchen wurden die Insassen malträtiert.¹⁰⁴ Der Wehrmachtrichter Hodes beurteilte die Funktion der Straflagerverwahrung folgendermaßen: „Je nach Dauer des Aufenthaltes wird das Straflager den Charakter eines ‚Konzentrationslagers für die Wehrmacht' oder den einer ‚Schnellbesserungsanstalt' annehmen." Die Maßnahme sei „besonders wirksam", weil „die dort verbrachte Zeit nicht auf die Strafe angerechnet wird und die Lagerinsassen einer sehr strengen und entehrenden Behandlung […] unterworfen werden".¹⁰⁵

Im Mai 1942 wurde mit der Aufstellung von Feldstraflagern im Wehrmachtgefängnis Torgau begonnen, die die bisherigen Straflager ersetzen sollten.¹⁰⁶ Jedes Wehrmachtgefängnis musste eine bestimmte Anzahl an Gefangenen zu diesem Zweck abgeben. Im Sommer 1942 wurden die Häftlinge der drei neuen Feldstraflager zur Zwangsarbeit in Richtung Finnland verfrachtet. Viele Häftlinge gingen an den extremen klimatischen Bedingungen, der körperlichen Schwerstarbeit, Unterernährung und Misshandlungen zugrunde. Im November 1942 verfügte das ursprünglich 600 Gefangene zählende Feldlager I nur noch über 42 arbeitsfähige Häftlinge, im gleich großen Feldlager II waren bis Dezember 1942 ein Drittel der Häftlinge verstorben, nur noch 82 waren arbeitsfähig.

Die Lager wurden aufgelöst und die verbliebenen Häftlinge an die Ostfront verfrachtet, wo jedoch die Verhältnisse kaum besser waren.[107]

Bewährungstruppen

Neben den Straflagern, Strafgefangenenabteilungen und Gefängnissen existierte noch ein weiterer Strang im militärischen Strafvollzugssystem – die sogenannten Bewährungstruppen.[108] Umgangssprachlich werden diese Einheiten oft als Strafkompanien bezeichnet, was ihren Charakter treffender beschreibt, denn den Straferlass, der den Häftlingen durch die Aufnahme in eine „Bewährungs"-truppe in Aussicht gestellt wurde, gewährte die Wehrmacht fast nie.

Der Grund für die Einrichtung von besonderen Bewährungstruppen für verurteilte Soldaten war der akute Personalmangel der Wehrmacht aufgrund der steigenden Kriegsverluste. In Vorbereitung des Angriffs auf die Sowjetunion interessierte sich die militärische Führung auch wieder für die „Wehrunwürdigen" – also jene Soldaten, die zu Zuchthausstrafen verurteilt und in den Lagern der Reichsjustizverwaltung im Emsland interniert waren. Um dieses Reservoir zu nutzen, begann die Wehrmacht im April 1941 mit der Aufstellung des Infanteriebataillons 500. 1942 wurden zusätzlich die Bewährungsbataillone 540, 550, 560 und 561 gebildet, die alle an der Ostfront zum Einsatz kamen. Diese „500er"-Bataillone bestanden – ausgenommen eines Stammpersonals von circa 6000 Mann – exklusiv aus Soldaten, die zu einer Zuchthausstrafe verurteilt worden waren.[109] Nach Ablauf einer gewissen Haftzeit – es konnte sich um Jahre, gegen Kriegsende aber oft nur noch um einige Monate handeln – wurden ausgewählte Gefangene in das Wehrmachtgefängnis Torgau-Fort Zinna „zur Überprüfung" überstellt. Dort durchliefen die Soldaten neuerlich eine sehr harte militärische Ausbildung. Bestanden die durch die Haftbedingungen in den Emslandlagern geschwächten Männer diese, wurden sie für „bedingt wehrwürdig" erklärt und in eines der Bewährungsbataillone an die Ostfront überstellt.[110] Erklärtes Ziel war es, den Bewährungsbataillons „Aufgaben zu stellen, die das Äußerste verlangen".[111] Die Soldaten wurden zu besonders gefährlichen Unternehmungen herangezogen, beispielsweise für Stoßtrupps und Vorauskommandos oder zur Partisanenbekämpfung. Dementsprechend hoch war die Todesrate. Wie viele jedoch von den circa 27.000 verurteilten Soldaten, die in diesen „500er-Formationen" kämpften, umkamen, ist bis heute nicht bekannt.

Auswirkungen

Aufgrund der unmenschlichen Bedingungen des militärischen Strafvollzugs konnte auch eine Verurteilung zu einer relativ kurzen Gefängnis- oder Zuchthausstrafe lebensbedrohlich sein. Wer überlebte, trug oft langfristige physische und psychische

Folgeschäden davon. Die Wehrmachtrichter, die die ordnungsgemäße Vollstreckung der Strafen zu kontrollieren hatten, waren über die Verhältnisse im militärischen Strafvollzug gut informiert, sowohl über die diesbezüglichen Verordnungen, Richtlinien und Anweisungen, aber teilweise auch durch persönliche Anschauung. Trotzdem scheint das Wissen um die schrecklichen Haftbedingungen die Urteilspraxis der Wehrmachtrichter kaum beeinflusst zu haben. In ihrer Argumentation nutzten die Wehrmachtrichter häufig Floskeln wie „Manneszucht", „Volksgemeinschaft" und „Abschreckung", um zu argumentieren, dass die verhängten Strafen notwendig und angemessen waren. Die Wehrmachtgerichte bildeten damit ein wichtiges Rädchen in der nationalsozialistischen Verfolgungs- und Vernichtungsmaschinerie, die zahlreiche Opfer hinterließ: dazu gehörten nicht nur jene, die hingerichtet wurden oder in den Haftstätten und Bewährungseinheiten umkamen, sondern auch die Überlebenden, die ein Leben lang an den Folgeschäden litten, sowie die Familien der Verurteilten.

Literaturverzeichnis

Absolon, Rudolf: Das Wehrmachtstrafrecht im 2. Weltkrieg. Sammlung der grundlegenden Gesetze, Verordnungen und Erlasse, Kornelimünster 1958.

Absolon, Rudolf: Die Sondereinheiten in der frühen Wehrmacht, Kornelimünster 1952.

Bade, Claudia/Skowronski, Lars/Viebig, Michael (Hg.): NS-Militärjustiz im Zweiten Weltkrieg. Disziplinierungs- und Repressionsinstrument in europäischer Dimension, Göttingen 2015.

Baumann, Ulrich/Koch, Magnus (Hg.): „Was damals Recht war ..." Soldaten und Zivilisten vor Gerichten der Wehrmacht, Ausstellungskatalog, Berlin 2008.

Corniani, Francesco: Deserteure der Wehrmacht in Italien (1943–1945) – Überläufer zu den Alliierten oder den Partisanen: Identität, Zahlen, Motive, Reaktionen, in: Lingen, Kerstin von/Pirker, Peter (Hg.): Deserteure der Wehrmacht und der Waffen-SS. Entziehungsformen, Solidarität, Verfolgung, Paderborn 2023, S. 81–96.

Eberlein, Michael: Militärjustiz, Wehrmachtgefängnisse, Reichskriegsgericht, in: Eberlein, Michael/Haase, Norbert/Oleschinski, Wolfgang (Hg.): Torgau im Hinterland des Zweiten Weltkriegs. Militärjustiz, Wehrmachtgefängnisse, Reichskriegsgericht, Köln 1999, S. 15–90.

Eberlein, Michael/Haase, Norbert/Oleschinski, Wolfgang (Hg.): Torgau im Hinterland des Zweiten Weltkriegs. Militärjustiz, Wehrmachtgefängnisse, Reichskriegsgericht, Köln 1999.

Eismann, Gaël: Das Vorgehen der Wehrmachtjustiz gegen die Bevölkerung in Frankreich. Die Eskalation einer scheinbar legalen Strafjustiz, in: Bade, Claudia/Skowronski, Lars/Viebig, Michael (Hg): NS-Militärjustiz im Zweiten Weltkrieg. Disziplinierungs- und Repressionsinstrument in europäischer Dimension, Göttingen 2015, S. 109–131.

Eismann, Gaël: Hôtel Majestic. Ordre et sécurité en France occupée (1940–1944), Paris 2010.

Faulenbach, Bernd/Kaltofen, Andrea (Hg.): Hölle im Moor. Die Emslandlager 1933–1945, Göttingen 2021.

Fritsche, Maria: Aushandlungen (homo-)sexueller Identitäten vor Wehrmacht- und SS-Gerichten im besetzten Norwegen (1940–1945), in: L'Homme. Europäische Zeitschrift für feministische Geschichtswissenschaft, 25/2 (2024), S. 35–52.

Fritsche, Maria: Die deutsche Kriegsgerichtsbarkeit in den besetzten Gebieten. Die Rolle und Tätigkeit der Militär- und SS-Gerichte in Norwegen, 1940–1945, in: Justizministerium Nordrhein-Westfalen (Hg.), Wehrmachtjustiz, Düsseldorf (erscheint 2024).

Fritsche, Maria: Ambivalente Machtverhältnisse. Der Umgang der Wehrmachtjustiz mit Deserteuren und ihren Helfer*innen im besetzten Norwegen, 1940–45, in: Lingen, Kerstin von/Pirker, Peter (Hg.): Deserteure der Wehrmacht und der Waffen-SS. Entziehungsformen, Solidarität, Verfolgung, Paderborn 2023, S. 241–258.

Fritsche, Maria: Spaces of Encounter: Relations between the Occupier and the Occupied in Norway during the Second World War, in: Social History 45/3 (2020).

Fritsche, Maria: Entziehungen. Österreichische Deserteure und Selbstverstümmler in der Deutschen Wehrmacht, Wien 2004.

Fritsche, Maria: Die Verfolgung von österreichischen Selbstverstümmlern in der Deutschen Wehrmacht, in: Manoschek, Walter (Hg.): Opfer der NS-Militärjustiz. Urteilspraxis, Strafvollzug, Entschädigungspolitik in Österreich, Wien 2003, S. 195–214.

Fritsche, Maria: „Goebbels ist ein großer Tepp." Wehrkraftzersetzende Äußerungen in der Deutschen Wehrmacht, in: Manoschek, Walter (Hg.): Opfer der NS-Militärjustiz. Urteilspraxis, Strafvollzug, Entschädigungspolitik in Österreich, Wien 2003, S. 215–237.

Garbe, Detlef: „Wenn der Wille nicht gebrochen werden könne …". Die Prozessstrategie des Reichskriegsgerichtes in Verfahren gegen Zeugen Jehovas und andere religiös motivierte Kriegsdienstverweigerer, in: Bade, Claudia/Skowronski, Lars/Viebig, Michael (Hg): NS-Militärjustiz im Zweiten Weltkrieg. Disziplinierungs- und Repressionsinstrument in europäischer Dimension, Göttingen 2015, S. 193–211.

Geldmacher, Thomas: „Auf Nimmerwiedersehen!" Fahnenflucht, unerlaubte Entfernung und das Problem, die Tatbestände auseinander zu halten, in: Manoschek, Walter (Hg.): Opfer der NS-Militärjustiz. Urteilspraxis, Strafvollzug, Entschädigungspolitik in Österreich, Wien 2003, S. 133–194.

Geldmacher, Thomas: Strafvollzug. Der Umgang der Deutschen Wehrmacht mit militärgerichtlich verurteilten Soldaten, in: Manoschek, Walter (Hg.): Opfer der NS-Militärjustiz. Urteilspraxis, Strafvollzug, Entschädigungspolitik in Österreich, Wien 2003, S. 420–481.

Haase, Norbert: Aus der Praxis des Reichskriegsgerichts. Vierteljahrshefte für Zeitgeschichte, 39/3 (1991), S. 379–411.

Himmelsbach, Andreas: Kriminalität, Kriegsgerichtsbarkeit und Polizeistrafgewalt unter deutscher militärischer Besatzung in Frankreich und der Sowjetunion. Dissertation, Universität Stuttgart 2018.

Hodes, Fritz, Die Strafvollstreckung im Kriege, Zeitschrift für Wehrrecht (ZWR), IV (1939/40), S. 402–409.

Holstein, Kurt: Überblick über die Sonderabteilungen der Wehrmacht, in: Zeitschrift für Wehrrecht (ZWR), VIII (1943/44), S. 124–137.

Kalmbach, Peter: Wehrmachtjustiz, Berlin 2012.

Kammler, Jörg: Ich habe die Metzelei satt und laufe über … Kasseler Soldaten zwischen Verweigerung u. Widerstand (1939–1945), Fuldabrück 1997.

Kirschner, Albrecht: „Asoziale Volksschädlinge" und „Alte Kämpfer". Zu Handlungsmöglichkeiten der Wehrmachtrichter im Zweiten Weltkrieg, in: Bade, Claudia/Skowronski, Lars/Viebig, Michael (Hg.): NS-Militärjustiz im Zweiten Weltkrieg. Disziplinierungs- und Repressionsinstrument in europäischer Dimension, Göttingen 2015, S. 181–192.

Klausch, Hans-Peter: Die Sonderabteilungen, Strafeinheiten und Bewährungstruppen der Wehrmacht, in: Kirschner, Albrecht (Hg.): Deserteure, Wehrkraftzersetzer und ihre Richter: Marburger Zwischenbilanz zur NS-Militärjustiz vor und nach 1945, Marburg 2010, S. 197–216.

Klausch, Hans-Peter: Die Bewährungstruppe 500. Stellung und Funktion der Bewährungstruppe 500 im System von NS-Wehrrecht, NS-Militärjustiz und Wehrmachtstrafvollzug, Bremen 1995.

Klausch, Hans-Peter: Die Geschichte der Bewährungsbataillone 999 unter besonderer Berücksichtigung des antifaschistischen Widerstandes, Köln 1987.

Kosthorst, Erich/Walter, Bernd: Konzentrations- und Strafgefangenenlager im Emsland 1933–1945. Zum Verhältnis von NS-Regime und Justiz, Düsseldorf 1985.

Messerschmidt, Manfred: Das System Wehrmachtjustiz. Aufgaben und Wirken der deutschen Kriegsgerichte, in: Baumann, Ulrich/Koch, Magnus (Hg.): „Was damals Recht war …" Soldaten und Zivilisten vor Gerichten der Wehrmacht. Ausstellungskatalog, Berlin 2008, S. 27–42.

Messerschmidt, Manfred: Die Wehrmachtjustiz 1933–1945, 2. Auflage, Paderborn/Wien 2008.

Messerschmidt, Manfred/Wüllner, Fritz: Die Wehrmachtjustiz im Dienste des Nationalsozialismus. Zerstörung einer Legende, Baden-Baden 1987.

Mörbitz, H.: „Hohes Kriegsgericht". Ein Tatsachenbericht nach den Erlebnissen eines Kriegsgerichtsverteidigers, Wien 1968.

Nøkleby, Berit: Skutt blir den… Tysk bruk av dødsstraff i Norge 1940–45, Oslo 1996.

Overmans, Rüdiger: Deutsche militärische Verluste im Zweiten Weltkrieg, München 2004.

Roden, Dimitri: Ondankbaar Belgie. De Duitse repressie in de Tweede Wereldoorlog, Amsterdam 2018.

Theis, Kerstin: Wehrmachtjustiz an der „Heimatfront". Die Militärgerichte des Ersatzheeres im Zweiten Weltkrieg, Berlin 2016.

Walter, Thomas: Standhaft bis in den Tod. Die Zeugen Jehovas und die NS-Militärgerichtsbarkeit, in: Manoschek, Walter (Hg.): Opfer der NS-Militärjustiz. Urteilspraxis, Strafvollzug, Entschädigungspolitik in Österreich, Wien 2003, S. 342–357.

Werther, Thomas: Die „Reinhaltung deutschen Blutes". Kriegsgefangene vor dem Marburger Kriegsgericht, in: Kirschner, Albrecht (Hg.): Deserteure, Wehrkraftzersetzer und ihre Richter: Marburger Zwischenbilanz zur NS-Militärjustiz vor und nach 1945, Marburg 2010, S. 101–108.

Wüllner, Fritz: Die NS-Militärjustiz und das Elend der Geschichtsschreibung, Baden-Baden 1997.

Anmerkungen

1 In Deutschland am 17.8.1920 mit dem Gesetz betreffend die Aufhebung der Militärgerichtsbarkeit, RGBl. I, 176/1920, S. 1579. URL: https://alex.onb.ac.at/cgi-content/alex?aid=dra&datum=1920&page=1813&size=45 (abgerufen am 21.9.2024), in Österreich am 15.7.1920 mit dem Gesetz über die Unterstellung der aktiven Heeresangehörigen unter die allgemeinen Strafgesetze, StGBl. 323/1920, S. 1340. URL: https://alex.onb.ac.at/cgi-content/alex?apm=0&aid=sgb&datum=19200004&seite=00001340&size=45 (abgerufen am 21.9.2024). Zur kurzfristigen Wiedereinführung einer Militärjustiz im österreichischen Ständestaat siehe Moll, Martin: Militärgerichtsbarkeit in Österreich (circa 1850–1945), in: Beiträge zur Rechtsgeschichte Österreichs 6/2 (2016), S. 324–344, hier S. 334 f.
2 Gesetz über die Wiedereinführung der Militärgerichtsbarkeit, RGBl. I, 50/1933, S. 264.
3 Messerschmidt, Manfred: Die Wehrmachtjustiz 1933–1945, 2. Auflage, Paderborn/Wien 2008, S. 44.
4 Kundmachung des Reichsstatthalters in Österreich, wodurch die Verordnung über die Einführung des Wehrmachtstrafrechts im Lande Österreich vom 12. Mai 1938 bekanntgemacht wird, 12.5.1938, Gesetzblatt für das Land Österreich, GBlÖ 135/1938, S. 400 f., URL: https://alex.onb.ac.at/cgi-content/alex?aid=glo&datum=1938&page=402&size=45 (abgerufen am 16.10.2024).
5 Gemeint ist hier der Zeitraum 26.8.1939–30.9.1940, zitiert nach Messerschmidt, Wehrmachtjustiz, S. 161. Zu Kriegsbeginn hatte die Wehrmacht eine Stärke von ca. 4,5 Millionen Mann. Overmans, Rüdiger: Deutsche militärische Verluste im Zweiten Weltkrieg, München 2004, S. 223.
6 Overmans, Verluste, S. 220, 224.
7 Der Zuständigkeitsbereich ist in der Kriegssonderstrafrechtsverordnung (KStVO) vom 17. August 1938 definiert, die zeitgleich mit der Kriegssonderstrafrechtsverordnung (KSSVO) am 26. August 1939 in Kraft trat. Reichsgesetzblatt RGBl. I, 147/1939. Detaillierte Ausführungen zu den Zuständigkeiten der Wehrmachtjustiz in Kalmbach, Peter: Wehrmachtjustiz, Berlin 2012, S. 98–111; Theis, Kerstin: Wehrmachtjustiz an der „Heimatfront". Die Militärgerichte des Ersatzheeres im Zweiten Weltkrieg, Berlin 2016, S. 371 f.
8 § 2 Abs. 4 KStVO.
9 § 5 KSSVO.
10 Einen Überblick gibt der Band von Bade, Claudia/Skowronski, Lars/Viebig, Michael (Hg.): NS-Militärjustiz im Zweiten Weltkrieg. Disziplinierungs- und Repressionsinstrument in europäischer Dimension, Göttingen 2015.
11 Erlass über die Ausübung der Kriegsgerichtsbarkeit im Gebiet „Barbarossa" und über besondere Maßnahmen der Truppe, 13. Mai 1941.
12 Vgl. Messerschmidt, Wehrmachtjustiz, 279–296; Himmelsbach, Andreas: Kriminalität, Kriegsgerichtsbarkeit und Polizeistrafgewalt unter deutscher militärischer Besatzung in Frankreich und der Sowjetunion. Diss., Universität Stuttgart 2018, S. 107–111, S. 265–194.

13 Fritsche, Maria: Ambivalente Machtverhältnisse. Der Umgang der Wehrmachtjustiz mit Deserteuren und ihren Helfer*innen im besetzten Norwegen, 1940–45, in: Lingen, Kerstin von/Pirker, Peter (Hg.): Deserteure der Wehrmacht und der Waffen-SS. Entziehungsformen, Solidarität, Verfolgung, Paderborn 2023, S. 241–258; dies.: Aushandlungen (homo-)sexueller Identitäten vor Wehrmacht- und SS-Gerichten im besetzten Norwegen (1940–1945), in: L'Homme. Europäische Zeitschrift für feministische Geschichtswissenschaft, 25/2 (2024), S. 35–52, hier S. 41; dies.: Die deutsche Kriegsgerichtsbarkeit in den besetzten Gebieten. Die Rolle und Tätigkeit der Militär- und SS-Gerichte in Norwegen, 1940–1945, in: Justizministerium Nordrhein-Westfalen (Hg.), Wehrmachtjustiz, Düsseldorf (erscheint 2024).

14 Vgl. aber auch Eismann, Gaël: Das Vorgehen der Wehrmachtjustiz gegen die Bevölkerung in Frankreich. Die Eskalation einer scheinbar legalen Strafjustiz, in: Bade/Skowronski/Viebig, NS-Militärjustiz, S. 109–131; Roden, Dimitri: Ondankbaar Belgie. De Duitse repressie in de Tweede Wereldoorlog, Amsterdam 2018.

15 Messerschmidt, Wehrmachtjustiz, S. 85. Fritz Wüllner zufolge soll es allein im Heer 1000 bis 1200 Gerichte gegeben haben. Wüllner, Fritz: Die NS-Militärjustiz und das Elend der Geschichtsschreibung, Baden-Baden 1997, S. 95.

16 Wüllner, NS-Militärjustiz, S. 106–108.

17 Zu den Aufgaben des Ersatzheeres siehe ausführlich Theis, Wehrmachtjustiz, S. 43–49.

18 Wüllner, NS-Militärjustiz, S. 108.

19 Theis, Wehrmachtjustiz, S. 167–186.

20 Zu den Aufgaben, der Besetzung und Spruchpraxis des RKG bis Beginn des Zweiten Weltkrieges siehe Messerschmidt, Wehrmachtjustiz, S. 44–51, S. 56–61.

21 Eberlein, Michael: Militärjustiz, Wehrmachtgefängnisse, Reichskriegsgericht, in: Eberlein, Michael/Haase, Norbert/Oleschinski, Wolfgang (Hg.): Torgau im Hinterland des Zweiten Weltkriegs. Militärjustiz, Wehrmachtgefängnisse, Reichskriegsgericht, Köln 1999, S. 15–90, hier S. 76–84.

22 § 14 KStVO. Mit der 7. Durchführungsverordnung zur KStVO vom 18. Mai 1940 wurde die Zuständigkeit des RKG für Wehrkraftzersetzung auf § 5 Abs. 1, Z. 1 („wehrkraftzersetzende Äußerungen") eingegrenzt, wobei minder schwere Fälle an andere Gerichte abgegeben werden konnten. RGBl. I 89/1940, S. 787 f.

23 Messerschmidt, Wehrmachtjustiz, S. 95; zur Verfolgung religiös motivierter Kriegsdienstverweigerer durch das RKG siehe etwa Garbe, Detlef: „Wenn der Wille nicht gebrochen werden könne …". Die Prozessstrategie des Reichskriegsgerichtes in Verfahren gegen Zeugen Jehovas und andere religiös motivierte Kriegsdienstverweigerer, in: Bade/Skowronski/Viebig: NS-Militärjustiz, S. 193–211; für Österreich: Walter, Thomas: Standhaft bis in den Tod. Die Zeugen Jehovas und die NS-Militärgerichtsbarkeit, in: Manoschek, Walter (Hg.): Opfer der NS-Militärjustiz. Urteilspraxis, Strafvollzug, Entschädigungspolitik in Österreich, Wien 2003, S. 342–357.

24 Eberlein, Militärjustiz, S. 79.

25 Nøkleby, Berit: Skutt blir den... Tysk bruk av dødsstraff i Norge 1940–45, Oslo 1996, S. 196–198. Die Zahl der verhängten Todesurteile war weit höher, viele wurden umgewandelt. Zur Spruchpraxis siehe ebd., S. 42–47, S. 59–66.

26 Die Vollstreckungsrate war mit 562 hingerichteten Deutschen und 487 ausländischen Verurteilten sehr hoch. Haase, Norbert: Aus der Praxis des Reichskriegsgerichts. Vierteljahrshefte für Zeitgeschichte, 39/3 (1991), S. 379–411, hier S. 389 f.

27 Theis, Wehrmachtjustiz, S. 77; Wüllner, NS-Militärjustiz, S. 454; Verfahren gegen flüchtige Marineangehörige hingegen gingen an das Gericht des Küstenbefehlshabers westliche Ostsee. OKM, Verfahren gegen Flüchtige, 19.9.1942, Absolon, Rudolf: Das Wehrmachtstrafrecht im 2. Weltkrieg. Sammlung der grundlegenden Gesetze, Verordnungen und Erlasse, Kornelimünster 1958, S. 237.

28 Dabei handelte es sich um Vergehen gegen das sogenannte Heimtückegesetz von 1934 und Vergehen nach § 5 Abs. 1 Nr. 1 KSSVO („wehrkraftzersetzende Äusserungen"). Theis, Wehrmachtjustiz, S. 77; Wüllner, NS-Militärjustiz, S. 95, S. 454; Messerschmidt, Wehrmachtjustiz, S. 134 f.

29 OKH, Errichtung des Zentralgericht des Heeres. 11.4.1944, abgedruckt in: Absolon, Wehrmachtstrafrecht, S. 226; Messerschmidt, Wehrmachtjustiz, S. 138–150.

30 Abgedruckt in: Messerschmidt, Wehrmachtjustiz, S. 142.

31 Geldmacher, Thomas: „Auf Nimmerwiedersehen!" Fahnenflucht, unerlaubte Entfernung und das Problem, die Tatbestände auseinander zu halten, in: Manoschek, NS-Militärjustiz, S. 133–194, hier S. 153.

32 Letzteres zumindest bis Mitte 1944, da Hitlers Terror- und Sabotageerlass vom 30.7.1944 die „außergerichtliche Behandlung" von Gewaltakten ausländischer Zivilpersonen befahl. Straftaten, die „deutsche Interessen zwar berühren, aber die Sicherheit oder Schlagfertigkeit der Besatzungsmacht nicht gefährden", also nicht mit Todesstrafe geahndet wurden, sollten nicht mehr von Wehrmachtgerichten behandelt, sondern an andere Instanzen abgegeben werden.

33 Obige Zahl wird vom ehemaligen Militärrichter Schwinge genannt und deckt sich mit den Berechnungen von Wüllner. Vgl. Wüllner, NS-Militärjustiz, S. 105 f.

34 Zu den Ausbildungs- und Karrierewegen der Wehrmachtrichter siehe die detaillierte Studie von Theis, Wehrmachtjustiz, S. 105–119.

35 Kalmbach, Wehrmachtjustiz, S. 306; siehe auch Mörbitz, H.: „Hohes Kriegsgericht". Ein Tatsachenbericht nach den Erlebnissen eines Kriegsgerichtsverteidigers, Wien 1968.

36 Messerschmidt, Wehrmachtjustiz, S. 68.

37 Eine detaillierte Beschreibung findet sich bei Theis, Wehrmachtjustiz, S. 77–79.

38 § 79 und § 83 KStVO.

39 § 87, § 104, § 105 KStVO.

40 Theis, Wehrmachtjustiz, S. 413.

41 Fritsche, Maria: Entziehungen. Österreichische Deserteure und Selbstverstümmler in der Deutschen Wehrmacht, Wien 2004, S. 113.

42 § 7 KStVO.

43 Messerschmidt, Wehrmachtjustiz, S. 93.
44 Schwinge, Erich: Das Militärstrafgesetzbuch nebst Kriegssonderstrafrechtsverordnung. Erläutert von Dr. Erich Schwinge, 5., neubearbeitete Auflage, Berlin 1943. Fritz Wüllner hat sich intensiv mit Erich Schwinge und dessen Rechtsauslegung auseinandergesetzt. Siehe Kapitel VI, Wüllner, NS-Militärjustiz, S. 331–438.
45 Messerschmidt, Wehrmachtjustiz, S. 93, S. 87.
46 § 4, Verordnung über die Wehrmachtrichter im Truppensonderdienst, 17.6.1944, zitiert nach: Absolon, Wehrmachtstrafrecht, S. 252.
47 Theis, Wehrmachtjustiz, S. 254–265.
48 § 69 Abs. 2 MStGB.
49 Theis, Wehrmachtjustiz, S. 254–274; siehe auch Geldmacher, Nimmerwiedersehen, S. 180 f.
50 § 70 MStGB. Verordnung über die Neufassung des Militärstrafgesetzbuches vom 10. Oktober 1940, RGBl. I, 181/1940.
51 Richtlinien des Führers und Obersten Befehlshabers der Wehrmacht für die Strafzumessung bei Fahnenflucht, 14.4.1940, zitiert nach Absolon, Wehrmachtstrafrecht, S. 77 f.
52 Für Beispiele vgl. etwa Geldmacher, Nimmerwiedersehen, 162 f.; Theis, Wehrmachtjustiz, S. 337–342; siehe aber auch meine Studie zur Verfolgung von Selbstverstümmlern, wo alle Neuverhandlungen in strengeren Strafen endeten, Fritsche, Maria: Die Verfolgung von österreichischen Selbstverstümmlern in der Deutschen Wehrmacht, in: Manoschek, NS-Militärjustiz, S. 195–214, hier S. 209.
53 Theis, Wehrmachtjustiz, S. 333 f.
54 Ebd., S. 334–336; Kirschner, Albrecht: „Asoziale Volksschädlinge" und „Alte Kämpfer". Zu Handlungsmöglichkeiten der Wehrmachtrichter im Zweiten Weltkrieg, in: Bade/Skowronski/Viebig, NS-Militärjustiz, S. 181–192, hier S. 183.
55 Fritsche, Entziehungen, S. 100–103.
56 Theis, Wehrmachtjustiz, S. 99.
57 Fritsche, Entziehungen, S. 114 f.; zu sozialer Herkunft, Altersprofil, religiösen und politischen Prägungen sowie dem beruflichen Werdegang der Wehrmachtrichter siehe die Studie von Theis, Wehrmachtjustiz, S. 83–119.
58 Kirschner, Volksschädlinge, S. 186.
59 Wüllner, NS-Militärjustiz, S. 333–336.
60 Zitiert nach Messerschmidt, Wehrmachtjustiz, S. 87.
61 Theis, Wehrmachtjustiz, S. 80.
62 Vgl. etwa Theis, Wehrmachtjustiz, S. 186, S. 212, S. 218–219; aber auch bei „unerlaubter Entfernung" nutzten die Gerichte Strafverfügungen recht häufig; siehe Geldmacher, Nimmerwiedersehen, S. 175.
63 § 49, Abs. 1 KStVO.
64 Fritsche, Entziehungen, S. 101.
65 § 76 und § 116 KStVO.

66 Verordnung über die Neufassung des Militärstrafgesetzbuches, 16.10.1940, RGBl. I,181/1940, S. 1347–1362; Gesetz zur Änderung des Reichsstrafgesetzbuchs, 4.9.1941, RGBl. I, 101/1941, S. 549–550.
67 Fritsche, Maria: „Goebbels ist ein großer Tepp." Wehrkraftzersetzende Äußerungen in der Deutschen Wehrmacht, in: Manoschek, Opfer, S. 215–237.
68 § 5 KSSVO. Abgedruckt in: Fritsche, Entziehungen, S. 231–233.
69 Erste Verordnung zur Ergänzung der Kriegssonderstrafrechtsverordnung, 1. November 1939, RGBl. I, 218/1939, S. 2132.
70 § 9 KStVO.
71 Über die richterlichen Beisitzer gibt es praktisch keine Forschung; etwas ausführlicher diskutiert ihre Rolle Theis, Wehrmachtjustiz, S. 324–326; Kalmbach, Wehrmachtjustiz, S. 308 f.
72 Die wenigen Zeitzeugenberichte dazu stammen von den oft kleinen Kriegsgerichten beim Feldheer; sie alle betonen die Kürze der Hauptverhandlung, den Mangel an Information und den oft harschen Umgang mit den Angeklagten. Vgl. Mörbitz, Kriegsgericht; Kammler, Jörg: Ich habe die Metzelei satt und laufe über ... Kasseler Soldaten zwischen Verweigerung u. Widerstand (1939–1945), Fuldabrück 1997, S. 30, S. 131 f.; Kalmbach, Wehrmachtjustiz, S. 312 f., S. 318.
73 Nicht inkludiert die Verurteilungen von in- und ausländischen Zivilpersonen und Kriegsgefangenen. Wüllner, NS-Militärjustiz, S. 116. Eine Vielzahl der Verfahren wurde jedoch an zivile Gerichte übergeben, eingestellt oder anderweitig „erledigt". Zu den detaillierten Berechnungen siehe Kapitel II, IV und V in Wüllners Studie.
74 Messerschmidt, Manfred/Wüllner, Fritz: Die Wehrmachtjustiz im Dienste des Nationalsozialismus. Zerstörung einer Legende, Baden-Baden 1987, S. 15, S. 87; Wüllner, NS-Militärjustiz, S. 203, 297 f.; Messerschmidt, Wehrmachtjustiz, S. 233; Kalmbach, Wehrmachtjustiz, S. 322. Zu Frankreich siehe Eismann, Vorgehen, S. 130. Zu den Kriegsgefangenen: Werther, Thomas: Die „Reinhaltung deutschen Blutes". Kriegsgefangene vor dem Marburger Kriegsgericht, in: Kirschner, Albrecht (Hg.): Deserteure, Wehrkraftzersetzer und ihre Richter: Marburger Zwischenbilanz zur NS-Militärjustiz vor und nach 1945, Marburg 2010, S. 101–108.
75 Corniani, Francesco: Deserteure der Wehrmacht in Italien (1943–1945) – Überläufer zu den Alliierten oder den Partisanen: Identität, Zahlen, Motive, Reaktionen, in: Lingen/Pirker, Deserteure, S. 81–96, hier S. 85.
76 Messerschmidt/Wüllner, Wehrmachtjustiz, S. 90 f., S. 138; Wüllner, NS-Militärjustiz, S. 200–203, S. 235–237, S. 297.
77 Messerschmidt, Wehrmachtjustiz, S. 164; Messerschmidt, Manfred: Das System Wehrmachtjustiz. Aufgaben und Wirken der deutschen Kriegsgerichte, in: Baumann, Ulrich/Koch, Magnus (Hg.): „Was damals Recht war ..." Soldaten und Zivilisten vor Gerichten der Wehrmacht, Ausstellungskatalog, Berlin 2008, S. 27–42, S. 32.
78 Theis, Wehrmachtjustiz, S. 195, 197, 207; Himmelsbach, Kriminalität, S. 122, 127.
79 Fritsche, Maria: Spaces of Encounter: Relations between the Occupier and the Occupied in Norway during the Second World War, in: Social History 45/3 (2020), S. 360–383, hier

S. 368, URL: https://doi.org/10.1080/03071022.2020.1771868 (abgerufen am 21.9.2024); Fritsche, Kriegsgerichtsbarkeit.
80   Fritsche, Kriegsgerichtsbarkeit.
81   Fritsche, Aushandlungen, S. 41.
82   Theis, Wehrmachtjustiz, S. 342–358; Fritsche, Entziehungen, S. 102; Wüllner, NS-Militärjustiz, S. 224–337.
83   Bundesarchiv, Haftanstalten und Straflager der Justiz (Deutsches Reich), Koblenz 2010. URL: https://www.bundesarchiv.de/zwangsarbeit/haftstaetten/index.php?tab=23 (abgerufen am 21.9.2024).
84   Erlass Hermann Görings als Oberbefehlshaber der Luftwaffe vom 17.11.1939, zitiert nach: Klausch, Hans-Peter: Die Sonderabteilungen, Strafeinheiten und Bewährungstruppen der Wehrmacht, in: Kirschner, Deserteure, S. 197–216, S. 198.
85   Ebd.
86   § 104 KStVO.
87   Erlass Hermann Görings, zitiert nach Klausch, Sonderabteilungen, S. 199.
88   Siehe Theis, Wehrmachtjustiz, S. 391, S. 394.
89   Geldmacher, Thomas: Strafvollzug. Der Umgang der Deutschen Wehrmacht mit militärgerichtlich verurteilten Soldaten, in: Manoschek, NS-Militärjustiz, S. 420–481, hier S. 424.
90   Zu einzelnen Haftanstalten und Einrichtungen gibt es mittlerweile umfassende Studien, auch die Websites der Gedenkstätten sind zu empfehlen. Ein Gesamtüberblick ist aber noch ausstehend. Topographische Karten der Haft- und Bewährungseinrichtungen finden sich in Baumann/Koch, Recht, S. 185, S. 189, S. 191, S. 193.
91   Siehe dazu die Grafik im Aufsatz des Kriegsgerichtsrats Holstein: Holstein, Kurt: Überblick über die Sonderabteilungen der Wehrmacht, in: Zeitschrift für Wehrrecht (ZWR), VIII (1943/44), S. 124–137, hier S. 128.
92   Ausführlicher dazu Fritsche, Entziehungen, S. 126–129, S. 142–144, S. 147–151.
93   Zu den Emslandlagern siehe Faulenbach, Bernd/Kaltofen, Andrea (Hg.): Hölle im Moor. Die Emslandlager 1933–1945, Göttingen 2021; Kosthorst, Erich/Walter, Bernd: Konzentrations- und Strafgefangenenlager im Emsland 1933–1945. Zum Verhältnis von NS-Regime und Justiz, Düsseldorf 1985.
94   Fritsche, Entziehungen, S. 134 f.
95   Ebd., S. 135 f.
96   Ebd., S. 130 f.
97   Verlautbarung der Wehrmachtsführung zur Erziehungsfunktion ihrer Gefängnisse, April 1942, zitiert nach Absolon, Rudolf: Die Sondereinheiten in der frühen Wehrmacht, Kornelimünster 1952, S. 39.
98   Fritsche, Entziehungen, S. 132.
99   Ebd., S. 140.
100 Wüllner, NS-Militärjustiz, S. 812.
101 Die Haft in einer FGA wurde auf die Strafe angerechnet, zu einer Entlassung nach Verbüßung der Strafe kam es aber fast nie. Fritsche, Entziehungen, S. 141.

102 Anordnung OKM, 2.8.1940, zitiert nach Wüllner, NS-Militärjustiz, S. 787. Ursprünglich war eine Straflagerverwahrung für alle Gefängnisstrafen gedacht, die nicht in einem Gefängnis vollstreckt oder zur Frontbewährung ausgesetzt werden sollten.
103 Hodes, Fritz, Die Strafvollstreckung im Kriege, Zeitschrift für Wehrrecht (ZWR), IV (1939/40), S. 402–409, S. 407.
104 Fritsche, Entziehungen, S. 137.
105 Hodes, Strafvollstreckung, S. 407.
106 Eberlein/Haase/Oleschinski, Torgau.
107 Fritsche, Entziehungen, S. 138–140.
108 Zur Bewährungstruppe 999 und die SS-Sondereinheit Dirlewanger siehe Fritsche, Entziehungen, S. 147–151; Klausch, Hans-Peter: Die Geschichte der Bewährungsbataillone 999 unter besonderer Berücksichtigung des antifaschistischen Widerstandes, Köln 1987.
109 Die Gesamtstärke betrug 33.000 Mann. Klausch, Sonderabteilungen, S. 203; ausführlich: Klausch, Hans-Peter: Die Bewährungstruppe 500. Stellung und Funktion der Bewährungstruppe 500 im System von NS-Wehrrecht, NS-Militärjustiz und Wehrmachtstrafvollzug, Bremen 1995.
110 Eberlein, Militärjustiz, S. 62–65.
111 Chef der Wehrmachtrechtsabteilung im OKW, 2.10.1940, zitiert nach: Klausch, Sonderabteilungen, S. 203.

Lisa Manneh

Wehrmachtgericht Hohenstaufengasse

Ein grafisches Protokoll

Lisa Manneh,
Wehrmachtgericht Hohenstaufengasse.
Ein grafisches Protokoll

Die Wehrmachtjustiz bearbeitete im Laufe des Krieges Millionen an Strafverfahren und produzierte dabei Unmengen an Papier. Dennoch wissen wir erstaunlich wenig darüber, wie eine Gerichtsverhandlung vor einem Militärgericht im Nationalsozialismus in Wirklichkeit ablief. Es gibt zwar einige Berichte von Augenzeugen, die vor allem die kurze Dauer der Verhandlung und den oft rauen Umgangston betonen. Insgesamt sind die Informationen aber recht kärglich.

    Wie gehen Historikerinnen und Historiker mit diesem Mangel an Quellen um? Was können wir wissen, was müssen wir ableiten aus den Urteilsprotokollen und Richtlinien? Vieles steht zwischen den Zeilen, muss also interpretiert werden, wobei es zum guten geschichtswissenschaftlichen Handwerk gehört, diese Unsicherheiten auch zu benennen und kritisch zu reflektieren.

    Das vorliegende grafische Protokoll illustriert den Ablauf eines Strafverfahrens vor einem stationären Wehrmachtgericht in der NS-Zeit und thematisiert dabei auch die Quellenlücken. Es stellt die unterschiedlichen Akteure vor und begleitet die Angeklagten auf dem Weg von der Untersuchungshaft bis in den Gerichtssaal und von dort weiter zur Vollstreckung der Strafe.

    Ziel war es, die Richter nicht als brutale Fanatiker zu zeichnen, sondern aufzuzeigen, dass das Unrecht bürokratisch organisiert und genau durchgetaktet war. Im Nationalsozialismus wurde der Krieg auch mit der Schreibmaschine geführt.

    Die Schilderung basiert zwar auf einem realen Strafverfahren vor dem Gericht der Division Nr. 177 im Jahr 1944 (mehr dazu im nächsten Beitrag) und verwendet Originalzitate, doch ging es darum, das Allgemeingültige und die Routine hervorzuheben.

Illustration: Lisa Manneh
Konzept: Maria Fritsche & Lisa Manneh
Text: Maria Fritsche

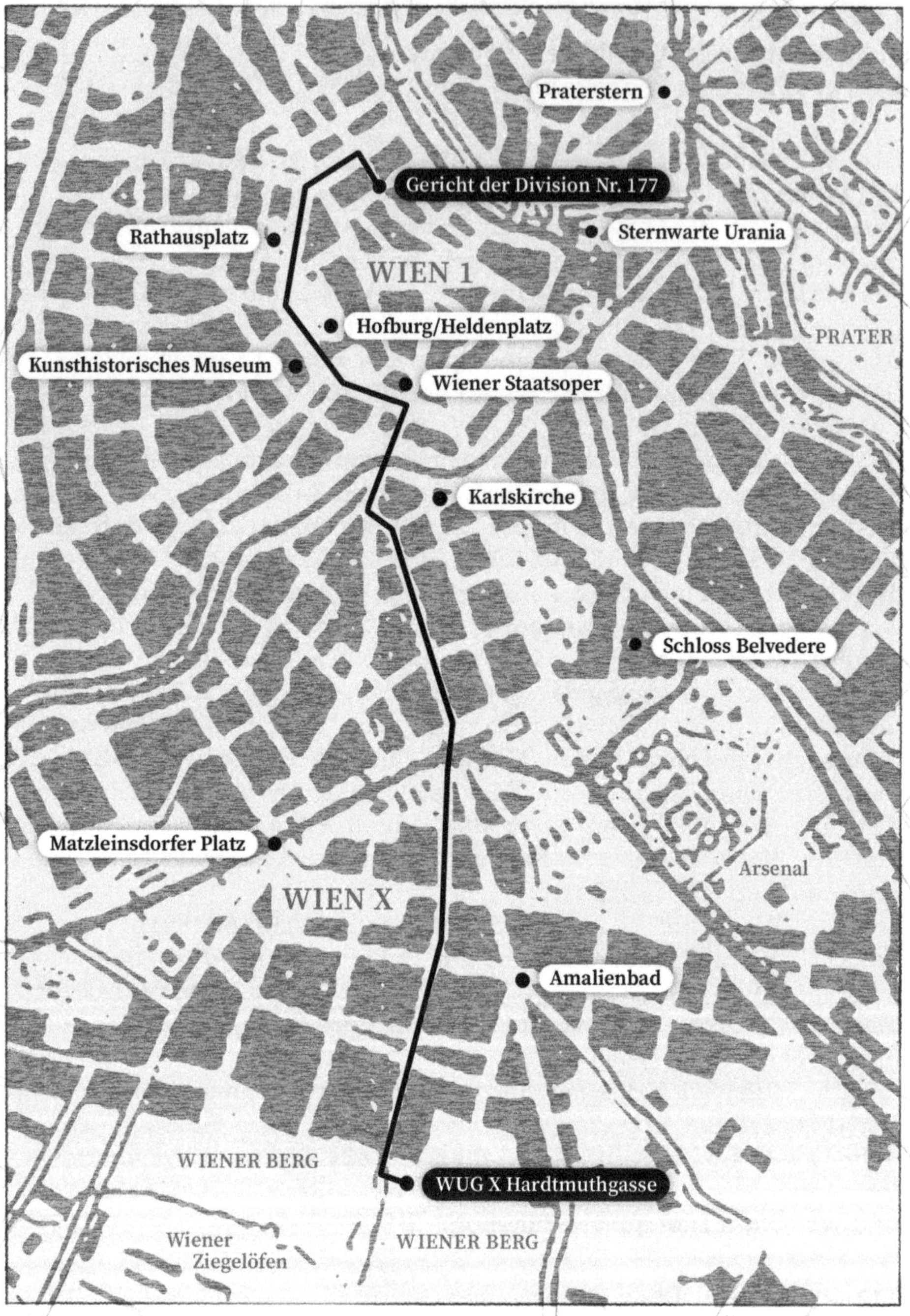
Praterstern
Gericht der Division Nr. 177
Rathausplatz
Sternwarte Urania
WIEN 1
Hofburg/Heldenplatz
PRATER
Kunsthistorisches Museum
Wiener Staatsoper
Karlskirche
Schloss Belvedere
Matzleinsdorfer Platz
Arsenal
WIEN X
Amalienbad
WIENER BERG
WUG X Hardtmuthgasse
Wiener
Ziegelöfen
WIENER BERG

Hardtmuthgasse 42, 1100 Wien   Wehrmachtuntersuchungsgefängnis WUG X

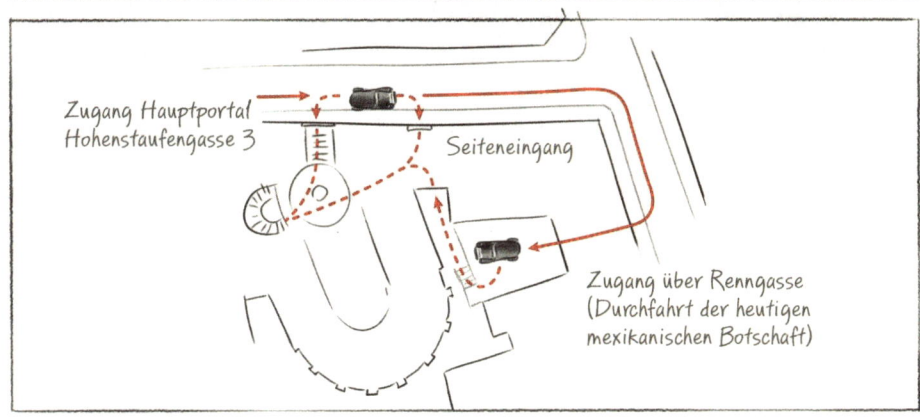

Zugang Hauptportal
Hohenstaufengasse 3

Seiteneingang

Zugang über Renngasse
(Durchfahrt der heutigen
mexikanischen Botschaft)

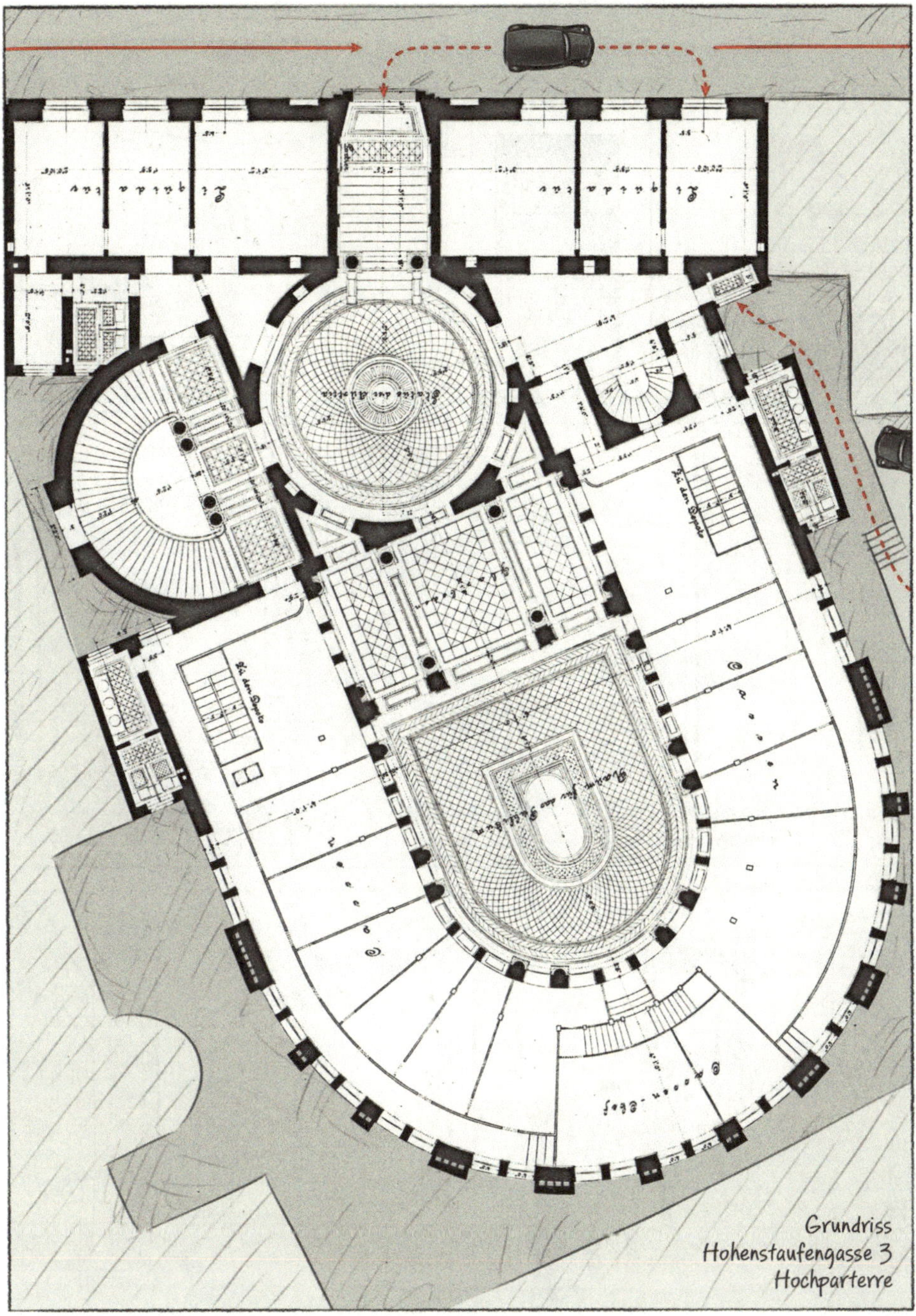

Grundriss
Hohenstaufengasse 3
Hochparterre

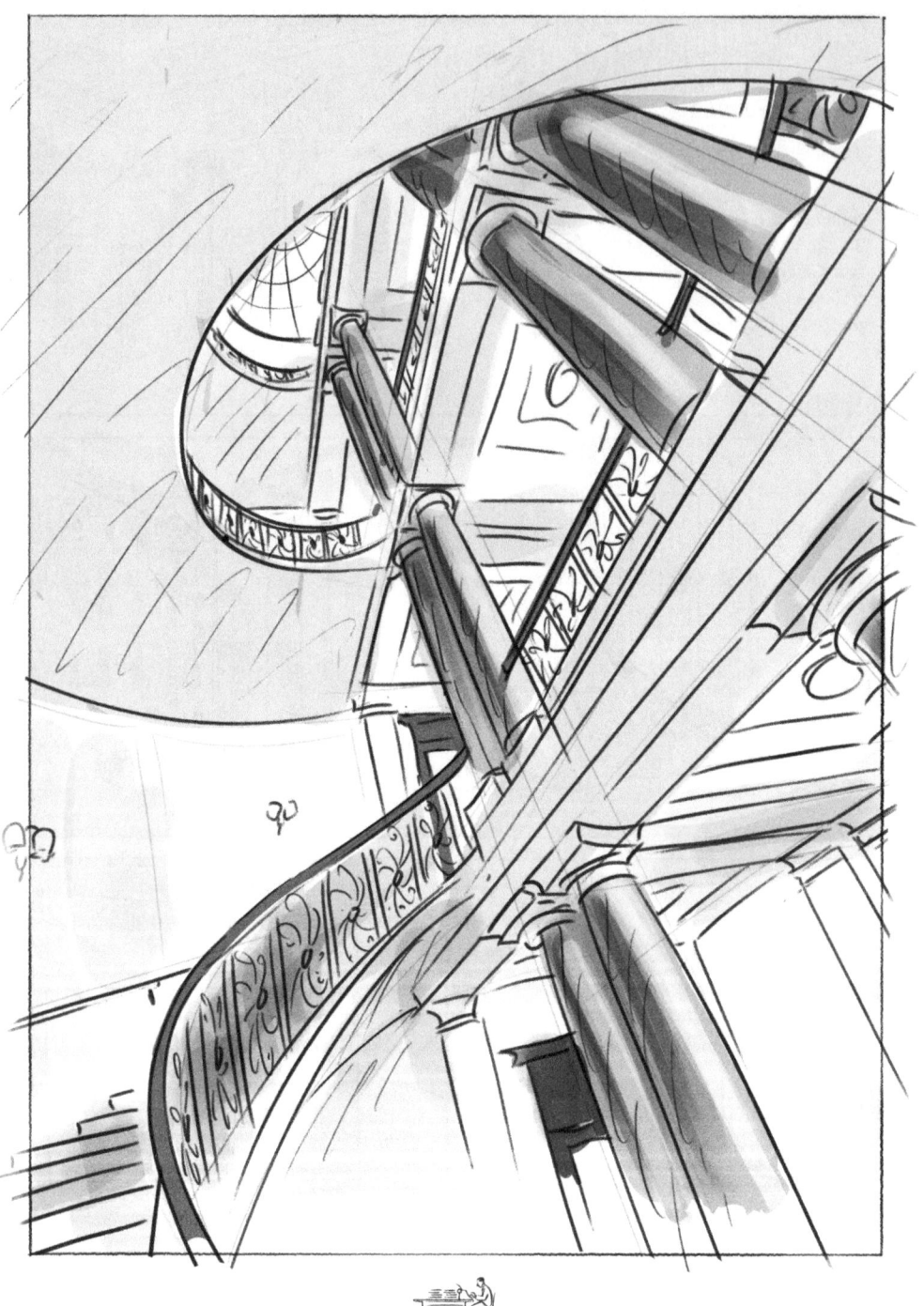

Fand die Verhandlung im großen Sitzungssaal im 1. Stock statt? Oder im kleineren, im 2. Stock?

Verfügung

In der Strafsache

gegen 1. Franz F r 5 c h, Obschtz. beide Geb.Jg.Ers.Rgt.136
2. Emil Ifkovics, Jg.
findet Termin zur Hauptverhandlung für dem Kriegsgericht

am 4. X. 19 44, 10 Uhr, in Wien I.,Hohenstaufeng.3

Hohenstaufengasse 3, Sitzungssaal statt.

Wir wissen nicht, wie der Gerichtssaal eingerichtet war oder aussah.
Hingen Hakenkreuzfahnen an den Wänden? Welches Mobiliar gab es im Raum?
Stand die Richterbank vor der Fensterzeile zum Lichthof?
Oder war sie an einer der beiden Schmalseiten des rechteckigen Saales positioniert, so dass
die Wehrmachtrichter direkt durch die Seitentüren an die Richterbank treten und den Saal
wieder verlassen konnten? Das scheint die wahrscheinlichere Variante.

Wurden die Angeklagten gefesselt vorgeführt?

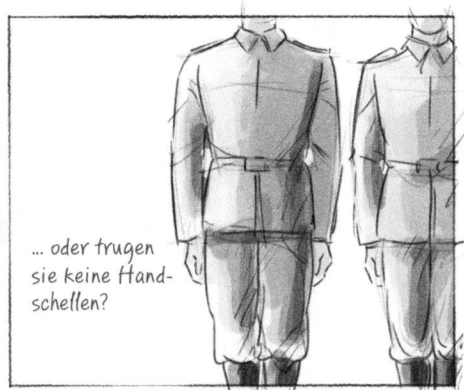

... oder trugen sie keine Handschellen?

Mussten sie während der Verhandlung stramm stehen?

... oder durften sie sitzen?

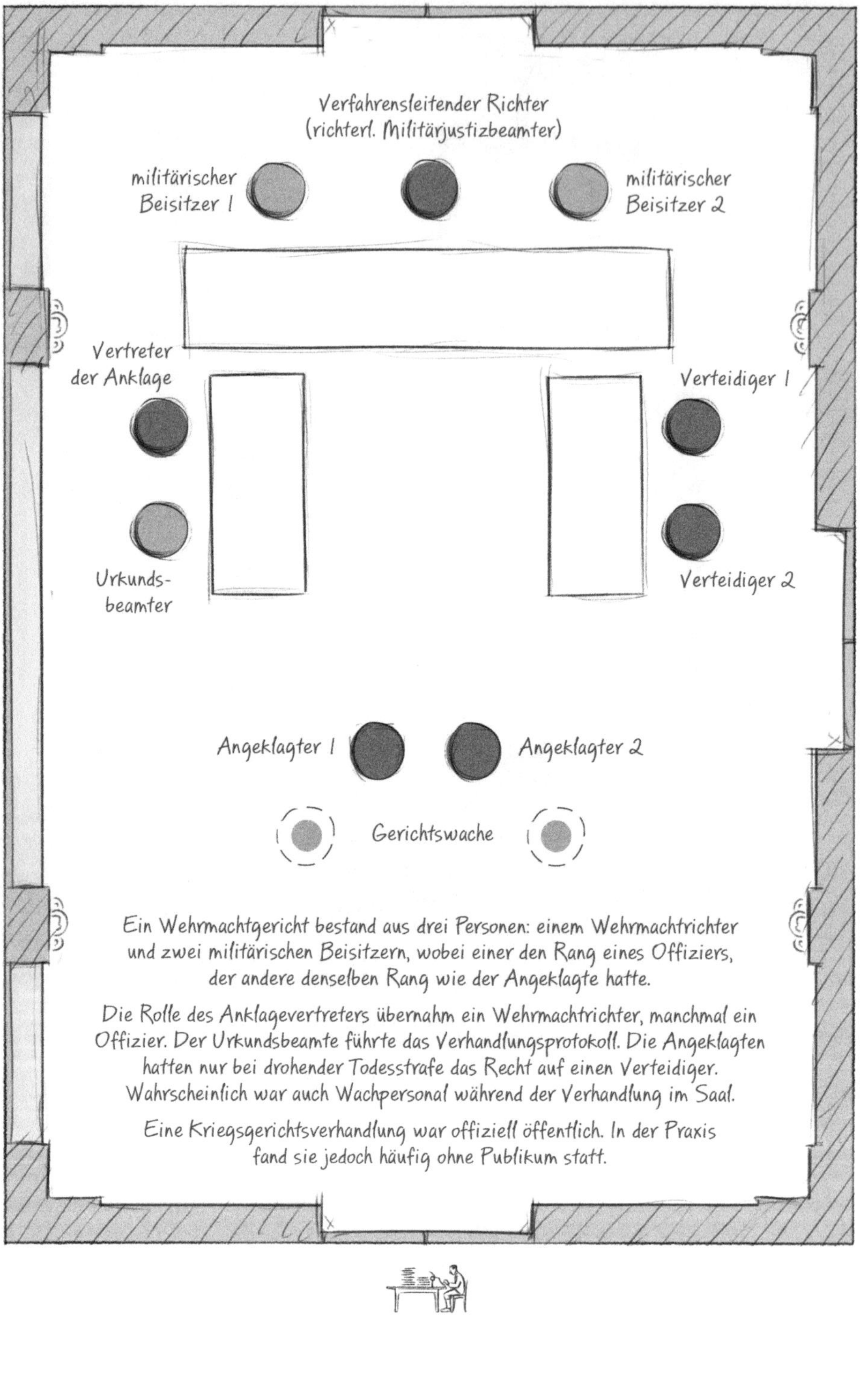

Verfahrensleitender Richter
(richterl. Militärjustizbeamter)

militärischer Beisitzer 1

militärischer Beisitzer 2

Vertreter der Anklage

Verteidiger 1

Urkundsbeamter

Verteidiger 2

Angeklagter 1   **Angeklagter 2**

Gerichtswache

Ein Wehrmachtgericht bestand aus drei Personen: einem Wehrmachtrichter und zwei militärischen Beisitzern, wobei einer den Rang eines Offiziers, der andere denselben Rang wie der Angeklagte hatte.

Die Rolle des Anklagevertreters übernahm ein Wehrmachtrichter, manchmal ein Offizier. Der Urkundsbeamte führte das Verhandlungsprotokoll. Die Angeklagten hatten nur bei drohender Todesstrafe das Recht auf einen Verteidiger. Wahrscheinlich war auch Wachpersonal während der Verhandlung im Saal.

Eine Kriegsgerichtsverhandlung war offiziell öffentlich. In der Praxis fand sie jedoch häufig ohne Publikum statt.

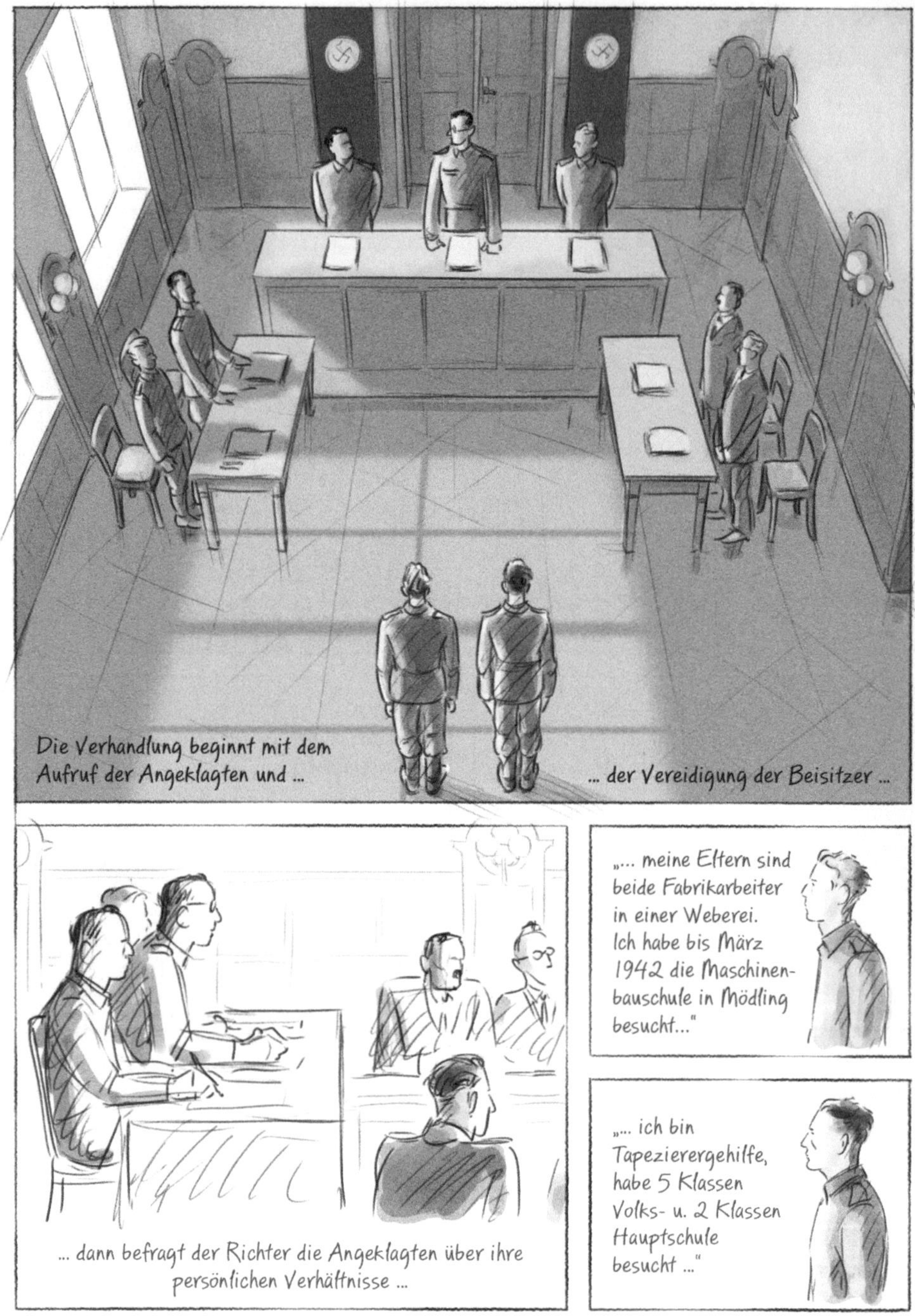

Die Verhandlung beginnt mit dem Aufruf der Angeklagten und ...

... der Vereidigung der Beisitzer ...

... dann befragt der Richter die Angeklagten über ihre persönlichen Verhältnisse ...

„... meine Eltern sind beide Fabrikarbeiter in einer Weberei. Ich habe bis März 1942 die Maschinenbauschule in Mödling besucht..."

„... ich bin Tapezierergehilfe, habe 5 Klassen Volks- u. 2 Klassen Hauptschule besucht ..."

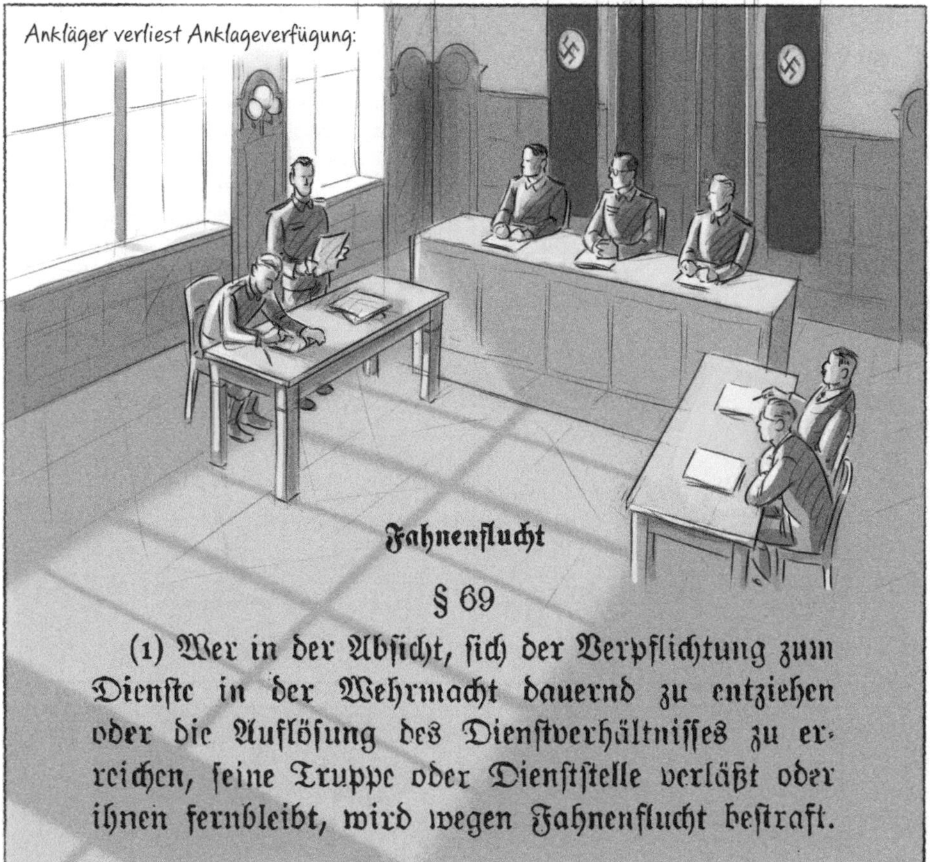

im Namen des deutschen Volkes

Feldurteil

Die Angeklagten Ob.Schtz. Franz P r ö c h und Jg. Emil
I f k o v i t s werden wegen Fahnenflucht

zum T o d e ,

Verlust der Wehrwürdigkeit und Verlust der bürgerlichen Ehren-
rechte auf Lebensdauer verurteilt.

"... es würde dem gesunden Volksempfinden ein Schlag
ins Gesicht sein, wenn derartige Verbrecher nur mit
einer Freiheitsstrafe davonkommen würden!"

„Gegen das Urteil ist KEIN Rechtsmittel zulässig. Haben die Angeklagten noch irgendwelche Einwendungen gegen das Urteil vorzubringen?"

Sie erklärten: nichts.

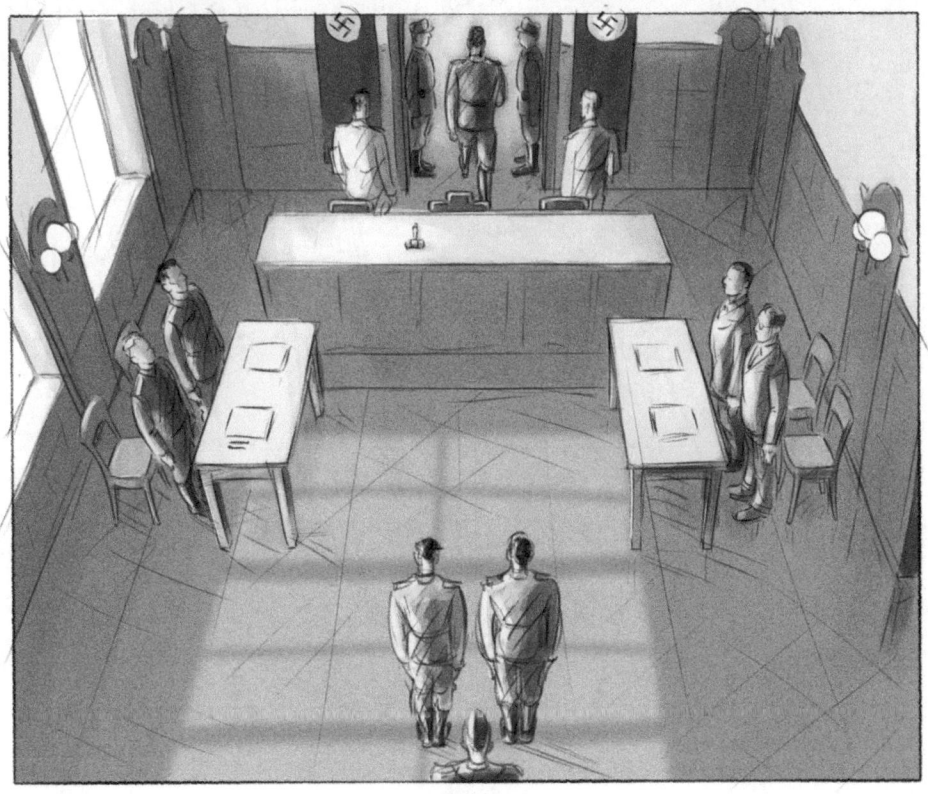

"... Gnadenerweis wird nicht befürwortet!"

Ifkovics schreibt Gnadengesuch

Rechtsanwalt
Dr. Maximilian Heinelt
Verteidiger in Strafsachen
Annagasse 18

Verteidiger und Eltern von Ifkovics verfassen Gnadengesuch

... wollen doch auch wir, die Eltern des Verurteilten, in unserer Herzensnot eine Gnadenbitte für unseren Sohn einbringen, die wir begründen wie folgt: Unser Sohn hat sich nur deshalb unerlaubt entfernt, weil er um keinen Preis von seinem Jugendfreund getrennt werden wollte. Es ist das ein an sich gewiss ehrenwertes, ja rührendes Motiv, aus dem sich aber die ganze Kindlichkeit und Unreife eines noch nur ...

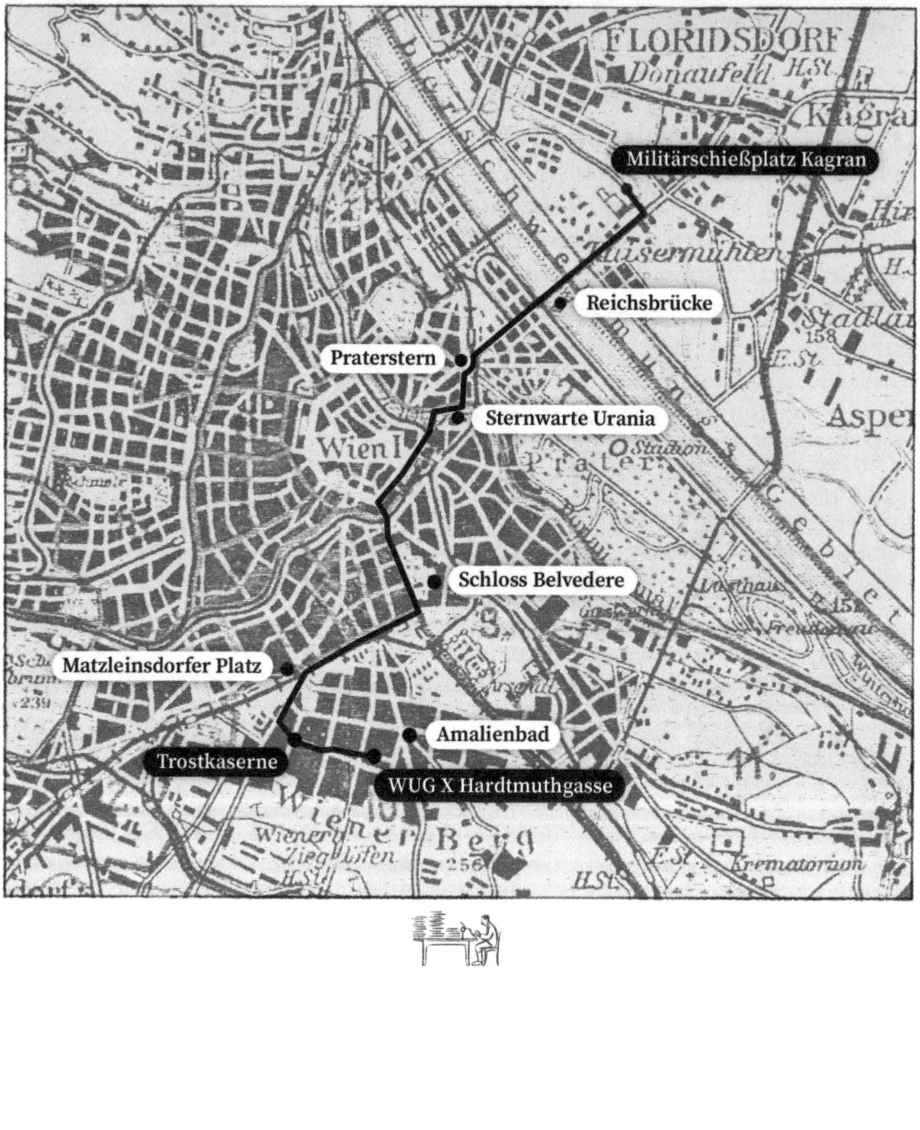

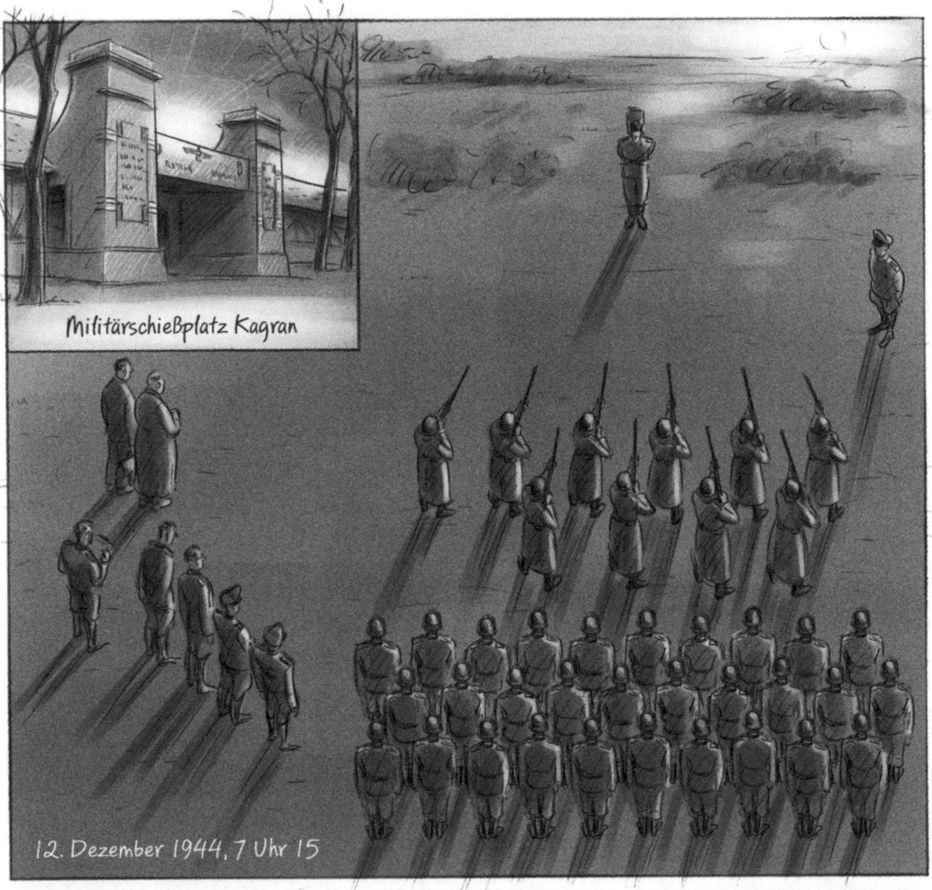

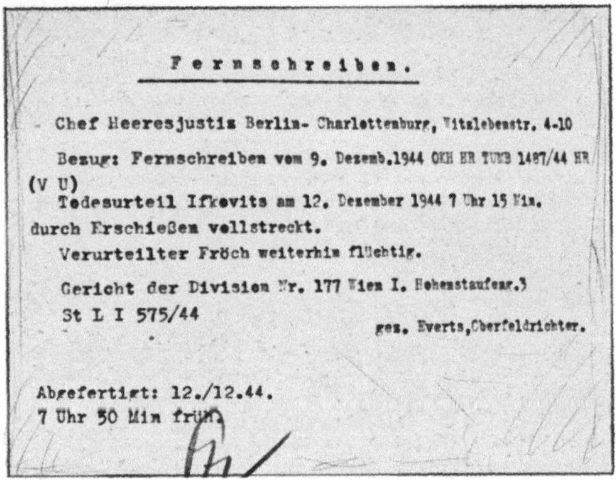

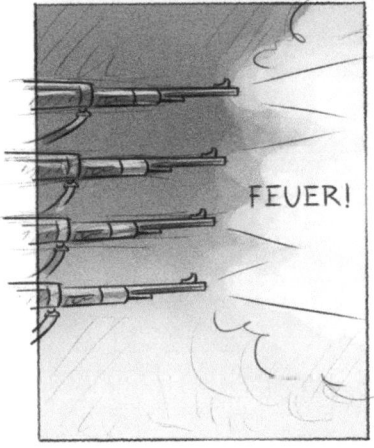

Maria Fritsche

Die Tapferkeit vor dem Freund

Ort: Militärschießplatz Wien-Kagran. Es muss ein kalter, dunkler Dezembermorgen gewesen sein, als der 20-jährige Emil Ifkovics auf den Richtplatz geführt wurde. Fein säuberlich notiert das Hinrichtungsprotokoll, dass der Verurteilte das vorgelesene Urteil mit „Jawohl" zur Kenntnis genommen habe. Dem Gefesselten wurde eine Augenbinde angelegt, das Kommando „Feuer" erfolgte um 7.15 Uhr. Der anwesende Sanitätsoffizier stellte den sofortigen Tod fest, die Leiche von Emil Ifkovics wurde abtransportiert und sieben Tage später auf dem Zentralfriedhof beerdigt.

Rückblende: Emil Ifkovics, geboren am 3. Jänner 1924 in Felixdorf bei Wiener Neustadt, verband seit seiner frühen Kindheit eine enge Freundschaft mit dem nur wenige Wochen jüngeren Franz Fröch. Beide stammten aus „ordentlichen" Familienverhältnissen und führten, wie die Gerichtsprotokolle feststellten, einen „einwandfreien Lebenswandel". Ifkovics' Vater war Beamter und seit 1932 Mitglied der NSDAP, was ihm nach dem „Anschluss" die Stelle eines Telegrafensektionsleiters einbrachte. Franz Fröch war das einzige Kind einer „politisch indifferenten" Arbeiterfamilie, seine Eltern traten 1938 der NSDAP bei. Fröch und Ifkovics schlossen sich 1938 – wie die Mehrheit der österreichischen Jugendlichen – der Hitlerjugend an. Ein durchaus „normales" Leben für damalige Verhältnisse.

Dies änderte sich, als die beiden naturbegeisterten Freunde Anfang der Vierzigerjahre auf ihren gemeinsamen Wandertouren „in Kontakt mit kommunistischem Gedankengut" kamen. Auf Grund ihrer Bekanntschaft mit kommunistisch gesinnten Jugendlichen traten Ifkovics und Fröch 1941 dem kommunistischen Jugendverband bei. Sie nahmen an illegalen Flugblattverteilungsaktionen teil und fertigten „Dreipfeilschablonen für Schmieraktionen" an. Als ihre Widerstandstätigkeit durch die Gestapo aufzufliegen drohte, meldeten sich Ifkovics und Fröch im Februar 1942 freiwillig zur Wehrmacht, um der Verfolgung zu entgehen. Vergeblich, denn im Juni 1942 wurden die beiden 18-jährigen Soldaten bei ihrer Gebirgsjägereinheit in Innsbruck wegen illegaler kommunistischer Betätigung verhaftet und am 3. Dezember 1942 vom Volksgerichtshof in Berlin wegen „Vorbereitung zum Hochverrat" zum Tode verurteilt.

Nach zahlreichen Interventionen gelang es den Eltern schließlich, eine Begnadigung der Verurteilten und eine Umwandlung der Todes- in eine Freiheitsstrafe zu erreichen. Ifkovics und Fröch wurden im Juli 1943 aus der Haft entlassen und direkt zu ihrer Kompanie nach Innsbruck überstellt, um ihnen dort „Gelegenheit zur Frontbewährung" zu geben. Nachdem sie zuerst in Oberitalien Dienst getan hatten, wurden die beiden Freunde im Jänner 1944 an die Ostfront abgestellt.

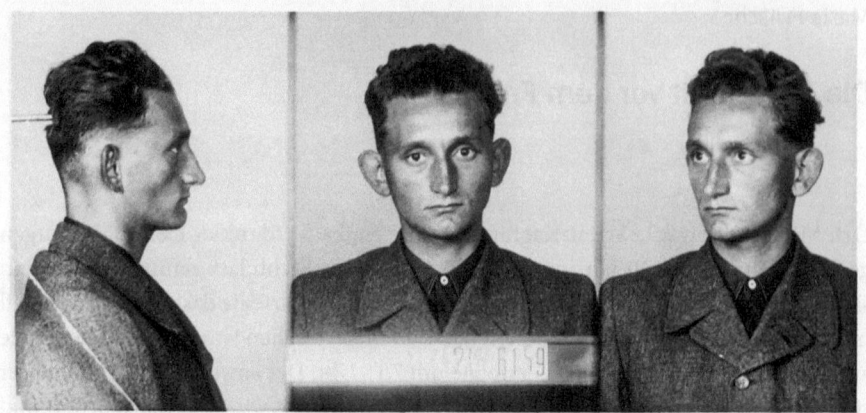

Abb. 1 Franz Fröch. Foto aus der erkennungsdienstlichen Datei der Gestapo Wien, DÖW.

Abb. 2 Emil Ifkovics (Ifkovits). Foto aus der erkennungsdienstlichen Datei der Gestapo Wien, DÖW.

In Kronau bei Nikopol angelangt, befahl der Kompaniechef, die beiden Freunde verschiedenen Einheiten zuzuteilen. Ifkovics und Fröch baten ihren Vorgesetzten inständig, zusammenbleiben zu dürfen, was dieser jedoch mit Hinweis auf das Todesurteil ablehnte. Diese Ablehnung und die Angst, ab nun ohne den besten Freund auskommen zu müssen, dürfte die beiden zur Flucht veranlasst haben. In Uniform, allerdings ohne gültige Papiere, verließen sie noch vor der Zuteilung zu den Marschbataillonen Mitte Februar 1944 ihre Einheit und gelangten mit einem Zug über Nikolajew nach Odessa. Dort fanden sie einen Abschleppzug, der Richtung Westen fuhr. In Ungarn nahm jedoch ihre Flucht ein jähes Ende. Bei einer Kontrolle in Szolnok bei Budapest wurden Ifkovics und Fröch am 3. März 1944 auf Grund fehlender Papiere von einer Heeresstreife verhaftet. Ein Fluchtversuch, den die beiden am folgenden Tag unternahmen, schlug fehl. Damit schien das Schicksal der Freunde endgültig besiegelt.

Sie wurden nach Wien überstellt und im Wehrmachtuntersuchungsgefängnis Hardtmuthgasse inhaftiert. Am 28. Juni 1944 erhob das in Wien stationierte Feldkriegsgericht der Division 177, vertreten durch Oberstabsrichter Bauer, Anklage gegen Emil Ifkovics und Franz Fröch wegen des „Verbrechens" der gemeinsamen Fahnenflucht. Der Strafprozess zog sich auf Grund der Verzögerungstaktik der beiden Verteidiger hin. Schließlich aber, am 4. Oktober 1944, trat das Militärgericht zur Schlussverhandlung zusammen und verkündete das Urteil: Emil Ifkovics und Franz Fröch wurden wegen gemeinsamer Fahnenflucht zum Tode und Verlust der Wehrwürdigkeit sowie der bürgerlichen Rechte verurteilt. Die Angeklagten, so heißt es im Urteil, hätten durch ihre vorangegangene Todesstrafe ohnehin „ihr Leben bereits verwirkt" und sich dem Gnadenakt nicht würdig erwiesen. Daher würde es – so weiter in der Argumentation des Richters – „dem gesunden Volksempfinden ein Schlag in das Gesicht sein, wenn derartige Verbrecher, nachdem sie neuerdings sich außerhalb der Volksgemeinschaft gestellt haben, nunmehr mit einer bloßen Freiheitsstrafe davonkommen würden".

Ifkovics wurde nach der Schlussverhandlung in das Untersuchungsgefängnis Hardtmuthgasse, Fröch hingegen in das Reservelazarett IVa zurückgebracht, wo er seit September wegen Rachendiphtherie in Behandlung war. Der behandelnde Arzt wusste um die Lebensgefahr, in der Fröch schwebte, und behielt ihn in der Infektionsabteilung. Am 11. Oktober 1944 brachte ein Angriff amerikanischer Bomber eine schlagartige Wendung: Das Reservelazarett IVa wurde schwer beschädigt und Fröch ergriff inmitten des Tumults die Chance zur Flucht. Lediglich mit Turnhose und Leibchen bekleidet, schlug er sich auf Schleichwegen nach Hause durch, wo er sich mit Kleidung und Essen versorgte und die Flucht unverzüglich fortsetzte. Das Elternhaus in Felixdorf war kein geeignetes Versteck, wie der baldige Besuch der Gestapo bestätigen sollte. Mehrere Wochen standen Fröchs Eltern unter ständiger Polizeibeobachtung, Gendarmeriepatrouillen suchten die Gegend nach dem flüchtigen Soldaten ab. Freilich erfolglos, denn Franz Fröch hielt sich inzwischen bereits in dem ihm wohlbekannten Schneeberggebiet auf, wo er in verschiedenen Hütten Unterschlupf fand und sich als beurlaubter Wehrmachtsoldat ausgab.

Auf der Fischerhütte am Hochschneeberg freundete er sich mit der jungen Schwägerin des Hüttenwirts an, der er die Wahrheit erzählte und die ihn daraufhin in der Hütte versteckte. Als sie Anfang Dezember 1944 ins Tal zurückkehren mussten, fand Fröch Aufnahme im Haus seiner Eltern.

Emil Ifkovics hingegen befand sich nach wie vor in Haft. Angst vor der bevorstehenden Hinrichtung ebenso wie die Hoffnung auf eine Begnadigung dürften sein Leben in der Gefängniszelle bestimmt haben. Die zum Tode Verurteilten blieben oft monatelang in quälender Ungewissheit, da niemand wusste, wann und ob die Hinrichtung stattfinden würde. Ifkovics' Hoffnung auf eine Begnadigung schien zu schwinden, und er trug sich mit Ausbruchsplänen. Unterstützung kam unter anderem von seinem besten Freund, Franz Fröch. Beinahe wie ein Groschenroman liest sich der Versuch Fröchs, seinem Freund zur Flucht zu verhelfen. Fröch ließ Ifkovics einen Brotlaib, in dem eine Eisenfeile eingebacken war, in die Zelle schmuggeln. Die Sache flog jedoch auf und die Feile wurde gefunden. Eine weitere Fluchtmöglichkeit sollte sich für Ifkovics nicht mehr ergeben: Am 29. November 1944 bestätigte Heinrich Himmler als Befehlshaber des Ersatzheeres das Todesurteil gegen Fröch und Ifkovics und lehnte jeden Gnadenerweis ab. Obwohl Ifkovics kein genaues Hinrichtungsdatum wusste, schrieb er am 9. Dezember in einem Brief an seine Eltern desillusioniert: „Möchte euch nur kurz mitteilen, dass ihr meinen Rechtsanwalt abbestellen könnt, da jeder Pfennig umsonst ausgegeben ist."

Am 12. Dezember 1944 wurde Ifkovics um fünf Uhr in der Früh geweckt und in das Dienstzimmer des Kommandeurs des Wehrmachtuntersuchungsgefängnisses geführt, wo man ihm mitteilte, dass das Urteil bestätigt worden sei und er in zwei Stunden erschossen würde. Als letzte Bitte wurde ihm ein Gespräch mit einem Seelsorger sowie das Schreiben eines Abschiedsbriefes gewährt. Zwei Stunden später, um 7.14 Uhr, stand Emil Ifkovics gefesselt auf dem Richtplatz des Militärschießplatzes Kagran. Ein Zug Mannschaften aus der Radetzkykaserne waren als Zuschauer zur Hinrichtung kommandiert worden. Eine Minute später eröffnete ein Exekutionskommando, bestehend aus zehn Soldaten, das Feuer auf Ifkovics, der kurz darauf starb.

Der 20-jährige Emil Ifkovics war nur einer von vielen Männern, die in der NS-Zeit auf dem Kagraner Militärschießplatz ermordet wurden. In der Mehrheit handelte es sich um Soldaten, die versucht hatten, sich dem Dienst in der Wehrmacht durch Fahnenflucht oder Selbstverstümmelung zu entziehen. Und Ifkovics war auch nicht das letzte Opfer der brutalen „Rechtsprechung" der Militärgerichte in Wien. Gleich am nächsten Tag, zum exakt selben Zeitpunkt, wurde der 18-jährige Panzerpionier Rudolf Benda aus Wien in Kagran erschossen. Die Tötungen gingen weiter bis 4. April 1945, als auf dem Militärschießplatz die letzten bekannten Exekutionen stattfanden.

Und was geschah mit Franz Fröch, dem besten Freund von Ifkovics? Fröch überlebte den Krieg, monatelang versteckt im Haus seiner Eltern. Wie er den Tod seines Freundes aufgenommen hat, können wir lediglich erahnen. Fröch wollte sein Leben nach der Befreiung Österreichs weiterleben. Er plante, seine nunmehrige Freundin Christine, die ihm auf dem Schneeberg geholfen und ihn versteckt hatte, zu heiraten. Doch zur geplanten Hochzeit am 20. Oktober sollte es nicht mehr kommen. Bei einer Wanderung auf dem Schneeberg geriet Franz Fröch am 3. Oktober 1945 unerwartet in einen Schneesturm und starb auf jenem Berg, der ihn vor der Verfolgung geschützt hatte.

Fröchs Verteidiger, Hans Gürtler, hatte in seinen Einwendungen gegen das Todesurteil wiederholt die enge Freundschaft von Ifkovics und Fröch, das „Beisammenbleiben der beiden auf Leben und Tod" beschworen. Als Poet könnte ich den Tod Franz Fröchs im Schneegestöber romantisierend als die endgültige Vereinigung zweier verwandter Seelen schildern, die auf Erden gewaltsam getrennt wurden. Als Historikerin bleibt mir nur die nüchterne Darstellung der Fakten, welche die Tragik der Geschehnisse dennoch erahnen lassen. Doch nicht dem Schicksal ist der allzu frühe Tod von Emil Ifkovics und Franz Fröch anzulasten, sondern jenen Personen, die sich als willige Werkzeuge in den Dienst nationalsozialistischen Denkens stellten. Die Schuld für Ifkovics' Tod tragen in erster Linie jene Militärjuristen, die sich allein dem Militärstrafrecht verpflichtet sahen und darüber den Sinn und das Augenmaß für Recht und Gerechtigkeit verloren hatten.

Die Mehrheit der Militärrichter stellte sich willig in den Dienst der Wehrmacht und der Nationalsozialisten. Dies nicht zuletzt deshalb, weil die Nationalsozialisten im Jahre 1933 die Militärgerichtsbarkeit wieder eingeführt hatten und somit vielen Juristen neue Karrierechancen eröffneten. Obwohl eher aus dem national-konservativen Lager kommend, bestanden doch viele Berührungspunkte mit dem Nationalsozialismus. Weniger die absolute Identifikation mit der nationalsozialistischen Ideologie als vielmehr der Wunsch nach der Herrschaft Großdeutschlands über Europa dürfte die Wehrmachtrichter in ihrem Handeln geleitet haben. Die Wehrmachtjustiz sah sich als Hüterin der militärischen Disziplin und Schlagkraft, der jegliche humanitäre Grundsätze untergeordnet werden mussten.

Mit dem Begriff der „Kriegsnotwendigkeit" argumentierten die Militärrichter die Verhängung von härtesten Strafen – auch für relativ harmlose Taten. Das Kriterium der „Aufrechterhaltung der Manneszucht" und der „Erhaltung der Schlagkraft der Truppe" spielte eine zentrale Rolle bei der Festlegung des Strafmaßes. Viele Wehrmachtrichter hielten sich nicht nur eng an Hitlers Leitsatz „An der Front kann man sterben, als Deserteur muss man sterben", sondern überflügelten ihn sogar in ihrem dienstlichen Eifer. Es galt die Überzeugung, dass die „Furcht vor Strafe" bei den Soldaten so mächtig sein musste, dass sie auch bei großer Gefahr oder in einer aussichtslosen militärischen Lage weiterkämpften.

Emil Ifkovics ist lediglich einer von rund 15.000 Deserteuren, die in der NS-Zeit von einem Wehrmachtgericht wegen Fahnenflucht zum Tode verurteilt und hingerichtet wurde. Wie das Schicksal Ifkovics' ist auch die Geschichte der Verfolgung österreichischer Wehrmachtdeserteure in Vergessenheit geraten. Als „Verräter" und „Feiglinge" diffamiert, wurden die Deserteure nicht als Opfer nationalsozialistischer Verfolgung anerkannt, geschweige denn geehrt. Die Weigerung der Deserteure, nicht weiter in den Reihen der Wehrmacht zu kämpfen und einem Terrorregime zu dienen, blieb bis heute unbedankt. Während in Deutschland die Urteile der Wehrmachtsjustiz mittlerweile pauschal als unrechtmäßig aufgehoben wurden, ist die Republik Österreich das einzige Land, in dem Deserteure noch immer als rechtmäßig verurteilt gelten.

So bleibt den Deserteuren nur, wie Ingeborg Bachmann schrieb, „der armselige Stern der Hoffnung über dem Herzen", jenes aufgemalte Zeichen also, das die Einschussstelle für das Exekutionskommando markierte. Bachmann zollte den ungehorsamen Soldaten mit ihrem Gedicht *Alle Tage* ihre Anerkennung „für die Flucht vor den Fahnen, für die Tapferkeit vor dem Freund, für den Verrat unwürdiger Geheimnisse und die Nichtachtung jeglichen Befehls" Anerkennung, die ihnen das offizielle Österreich bis heute versagt.

Dieser Artikel erschien erstmals am 5. Februar 2005 in der Beilage *Spectrum* der Tageszeitung *Die Presse* und wird hier mit deren freundlicher Genehmigung erneut abgedruckt. Alle Zitate entstammen dem Verfahrensakt des Gerichts der Division Nr. 177,[1] auf dem diese Darstellung beruht. Der Nachname von Emil Ifkovics wurde teilweise auch „Ifkovits" bzw. „Ifkovicz" geschrieben, er selbst und seine Eltern verwendeten jedoch die Schreibweise „Ifkovics". Am 21. Oktober 2009 verabschiedete der österreichische Nationalrat das Aufhebungs- und Rehabilitationsgesetz, mit dem alle Urteile der Wehrmachtjustiz pauschal aufgehoben wurden.

Abbildungsnachweis

Abb. 1 und 2: DÖW

Anmerkung

1   Österreichisches Staatsarchiv/Archiv der Republik (ÖStA/AdR), DWM/GerA, Gericht der Division Nr. 177, Abt. I, 575/1944.

Amelie Rakar, Julian Stricker-Neumayer

Zum Tode verurteilt

Die NS-Militärjustiz in der Hohenstaufengasse 3 und ihre Opfer

Im Jänner 1945 verurteilte das Gericht der Division Nr. 177 den Obergefreiten Wilhelm G. wegen Plünderung zu acht Jahren Zuchthaus.[1] Er soll nach einem Bombenangriff ein Radio gestohlen haben. Knapp einen Monat später hob der General der Waffen-SS und stellvertretende Befehlshaber des Ersatzheeres Hans Jüttner das Urteil auf.[2] Das Strafmaß erschien ihm nicht angemessen. Deshalb stand G. am 6. März 1945 ein weiteres Mal vor demselben Gericht. Verhandelt wurde im Gerichtssaal des Gebäudes Hohenstaufengasse 3 in Wien. Der Leiter der Verhandlung, Oberfeldrichter Dr. Karl Paschinger,[3] verurteilte G. zum Tode.[4] Es war das letzte von insgesamt 71 Todesurteilen, die in den Jahren 1944 und 1945 im Gebäude Hohenstaufengasse 3 verhängt wurden. Etwas mehr als einen Monat später – am 13. April 1945 – wurde Wien durch Truppen der Roten Armee befreit. Der Gerichtsbetrieb in der Hohenstaufengasse wurde bis zum Schluss aufrechterhalten.[5]

Für die NS-Militärjustiz in Wien war die Hohenstaufengasse 3 ein überaus wichtiger Standort. Dieser Beitrag wirft erstmals einen Blick auf die an diesem Ort gesprochenen Todesurteile und die Menschen, die hier während des Zweiten Weltkrieges zum Tode verurteilt wurden. In einer von November 2023 bis Mai 2024 durchgeführten Studie haben wir diese Opfer erstmals systematisch erfasst.[6] Ziel war es festzustellen, wie viele Todesurteile verhängt wurden, wer die Opfer waren und weswegen sie angeklagt worden waren. Die Ergebnisse dieser Arbeit werden im Folgenden präsentiert. Dabei werden nach einer kurzen Erläuterung der Quellenlage die Todesurteile quantitativ nach Vollstreckungsart, Delikt, politischem Hintergrund, Alter, Dienstrang, Wohnsitz und Tatort ausgewertet. Im Anschluss werden anhand von fünf ausgewählten Fallbeispielen die Vielfalt der Tatverläufe und die Dimensionen der Verfolgung illustriert.

Quellenlage

Das Gebäude Hohenstaufengasse Nr. 3 beherbergte während der NS-Zeit zwei Wehrmachtgerichte. Vermutlich im Spätherbst 1943 eröffnete das Gericht der Division Nr. 177 in diesem Gebäude seinen dritten Standort. Obwohl das Gericht bereits über zwei Standorte in Wien verfügte – der Zentrale am Loquaiplatz und einer administrativen Zweigstelle am Stubenring – benötigte es aufgrund des hohen Arbeitsaufkommens einen zusätzlichen Ort für Verhandlungen (vgl. Beitrag von Mathias Lichtenwagner).

Gegen Ende des Jahres 1944, vielleicht auch erst Anfang 1945 zog außerdem die bislang am Franz-Josefs-Kai stationierte Wiener Außenstelle des Zentralgerichts des Heeres in die Hohenstaufengasse Nr. 3 ein.[7] Aus diesem Grund wurden für die Erfassung aller in der Hohenstaufengasse zum Tode Verurteilten die Bestände beider Gerichte im Österreichischen Staatsarchiv (ÖStA) systematisch durchgesehen.[8]

Der im ÖStA verwahrte Bestand zum Gericht der Division Nr. 177 umfasst 167 Kartons, wobei ein Karton in der Regel zwischen zehn und 20 Verfahrensakten enthält. Ein durchschnittlicher Akt beinhaltet unterschiedliche Ermittlungsunterlagen, wie etwa Verhörprotokolle der Beschuldigten oder protokollierte Aussagen von Zeugen und Zeuginnen, eine Anklageschrift, das Gerichtsverhandlungsprotokoll, die Urteilschrift, Gnadengesuche und – falls das Urteil vollstreckt wurde – das Hinrichtungsprotokoll. Zusätzlich finden sich häufig Korrespondenzen mit anderen Behörden im Akt. Der Umfang der Verfahrensakten variiert dabei stark und reicht von einem Blatt bis zu knapp 2500 Seiten. Bei diesen zwei Extremen handelt es sich jedoch um Ausnahmen, größtenteils sind die Akten weniger als eine Daumenbreite dick.

Ausgangspunkt für die Sichtung des Bestands des Gerichts der Division Nr. 177 bildeten die Strafsachenlisten des Gerichtsstandorts Hohenstaufengasse 3 für die Jahre 1944 und 1945, die vollständig erhalten sind.[9] Diese vorgedruckten Listen in Buchform dienten als gerichtsinterne Übersicht der strafrechtlichen Untersuchungen. Jede an das Gericht herangetragene Strafsache wurde in der Strafsachenliste unter einer Nummer eingetragen und enthält Angaben zur beschuldigten Person, Straftat, Form der Erledigung und – wenn es zu einer Gerichtsverhandlung kam – Urteilsdatum, Strafmaß, Namen des verhandlungsleitenden Richters sowie Datum der Urteilsbestätigung und der Vollstreckung. Über die Strafsachenlisten konnten wir die Namen der zum Tode Verurteilten und die zugehörigen Verfahrensnummern eruieren, was wiederum das gezielte Auffinden der entsprechenden Verfahrensakten ermöglichte.[10]

Die Aktenlage kann als gut bezeichnet werden. Von insgesamt 43 Verfahren, die mit Todesurteilen endeten, sind 35 vollständig erhalten geblieben. Die übrigen acht Verfahrensakten sind teilweise sehr lückenhaft: So besteht bei einem Verfahren der erhaltene Akt aus nur einem Blatt,[11] ein weiterer Akt enthält lediglich eine unvollständige Abschrift des Hauptverhandlungsprotokolls.[12] Bei den übrigen sechs Verfahrensakten fehlen die Urteilschriften, wobei drei von diesen außer der Abschrift des Protokolls der Hauptverhandlung keine weiteren Dokumente enthalten.[13] Da sich im Dokumentationsarchiv des österreichischen Widerstands (DÖW) jedoch Urteilskopien zu diesen Fällen fanden, ist davon auszugehen, dass die betreffenden Dokumente erst nach dem Krieg verloren gegangen sind.[14] Gerade bei den sehr lückenhaften Akten sind die Strafsachenlistenbücher enorm wichtig, da sie zumindest einige Informationen zum Fall enthalten.[15]

Nachdem der Einzug des Gerichts der Division Nr. 177 in die Hohenstaufengasse 3 noch im Jahr 1943 erfolgte, sichteten wir auch die Strafsachenlisten aus dem Jahr 1943, um sicherzustellen, dass wir die am Standort Hohenstaufengasse gefällten Todesurteile vollständig erfassten – also auch jene Verfahren, die möglicherweise am Standort Loquaiplatz 6–9 eröffnet und in der Hohenstaufengasse 3 mit Todesurteil beendet worden waren. Dabei fanden wir einen relevanten Fall, nämlich das im Jahr 1943 begonnene Strafverfahren gegen den Kanonier Heinz Sorbe, der am 15. Februar 1944 in der Hohenstaufengasse 3 zum Tode verurteilt wurde.[16]

Zusätzlich zu den Strafsachenlisten und Akten des Gerichts der Division Nr. 177 überprüften wir auch alle überlieferten Verfahrensakten des Zentralgerichts des Heeres, Außenstelle Wien. Strafsachenlisten sind hier nicht erhalten. Die systematische Durchsicht der insgesamt 199 Verfahren in 13 Kartons erbrachte jedoch keine Todesurteile für den Standort Hohenstaufengasse.[17] Die zwei in diesem Bestand gefundenen Todesurteile der Wiener Außenstelle des Zentralgerichts des Heeres wurden am Standort Franz-Josefs-Kai 7–9 gefällt (zum Zentralgericht des Heeres vgl. den Beitrag von Maria Fritsche).[18] Damit liegen der vorliegenden Analyse ausschließlich Todesurteile des Gerichts der Division Nr. 177 am Standort Hohenstaufengasse zugrunde.

Todesurteile: Opfer und Delikte

Im Zeitraum von 1943 bis 1945 führte das Gericht der Division Nr. 177 am Standort Hohenstaufengasse 3 insgesamt 43 Verfahren durch, die mit Todesurteilen endeten. Das Gericht verhängte 71 Todesurteile gegen 69 Männer. Die Diskrepanz zwischen der Zahl der Todesurteile und jener der verurteilten Personen ergibt sich daraus, dass zwei Personen in zwei unterschiedlichen Verfahren verurteilt wurden (siehe Abschn. „Aus der Haft entflohen").

33 der zum Tode verurteilten 69 Personen wurden am Schießplatz Kagran oder am Landesgericht Wien (während der NS-Zeit „Landgericht Wien") in der Landesgerichtsstraße hingerichtet. Es handelt sich dabei um die folgenden Personen:

Tab. 1 Namen der Hingerichteten mit Hinrichtungsdatum und Hinrichtungsort.

	Name	Geburtsdatum	Hinrichtungsdatum	Hinrichtungsort
1	Rudolf Vögl	21.08.1921	10.05.1944	Landesgericht Wien
2	Alois Ungerböck	02.05.1911	10.05.1944	Landesgericht Wien
3	Heinz Sorbe	22.06.1918	24.05.1944	Landesgericht Wien
4	Wilhelm Simeth	29.12.1923	07.06.1944	Landesgericht Wien
5	Josef Maurer	07.12.1926	16.06.1944	Landesgericht Wien
6	Franz Starecek	28.07.1924	16.06.1944	Landesgericht Wien
7	Albert Wolter	21.11.1922	16.06.1944	Landesgericht Wien
8	Paul Lakosil	18.08.1926	16.06.1944	Landesgericht Wien
9	Karl Sobotka	28.08.1922	16.06.1944	Landesgericht Wien

	Name	Geburtsdatum	Hinrichtungsdatum	Hinrichtungsort
10	Karl Machacek	02.02.1905	02.08.1944	Landesgericht Wien
11	Johann Puschl	26.01.1915	22.10.1944	Schießplatz Kagran
12	Peter Salz	20.02.1906	22.10.1944	Schießplatz Kagran
13	Wilhelm Reichert	19.11.1910	07.12.1944	Landesgericht Wien
14	Emil Ifkovics	03.01.1924	12.12.1944	Schießplatz Kagran
15	Ernst Kovatschitsch	19.10.1911	19.12.1944	Schießplatz Kagran
16	Gustav Horn	01.10.1922	07.02.1945	Schießplatz Kagran
17	Karl Lauterbach	20.12.1924	07.02.1945	Schießplatz Kagran
18	Adolf Stedry	24.11.1923	07.02.1945	Schießplatz Kagran
19	Erwin Leitzinger	31.05.1922	07.02.1945	Schießplatz Kagran
20	Karl Schartner	06.06.1923	07.02.1945	Schießplatz Kagran
21	Friedrich Lehninger	15.06.1923	07.02.1945	Schießplatz Kagran
22	Erich Salda	17.11.1922	07.02.1945	Schießplatz Kagran
23	Rudolf Sobotka	12.02.1925	07.02.1945	Schießplatz Kagran
24	Kurt Verderber	16.11.1923	07.02.1945	Schießplatz Kagran
25	Alexander Mensik	29.04.1925	07.02.1945	Schießplatz Kagran
26	Otto Melcher	15.08.1917	07.02.1945	Schießplatz Kagran
27	Franz Charwat	25.03.1923	07.02.1945	Schießplatz Kagran
28	Karl Strnad	18.06.1919	07.02.1945	Schießplatz Kagran
29	Johann Winhofer	31.07.1917	07.02.1945	Schießplatz Kagran
30	Kurt Fuchs	27.08.1919	08.03.1945	Schießplatz Kagran
31	Bela Tesch	20.08.1904	03.04.1945	Schießplatz Kagran
32	Johann Rieger	02.06.1921	03.04.1945	Schießplatz Kagran
33	Heinrich Edlinger	unbekannt	unbekannt	Schießplatz Kagran

Die Todesstrafe sollte bei Militärangehörigen in der Regel durch Erschießen vollstreckt werden.[19] Der Militärschießplatz in Wien-Kagran war der am häufigsten genutzte Hinrichtungsort für Wehrmachtsoldaten, die in Wien zum Tode verurteilt wurden.[20] 22 der am Standort Hohenstaufengasse Verurteilten wurden dort durch Erschießen hingerichtet. Für die Erschießungen wurden in der Regel Soldaten aus dem Truppenteil der Verurteilten befohlen; ab 1944 wurden auch vermehrt Soldaten als Zuschauer zu den Erschießungen abkommandiert, um eine abschreckende Wirkung zu erzielen.[21]

Die Hinrichtungen im Landesgericht Wien führte ein Scharfrichter durch. Die Verurteilten wurden entweder durch Köpfen oder durch Erhängen getötet, wobei sechs Personen geköpft und fünf erhängt wurden, zwei davon waren Zivilisten. Die Hinrichtung durch Erhängen galt als besonders schändlich[22] und wurde bei diesen fünf Personen angewandt, um damit die angebliche Verwerflichkeit ihres Handelns herauszustreichen (siehe Abschn. „Jugendgefängnis").

Abbildung 1 zeigt die Entwicklung der in der Hohenstaufengasse gefällten Todesurteile und deren Vollstreckung. Der steile Anstieg an Todesurteilen im Herbst und Winter 1944 war die Folge der großangelegten Prozesse gegen Selbstverstümmler und deren Helfer*innen (siehe Abschn. „Selbstverstümmelung"). 14 dieser Todesurteile wurden im Februar 1945 am Schießplatz Kagran vollstreckt, wie die Grafik illustriert. Die

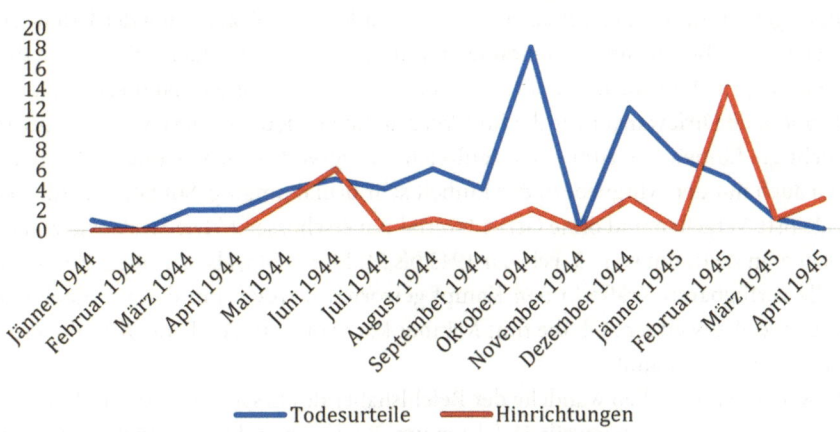

Abb. 1 Zeitliche Entwicklung der Todesurteile und Hinrichtungen, 1944–1945.

Entwicklung der am Standort Hohenstaufengasse gefällten Todesurteile korrespondiert mit jener der NS-Militärjustiz insgesamt. Zu Kriegsbeginn lag die Vollstreckungsquote der Todesurteile bei 90 %. Da aufgrund der wachsenden Kriegsverluste immer mehr Soldaten gebraucht wurden, sank die Zahl der Hinrichtungen, Todesurteile wurden häufiger zur Frontbewährung ausgesetzt. Gegen Kriegsende stieg jedoch die Vollstreckungsquote erneut auf über 70 % an. Soldaten sollten auf diese Weise vom Desertieren oder von Selbstverletzungen abgehalten werden, die im Laufe des Krieges kontinuierlich zunahmen.[23]

Während 33 der vom Gericht der Division Nr. 177 zum Tode verurteilte Männer hingerichtet wurden, kam es bei den restlichen 36 Verurteilten aus unterschiedlichen Gründen zu keinen Vollstreckungen. Die Vollstreckung des Todesurteils gegen den Panzergrenadier Johann Barta wurde am 20. Jänner 1945 ohne weitere Angaben ausgesetzt.[24] Das gegen den Obergefreiten Karl Kolarovsky am 4. März 1944 verhängte Todesurteil hob General Friedrich Fromm, Chef der Heeresrüstung und Befehlshaber des Ersatzheeres, am 21. April 1944 auf. Kolarovsky wurde in einem neuerlichen Verfahren zu fünf Jahren Gefängnis verurteilt.[25] Der Obergefreite Josef Kronhöfer wurde am 17. August 1944 zum Tode verurteilt. Das Urteil hob Heinrich Himmler, seit Juli 1944 Chef der Heeresrüstung und Befehlshaber des Ersatzheeres, am 20. Jänner 1945 auf.[26] Das weitere Schicksal von Kronhöfer ist aus den Akten nicht ersichtlich. In drei Fällen bestätigte Himmler die Urteile nicht, da die Angeklagten Angehörige der Luftwaffe beziehungsweise der Marine waren. Sie waren vom Gericht der Division Nr. 177 zusammen mit Heeresangehörigen verurteilt worden für Taten, die in Wien stattgefunden hatten. Das Gericht leitete dann die Urteile an die Luftwaffe und Marine weiter, über den weiteren Verlauf und das Schicksal der Verurteilten geben die Akten keine Auskunft.[27]

In insgesamt fünf Fällen setzte Heinrich Himmler die Vollstreckung der Urteile aus und gewährte „Bewährung im besonderen Einsatz".[28] Aus den Akten geht hervor, dass der Zusatz „zur Bewährung im besonderen Einsatz" die Abkommandierung zur SS-Sturmbrigade Dirlewanger für die fünf Verurteilten bedeutete. Dies war eine äußerst berüchtigte Einheit, die zum einen zahlreiche Kriegsverbrechen beging und zum anderen auch mit den Mitgliedern der Einheit sehr brutal umging. Soldaten wurden oft für kleinste Vergehen und ohne Gerichtsverfahren erschossen.[29] Die Strafaussetzungen erfolgten im Zeitraum von 23. Februar 1945 bis 31. März 1945, also zu einem Zeitpunkt, als alle verfügbaren Kräfte in den Kampf geworfen wurden, um die bevorstehende Niederlage abzuwenden. Ob die fünf Männer kurz vor Kriegsende noch an die Front kamen, ist nicht bekannt.

In weiteren fünf Fällen wandelte der Befehlshaber des Ersatzheeres die Todesurteile zu Zuchthausstrafen von jeweils 15 Jahren um. Bei vier von ihnen ordnete er die Vollstreckung der Strafe in einer der berüchtigten Feldstrafgefangenenabteilungen an.[30] Der fünfte wurde der Gestapo „zum Arbeitseinsatz" übergeben und ins KZ Mauthausen überstellt. Es handelte sich um den Schützen Johann Handerek, einen Polen, der sich unter Druck in die deutsche Volksliste eintragen hatte lassen und in Folge zur Wehrmacht einberufen wurde.[31] Handerek starb am 3. März 1945 im KZ.[32]

Bei weiteren 16 Personen konnte das Todesurteil nicht vollstreckt werden, weil sich die Verurteilten nicht oder nicht mehr im Gewahrsam der Wehrmacht befanden. 13 Soldaten verurteilte das Gericht der Division Nr. 177 in Abwesenheit zum Tode: Davon befanden sich zwölf in US-amerikanischer Kriegsgefangenschaft (siehe Abschn. „Italienische Front"), ein weiterer Verurteilter – Obergefreiter Heinrich Wagner – gelang im März 1944 die Flucht aus Finnland über die Grenze nach Schweden; über seinen weiteren Verbleib sind keine Informationen überliefert (siehe Abschn. „Ostfront").[33] Drei Verurteilten gelang die Flucht aus der Haft, wodurch sie sich der Hinrichtung entziehen konnten (siehe Abschn. „Aus der Haft entflohen"). Bei vier Personen konnte aufgrund der unvollständigen Aktenlage nicht eruiert werden, ob die Todesurteile vollstreckt wurden.[34]

Weswegen wurden diese 69 Männer zum Tode verurteilt? Ausschlaggebend für die Verhängung der Todesstrafe waren drei Delikte: Fahnenflucht, Zersetzung der Wehrkraft, oft durch Selbstverstümmelung, sowie in zwei Fällen der Vorwurf der Plünderung (vgl. Abb. 2).

In 43 Fällen der von uns untersuchten Verfahren lautete die Anklage auf Fahnenflucht. Die Mehrheit der zum Tode verurteilten Männer waren also Deserteure. Fahnenflucht bzw. Desertion bezeichneten laut Militärstrafgesetzbuch (MStGB) die dauerhafte Entfernung oder das Fernbleiben von einer Einheit.[35] Zu unterscheiden ist hier die Fahnenflucht von der unerlaubten Entfernung, die nur vorrübergehend war und deutlich

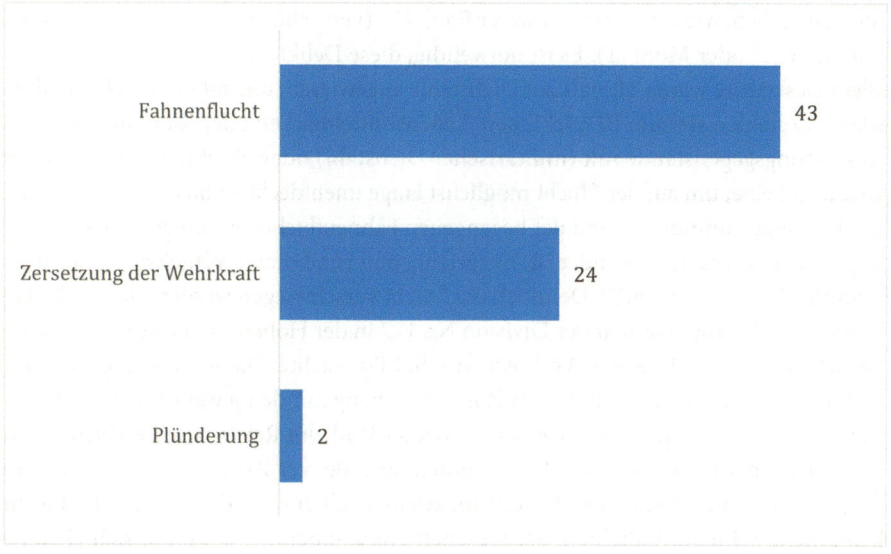

Abb. 2 Verteilung der Delikte.

milder bestraft wurde. Fahnenflucht im Krieg war nach dem Militärstrafgesetzbuch in der Fassung von 1940 mit Todes- oder Zuchthausstrafe bedroht. Wenn die Desertion wiederholt, gemeinschaftlich oder ins Ausland stattfand, oder die Deserteure schwer vorbestraft waren beziehungsweise während der Flucht Verbrechen begingen, konnten die Gerichte ein Todesurteil verhängen.[36]

24 Personen wurden wegen „Wehrkraftzersetzung" zum Tode verurteilt. Unter das Delikt der Wehrkraftzersetzung fielen neben „wehrkraftzersetzenden Äußerungen" auch Versuche der Wehrdienstentziehung durch sogenannte Selbstverstümmelung oder die absichtliche Ansteckung mit Krankheiten. Auf Zersetzung der Wehrkraft stand nach § 5 der Kriegssonderstrafrechtsverordnung (KSSVO) die Todesstrafe, in weniger schweren Fällen konnten die Richter auch Gefängnis- oder Zuchthausstrafen verhängen.[37]

Zwei Personen verurteilte das Gericht an der Hohenstaufengasse 3 aufgrund des Delikts der Plünderung zum Tode. Einer von ihnen war der in der Einleitung erwähnte Wilhelm G. Der zweite war der Grenadier Anton Reschny, dem vorgeworfen wurde, am 23. August 1944 bei Räumungsarbeiten nach einem Luftangriff auf Wien Wertgegenstände gestohlen zu haben.[38]

Neben Fahnenflucht, Zersetzung der Wehrkraft und Plünderung wurden den Angeklagten oft noch andere Delikte vorgeworfen. 20 von 69 waren zusätzlich wegen einem oder mehrerer der folgenden Delikte angeklagt: Diebstahl oder militärischer Diebstahl,[39] unbefugtes Uniformtragen, unbefugtes Führen einer inländischen Dienstbezeichnung und Tragen eines inländischen Ordens, Nichtanzeige geplanter Verbrechen oder Urkundenfälschung. In sechs Fällen finden sich aber auch Anklagen wegen Gewaltverbrechen, wie versuchter schwerer Raub (1), (versuchter) Totschlag (2), Gewalttat mit Waffe (2) oder Mord (1). Es ist notwendig, diese Delikte in Kontext zu setzen. Vor allem Deserteure waren oftmals auf Diebstähle angewiesen, um auf der Flucht zu überleben. So stahlen sie zum Beispiel Essen, Lebensmittelmarken oder Kleidung, nahmen Ausrüstungsgegenstände mit (militärischer Diebstahl) oder fälschten Ausweise oder Urlaubsscheine, um auf der Flucht möglichst lange unentdeckt zu bleiben. Die meisten Delikte hingen unmittelbar mit der begangenen Fahnenflucht zusammen und waren oft so gering, dass „es unbegründet ist, Deserteure aufgrund dieser Vergehen pauschal als ‚kriminell' zu bezeichnen".[40] Dennoch darf nicht verschwiegen werden, dass sich eine kleine Zahl der vom Gericht der Division Nr. 177 in der Hohenstaufengasse zum Tode Verurteilten auch schwererer Verbrechen schuldig machte. Dabei handelt es sich um zwei Fälle, wobei beide Straftaten im Zusammenhang mit den jeweiligen Desertionen standen. Im ersten Fall ermordete der Grenadier Wilhelm Reichert seine Vermieterin aus Angst, angezeigt und erwischt zu werden, nachdem er Zivilkleidung und andere Gegenstände von ihr gestohlen hatte.[41] Im zweiten Fall überfiel der sich auf der Flucht befindliche Schütze Wilhelm S. das Geschäft eines Silberschmieds, um sich Geld zu beschaffen. Nachdem der Diebstahl scheiterte und S. gestellt wurde, kam es zu einem Kampf, in dessen Verlauf S. den Silberschmied brutal zusammenschlug. Das Opfer überlebte schwer verletzt.[42] Damit liegt der Anteil von schweren Gewaltdelikten von in der Hohenstaufengasse zum Tode verurteilten Soldaten bei 2,9 %.[43]

Eine politische Einstellung gegen das NS-Regime ist bei acht der Verurteilten bekannt. Unter ihnen befanden sich fünf Kommunisten[44], zwei Sozialisten[45] und ein Christlichsozialer. Einer der Verurteilten, der aktiv gegen das NS-Regime kämpfte, war Bela Tesch. Laut Anklage entfernte er sich am 14. August 1943 von seiner Truppe in Wien Strebersdorf und setzte sich nach Sopron ab. Dort soll er Nachrichten des britischen und sowjetischen Radiosenders verbreitet und Informationen über Feierlichkeiten der NSDAP/AO[46] in Sopron an Juden und Jüdinnen weitergegeben haben. Nach dem Einmarsch deutscher Truppen in Ungarn im März 1944 konnte er sich bis zu seiner Festnahme am 11. Oktober 1944 verstecken. Er wurde beschuldigt, ein „Kommunistenführer" zu sein, ein Vorwurf, den das Urteil jedoch nicht bestätigte. Tesch dürfte vielmehr von 1923 bis 1933 ein Funktionär der Christlichsozialen Partei in Sopron gewesen sein. Er wurde schließlich am 3. April 1945 wegen Fahnenflucht hingerichtet.[47]

Im Zuge der systematischen Durchsicht der in der Hohenstaufengasse 3 geführten Verfahren wurden verschiedene Daten über die Verurteilten erhoben. Die Auswertung dieser Daten zeigt, dass die Gruppe der zum Tode Verurteilten keinesfalls homogen war. Sie waren im Durchschnitt relativ jung (vgl. Abb. 3): Mehr als die Hälfte – 39 Personen – der Verurteilten war zum Zeitpunkt der Verurteilung unter 25 Jahre alt. Elf waren zwischen 25 und 30 Jahre, 14 zwischen 30 und 41 Jahre alt (vgl. Abb. 3). Bei vier Verurteilten fanden sich keine Angaben über das Alter.

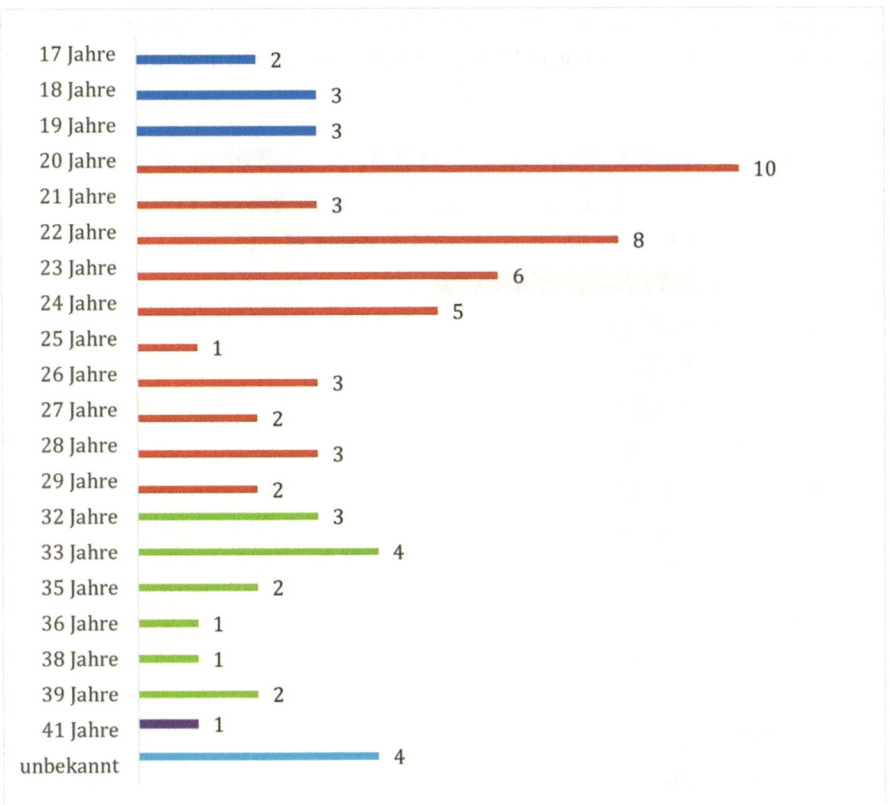

Abb. 3 Verteilung des Alters bei der Verurteilung.

Die zwei jüngsten waren gerade erst 17 Jahre alt, als sie zum Tode verurteilt wurden. Zum Zeitpunkt der Hinrichtung waren die zwei jüngsten Personen erst 18 Jahre alt. Der älteste Verurteilte war 41 Jahre alt. Der deutliche Überhang von Verurteilten unter 25 Jahren lässt sich kaum monokausal fassen. Die Tatsache, dass mehr junge Männer zur Wehrmacht eingezogen wurden, spielt eine Rolle.[48] Maria Fritsche sieht als Grund für die Häufigkeit von Desertionen unter jüngeren Soldaten, dass „sicherlich auch ein gewisser ‚jugendlicher Leichtsinn' und Unbekümmertheit die Entscheidung zur Desertion"[49] begünstigten. Vergleicht man die Altersverteilung der in der Hohenstaufengasse zum Tode Verurteilten mit den Ergebnissen der 2003 erschienenen Studie zur NS-Militärgerichtsbarkeit in Österreich, zeigt sich, dass die Verurteilten in der Hohenstaufengasse deutlich jünger waren. Während bei den für Österreich erfassten Todesurteilen 35 % auf die 18- bis 25-jährigen entfallen, liegt der Anteil dieser Altersgruppe für den Standort Hohenstaufengasse bei 56,5 %.[50] Bezogen auf die Altersverteilung lässt sich also eindeutig feststellen, dass am Standort Hohenstaufengasse überdurchschnittlich viele jüngere Menschen zum Tode verurteilt wurden.

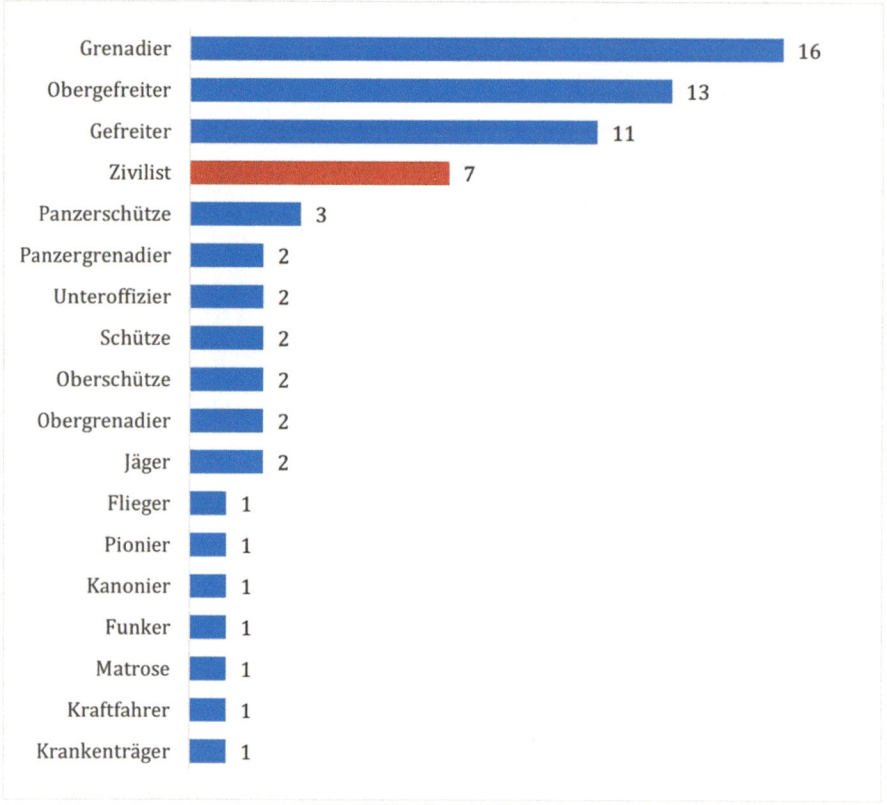

Abb. 4 Verteilung der Dienstgrade.

Die Auswertung der Dienstgrade zeigt, dass die verurteilten Deserteure und Selbstverstümmler fast ausschließlich die niedrigsten Dienstgrade aufwiesen (vgl. Abb. 4). Daraus ergibt sich, dass es sich bei den in der Hohenstaufengasse zum Tode Verurteilten überwiegend um Mannschaftssoldaten handelte. Die niedrigen Dienstgrade hängen wiederum mit dem jungen Alter der Verurteilten zusammen und der Tatsache, dass sie noch nicht lange im Militärdienst standen – unabhängig davon, ob sie im Kampfeinsatz waren oder nicht. Der einzige, geringfügig höhere Dienstgrad in den untersuchten Todesurteilen war der eines Unteroffiziers. Mit der Anzahl von zwei hält dieser Dienstgrad einen Anteil von 2,9 %. Diese Verteilung der Dienstgrade korrespondiert übrigens auch mit den Ergebnissen früherer Studien.[51] Unter den zwei in der Hohenstaufengasse verurteilten Unteroffizieren findet sich auch ein Ritterkreuzträger. Das Ritterkreuz war eine der höchsten militärischen Auszeichnungen der Wehrmacht, das auch propagandistisch einen hohen Stellenwert besaß. Die Tatsache, dass dieser Unteroffizier ein Ritterkreuzträger war, wurde in den Akten wiederholt angemerkt und könnte ihn vor der Vollstreckung des Todesurteils geschützt haben. Das gegen den Unteroffizier am 2. Februar 1945 verhängte Todesurteil wurde vom kommandierenden General und Befehlshaber des Wehrkreises XVII, Albrecht Schubert, im Auftrag Himmlers am 31. März 1945 in eine 15-jährige Zuchthausstrafe umgewandelt und zur „Feindbewährung in besonderem Einsatz" ausgesetzt. Der Verurteilte wurde zur SS-Sturmbrigade Dirlewanger befohlen, ob er überlebte, ist nicht bekannt.[52]

Hervorzuheben ist, dass von den 69 zum Tode Verurteilten sieben Zivilisten waren. Sie bilden somit die viertgrößte Gruppe in dieser Aufstellung (vgl. Abb. 4). Bei zwei Personen handelte es sich um ehemalige Wehrmachtsoldaten, die aufgrund einer früheren Verurteilung als sogenannte Volksschädlinge aus der Wehrmacht ausgeschlossen worden waren.[53] Unter den zum Tode verurteilten Zivilisten finden sich auch Alexander Mensik und Friedrich Lehninger, beide verurteilt wegen Beihilfe zur Selbstverstümmelung, sowie Karl Schartner, der wegen Wehrdienstentziehung durch Selbstverstümmelung verurteilt wurde. Mensik war als „Mischling 1. Grades"[54] aus der Wehrmacht entlassen worden, Lehninger aufgrund einer Mittelohreiterung[55] und Schartner aufgrund eines Herzfehlers.[56] Die restlichen zwei Zivilisten waren wegen gemeinsam mit Wehrmachtsdeserteuren begangener Verbrechen vom Militärgericht zum Tode verurteilt worden (vgl. Abschnitt „Jugendgefängnis").

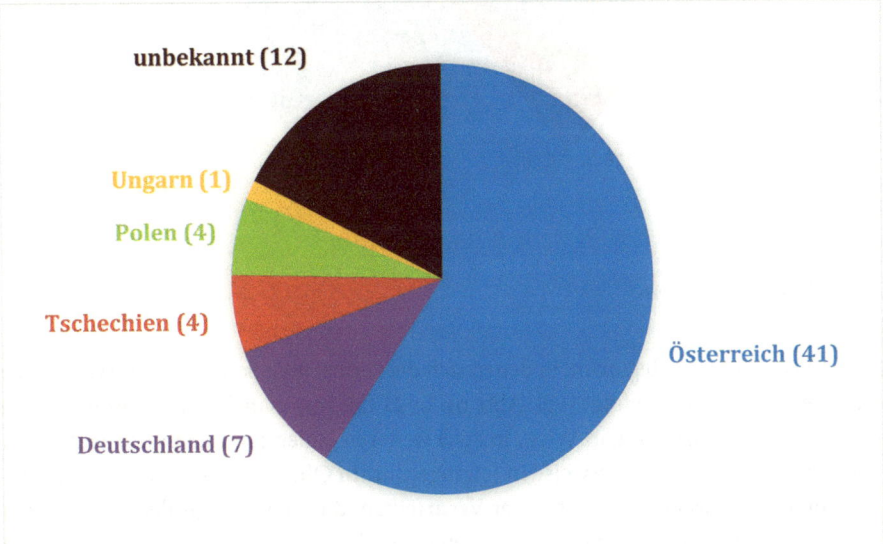

Abb. 5 Herkunft der Verurteilten.

Der Großteil der zum Tode Verurteilten, nämlich 41 Personen, hatte zum Zeitpunkt der Einberufung zur Wehrmacht den Wohnsitz im heutigen Österreich, meist in Wien (vgl. Abb. 5). 16 Verurteilte waren in den Gebieten beheimatet, die heute zu Tschechien, Polen, Ungarn und Deutschland gehören. Bei zwölf Verurteilten konnten die Staatsangehörigkeit beziehungsweise der Wohnort nicht eruiert werden.

Bei den hier untersuchten Todesurteilen handelt es sich fast ausschließlich um Entziehungen aus dem Wehrdienst, sei es durch Desertion oder eine sogenannte Selbstverstümmelung. Da einige Angeklagte zusammen desertierten beziehungsweise sich gegenseitig bei der Selbstverstümmelung halfen – der Tatort somit derselbe war und das Gericht aus diesem Grund mehrere Beschuldigte gleichzeitig aburteilte –, werteten wir die Tatorte auf Basis der Anzahl der Verfahren (und nicht der Verurteilten) aus und gruppierten diese nach heutigen Staatsgebieten (vgl. Abb. 6).

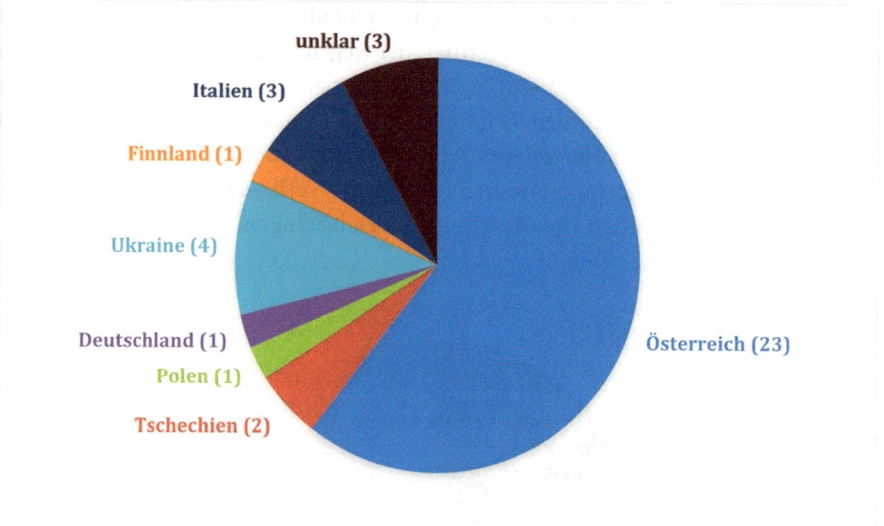

Abb. 6 Tatorte nach Ländern.

Die Verteilung der Regionen, in denen sich die verurteilten Soldaten dem Wehrdienst entzogen, zeigt sich wie folgt (vgl. Abb. 6): In 21 der insgesamt 43 Verfahren erfolgte die Wehrdienstentziehung in Wien, in zwei weiteren Fällen fand sie in Korneuburg in Niederösterreich beziehungsweise in Jetzingerdorf in Oberösterreich statt. Dies korreliert mit den erfassten Wohnorten der Verurteilten, die zu einem großen Teil in Wien wohnhaft waren. Die Wehrdienstentziehungen fanden demnach oftmals am Heimatort der Verurteilten statt, in der vertrauten Umgebung, wo sie auf ein Netzwerk zurückgreifen konnten. Zwei Wehrdienstentziehungen erfolgten im heutigen Tschechien (Polžice und Brno), eine im heutigen Polen (Debica) und eine weitere in Deutschland (Köln). In

13 Verfahren erfolgte die Entziehung in Frontnähe: Vier Tatorte liegen in der heutigen Ukraine (Nikopol, Lwiw, Kiew und die Gegend nordwestlich von Kiew), einer in Finnland (Kemi) und drei in Italien (Monte Sammucro, Monte Cassino sowie die Flüsse Garigliano und Rapido). Bei drei Verfahren enthalten die Akten keine Informationen zum Tatort.

Opferschicksale: Ein Einblick

Die quantitative Auswertung der Todesurteile verdeutlicht, dass die volle Härte des Gerichts vor allem jene traf, die nicht bereit waren, ihr Leben für das nationalsozialistische Deutschland zu opfern. Im Folgenden möchten wir die Bedeutung dieser nüchternen Zahlen anhand von verschiedenen Fallgeschichten veranschaulichen. Die ausgewählten Beispiele sollen dabei die Bandbreite der Delikte illustrieren und damit auch Einblick geben in die unterschiedlichen Verläufe und Hintergründe der Handlungen, die den Opfern zum Verhängnis wurden. Die fünf vorgestellten Fallbeispiele behandeln Verfahren gegen sogenannte Selbstverstümmler, Fluchtversuche von bereits Verurteilten aus der Haft, Strafverfahren, in denen die Angeklagten sich zusätzlich wegen krimineller Delikte zu verantworten hatten, Desertionen an der Ostfront sowie Desertionen zu den alliierten Truppen an der italienischen Front.

Verfolgung wegen Selbstverstümmelung

Personen, die sich durch Selbstverletzungen oder absichtliche Ansteckungen mit Krankheiten dem Wehrdienst oder der Abstellung an die Front zu entziehen suchten, machten sich der Wehrkraftzersetzung schuldig. Wehrkraftzersetzung galt seit Kriegsbeginn als strafbares Delikt und umfasste eine Reihe von Handlungen, darunter auch die sogenannte Selbstverstümmelung. Auf das Delikt der Wehrkraftzersetzung stand die Todesstrafe, in minder schweren Fällen konnten die Gerichte auch Gefängnis- oder Zuchthausstrafen verhängen. Obwohl die Strafen für Selbstverstümmelung sehr hoch waren, stieg die Zahl der Selbstverletzungen unter Wehrmachtsoldaten während des Krieges stark an.[57]

Die jüngere zeithistorische Forschung hat die herausragende Rolle, die Wien und insbesondere das Gericht der Division Nr. 177 in der Hohenstaufengasse 3 in der Bekämpfung der sogenannten Selbstverstümmlerseuche spielte, aufgezeigt.[58] Das bekannteste Verfahren, auf das die Forschungsliteratur wiederholt verweist, ist das Verfahren mit der Nummer 59/1944 gegen 44 Selbstverstümmler und ihre Helfer*innen. Am Ende der viertägigen Gerichtsverhandlung wurden zehn Angeklagte zum Tode verurteilt, 32 zu Zuchthausstrafen und zwei freigesprochen.[59]

Das Verfahren war Teil einer Serie von drei zusammenhängenden Prozessen, die aus der im Sommer 1944 vom Gericht der Division Nr. 177 eingeläuteten Jagd auf Selbstverstümmler resultierte.[60] Angestoßen wurde diese Verfolgungswelle durch Karl Everts, Divisionsrichter am Gericht der Division Nr. 177, der darauf aufmerksam geworden war, dass in Wien vermehrt Brüche und Gelenksverletzungen unter Soldaten auftraten.[61] Die Anklage warf den Verurteilten vor, sich und andere durch das absichtliche Zufügen von Verletzungen dem Einsatz an der Front entzogen zu haben. Die Methoden der Selbstverstümmelung reichten von Arm- und Beinbrüchen bis zur Verletzung von Knie- und Sprunggelenken.[62] Insgesamt wurden in diesen drei Verfahren 68 Menschen angeklagt. 65 von ihnen wurden wegen Selbstverstümmelung beziehungsweise wegen Beihilfe zur Selbstverstümmelung verurteilt, 19 davon zum Tode. 14 Personen wurden hingerichtet.[63] Die Erschießung der 14 zum Tode Verurteilten fand am 7. Februar 1945 am Schießplatz Kagran in Wien statt, unter Beisein von 168 Soldaten, die als Zuschauer zur Hinrichtung beordert worden waren.[64]

Daneben führte das Gericht der Division Nr. 177 in der Hohenstaufengasse 3 noch sieben weitere Verfahren gegen insgesamt acht Selbstverstümmler durch. Die angeklagten Soldaten nutzten dabei unterschiedliche Formen der Selbstverletzung, um eine Freistellung zu erreichen. Der 32-jährige Obergefreite Karl Kolarovsky etwa wurde beschuldigt, sich zerstoßene Rizinusbohnen unter die Augenlider eingeführt zu haben, um eine Augenentzündung zu erzeugen und so eine Abstellung an die Ostfront zu verhindern. Das Gericht der Division Nr. 177 verurteilte ihn dafür am 4. März 1944 zum Tode; allerdings wurde das Urteil aufgehoben und ein neues Verfahren durchgeführt, das mit einer Verurteilung zu fünf Jahren Gefängnis endete.[65] Der 33-jährige Obergefreite Josef Kronhöfer wurde verdächtigt, sich an der Front nordwestlich von Kiew durch Schüsse in den Unterarm absichtlich selbst verletzt zu haben. Er wurde dafür am 17. August 1944 zum Tode verurteilt, das Urteil wurde jedoch am 20. Jänner 1945 wieder aufgehoben.[66] Über das weitere Schicksal von Kronhöfer geht aus dem untersuchten Akt nichts hervor. Soldaten im Frontbereich, die eine – zumindest temporäre – Wehrdienstbefreiung zu erreichen suchten, verletzten sich öfter durch Schüsse in Arme und Beine. Solche Verletzungen waren weniger auffällig, weil sie auch durch Feindbeschuss hätten zugefügt werden können.[67]

Ebenfalls verbreitet waren Injektionen mit Petroleum, die sogenannte Phlegmone hervorriefen – bakterielle Hautentzündungen, die auch bei kleinen Verwundungen leicht entstehen konnten und deshalb schwer als Selbstverstümmelung aufzudecken waren.[68] Das Gericht beschuldigte den Obergefreiten Josef Hanisch, 35 Jahre alt, sich selbst Petroleum in den linken Oberschenkel gespritzt zu haben, um seine Abstellung an die Front zu verhindern.[69] Das am 8. Februar 1945 gegen Hanisch verhängte Todesurteil wurde jedoch am 31. März 1945 zur „Bewährung im besonderen Einsatz" ausgesetzt; Hanisch wurde zur SS-Sturmbrigade Dirlewanger beordert.[70] Mehrere Soldaten versuchten ihre Abstellung an die Front dadurch zu verhindern, dass sie sich mit Geschlechtskrankheiten infizierten. Der Grenadier Franz V. und der Flieger Johann M., die wegen einer Trippererkrankung im Lazarett in Wien lagen, wurden beschuldigt, ihren Lazarettaufenthalt durch mehrmalige Neuansteckung absichtlich verlängert und das ansteckende Sekret auch an andere weitergegeben zu haben. Ob die am 15. Februar 1945 gegen die beiden verhängten Todesurteile tatsächlich vollstreckt wurden, ist aus den überlieferten Akten nicht ersichtlich.[71]

Aus der Haft entflohen

Am 23. Oktober 1944 verurteilte das Gericht der Division Nr. 177 den Grenadier Georg G. und den Gefreiten Walter S. im Gebäude Hohenstaufengasse 3 zum Tode. Die beiden in Wien geborenen Soldaten waren zwei der insgesamt 68 Angeklagten, die im Herbst 1944 wegen Wehrdienstentziehung durch Selbstverstümmelung vor Gericht standen. Wie bereits erwähnt, verurteilte das Gericht 19 von ihnen zum Tode, wovon 14 am 7. Februar 1945 am Schießplatz Kagran hingerichtet wurden. Wenn es nach dem Gericht gegangen wäre, wären Georg G. und Walter S. an diesem Tag unter den Exekutierten gewesen. Allerdings gelang es den beiden knapp drei Monate zuvor, aus der Haft zu fliehen.

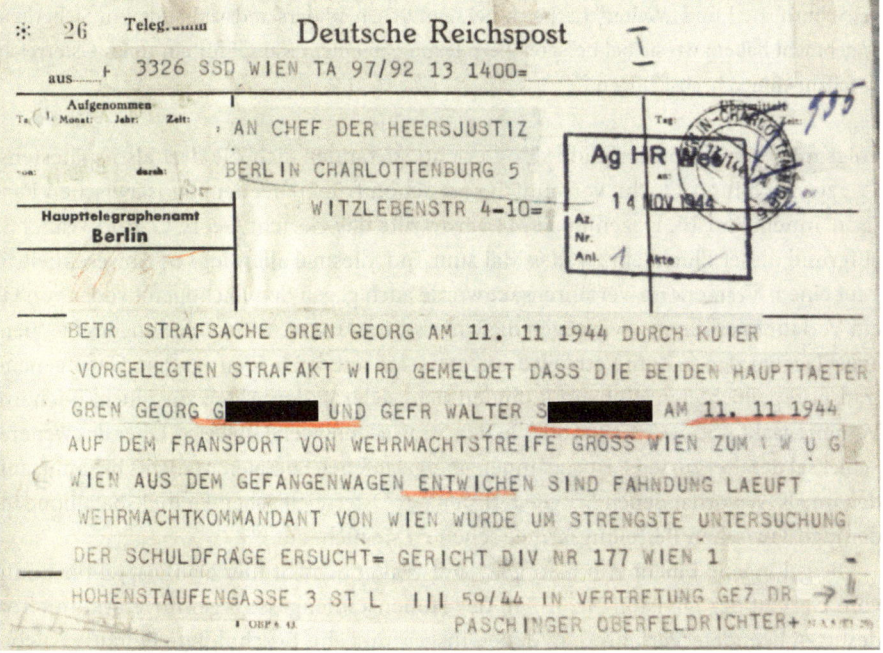

Abb. 7 Meldung über die Flucht von Georg G. und Walter S. per Telegramm durch Oberfeldrichter Paschinger an den Chef der Heeresjustiz in Berlin.

Am 11. November 1944 sollten die beiden mit dem ebenfalls der Selbstverstümmelung beschuldigten Gefreiten Wilhelm R.[72] nach einem Verhör in der Rossauer kaserne in das Wehrmachtsuntersuchungsgefängnis X in der Hardtmuthgasse in Wien-Favoriten überstellt werden.[73] Dort kamen sie aber nie an. Während der Fahrt brachen die drei die Tür des Gefangenentransporters auf und flüchteten (vgl. Abb. 7). Nachdem das Todesurteil vom 23. Oktober 1944 noch nicht bestätigt worden war, wurde aufgrund der Flucht der drei Häftlinge ein neues Verfahren eröffnet, in dem der Tathergang rekonstruiert wurde. Aus der Urteilsschrift geht hervor, dass sich die unmittelbare Verfolgung der drei Flüchtenden durch nicht näher spezifizierte „technische Hindernisse" verzögert habe, wodurch es ihnen gelang unterzutauchen. Ein Netzwerk von Unterstützer*innen half G. und S. von Wien nach Wiener Neustadt zu gelangen, wo ein Bruder von Georg G., der in der dortigen Heeresschule stationierte Obergefreite Fritz G., zu den zwei Flüchtenden stieß. Der weitere Weg führte die drei über Graz bis in die Umgebung von Maribor, wo sie sich schließlich jugoslawischen Partisan*innenverbänden anschlossen. In einem offensichtlich von den Behörden abgefangenen Brief an einen Freund berichtete Fritz G. von der geglückten Flucht.[74] Im Urteil heißt es dazu:

> Bereits am 5. Dezember traf bei einem Freunde des Fritz G[…] ein in Marburg am 30.11.1944 zur Post gegebener Brief ein, worin sinngemäss mitgeteilt wurde, dass er, Fritz G[…] und „Schurli" […] und „Walter" […] sich bei feindlichen Widerstandsverbänden in Sicherheit gebracht haben, wo sie bei besserer Verpflegung an einem Kampf für ein freies Österreich teilzunehmen beabsichtigen.[75]

Folgt man der Rekonstruktion des Gerichts, befanden sich die drei also spätestens 19 Tage nach ihrer Flucht, vermutlich aber schon früher, bei den jugoslawischen Partisan*innen. Am 16. Dezember 1944 verurteilte das Gericht Georg G. und Walter S. aufgrund dieser Flucht ein zweites Mal zum Tod, diesmal allerdings in Abwesenheit.[76] Laut einem Vermerk im Verfahrensakt wurde auch gegen den flüchtigen Bruder von G. ein Verfahren eröffnet sowie gegen die Unterstützer*innen, die vom Landgericht Wien angeklagt wurden.[77] Zum Verbleib des gemeinsam mit den beiden aus dem Gefangenentransport geflüchteten Wilhelm R. finden sich weder in den Akten zur Flucht noch im Verfahrensakt Abt. III 78/1944 oder in den Strafsachenlisten Hinweise. Über das weitere Schicksal der drei zu den Partisan*innen übergelaufenen Soldaten ist nichts bekannt; auf den im DÖW vorhandenen Mitgliederlisten der Österreichischen Freiheitsbataillone in der jugoslawischen Befreiungsarmee scheinen sie nicht auf.[78]

Die gelungene Flucht von Georg G. und Walter S. steht hier als Beispiel für neun vom Gericht der Division Nr. 177 in der Hohenstaufengasse 3 geführte und mit Todesurteil beendete Verfahren, in denen insgesamt zehn Beschuldigte Fluchtversuche unternahmen, entweder bereits nach ihrer Verhaftung oder nach ihrer Verurteilung. Langfristig erfolgreich waren außer der Flucht von G. und S. – abgesehen von der

Unklarheit des weiteren Verlaufs der Flucht von Wilhelm R. – auch die unabhängig voneinander stattfindenden Fluchtversuche des Oberschützen Franz Fröch und des Rekruten Karl Korunka. Fröch konnte vor der Hinrichtung wegen Fahnenflucht aus dem Wehrmachtlazarett fliehen und sich bis Kriegsende verstecken (vgl. den Beitrag von Maria Fritsche). Korunka kam seinem Einberufungsbefehl nicht nach, wurde verhaftet, flüchtete, wurde ein weiteres Mal verhaftet und konnte ein weiteres Mal flüchten. Nach seiner dritten Verhaftung wurde er zum Tode verurteilt, die Strafe jedoch in eine Freiheitsstrafe umgewandelt und zur Frontbewährung ausgesetzt. Auf dem Weg an die Front gelang Korunka erneut die Flucht, diesmal endgültig, wodurch er den Krieg überlebte.[79]

Weniger Glück hatte Wilhelm Reichert, der in Kiew wegen Fahnenflucht zum Tode verurteilt worden war, aus der Haft entwich, aber wieder gefasst wurde. Reichert wurde durch das Gericht der Division Nr. 177 in der Hohenstaufengasse ein weiteres Mal zum Tode verurteilt und schließlich hingerichtet.[80] Fünf weiteren Soldaten gelang es, schon kurz nach ihrer Verhaftung oder während ihrer Überstellung nach Wien zu entkommen. Vier waren bereits mehrere Monate zuvor desertiert, ehe sie das erste Mal aufgegriffen wurden;[81] ein weiterer Deserteur war seit einem Monat auf der Flucht.[82] Aus den Urteilsschriften geht hervor, dass die Deserteure aufgrund der Dauer ihrer Abwesenheit mit einem Todesurteil rechneten und deshalb eine erneute Flucht riskierten. Nach der neuerlichen Verhaftung gab es jedoch für sie kein Entrinnen mehr.

Flucht aus Wehrmacht und Jugendgefängnis

In den ersten Monaten des Jahres 1944 desertierten drei junge Soldaten unabhängig voneinander aus dem Einzugsbereich der Division Nr. 177: Am 16. Jänner 1944 entfernte sich der Obergefreite Albert Wolter in Krems von seiner Truppe, am 5. März 1944[83] der Oberschütze Franz Starecek in Wien und am 16. April 1944 der Grenadier Josef Maurer in Brünn, heute Brno. Wolter und Maurer schlugen sich nach Wien durch, wo sie mit dem dort untergetauchten Starecek in Kontakt kamen. In Wien trafen die drei Deserteure auf die Zivilisten Karl Sobotka und Paul Lakosil, die aus dem Jugendgefängnis Kaiserebersdorf entflohen waren.[84] Der 21-jährige Sobotka war bereits am 14. August 1943, der 17-jährige Lakosil am 25. Oktober 1943 aus der nationalsozialistischen Strafanstalt geflüchtet. Sobotka und der Oberschütze Franz Starecek kannten sich bereits, ebenso Paul Lakosil und der in Brünn (Brno) desertierte Josef Maurer. Letztere sollen laut Urteilsschrift schon vor dem Einrücken Maurers zur Wehrmacht gemeinsam Einbrüche begangen haben. Der Obergefreite Albert Wolter lernte Karl Sobotka erst während seiner Flucht in Wien kennen und kam über ihn mit den anderen Untergetauchten in Kontakt.

Das Gericht warf den fünf Flüchtigen vor, nach ihrem Untertauchen gemeinsam mit vier weiteren Personen eine kriminelle Gruppe gebildet zu haben, die von Oktober

1943 bis Mitte Mai 1944 Einbrüche, Diebstähle und Gewalttaten beging. Sechs weitere Zivilpersonen sollen die Untergetauchten unterstützt haben.[85] Nachdem die Gruppe im Mai 1944 aufgedeckt worden war, standen insgesamt 14 Angeklagte vor Gericht. Lediglich die Deserteure Wolter, Starecek und Maurer waren Angehörige der Wehrmacht, bei den restlichen elf handelte es sich um Zivilpersonen – vier Frauen und sieben Männer.[86] Die Strafsache gegen die zivilen Beschuldigten lag zuerst beim Landgericht Wien, wurde jedoch nach Absprache mit dem Oberstaatsanwalt Wien an das Gericht der Division Nr. 177 abgegeben.[87] Das Gericht warf den Hauptangeklagten eine Vielzahl an Einbrüchen und Diebstählen vor, wie dieser Auszug aus der Urteilsschrift zeigt:

> Insgesamt wurden von dieser Bande in der Zeit vom Oktober 1943 bis Mai 1944, also durch mehr als ½ Jahr, 55 Kleider- Schuhe- und Wäschegeschäfte, Fleischer- und Bäckerläden, Kaufhäuser, Trafiken und Waffenhandlungen erbrochen, wobei Waren in bedeutendem Umfang und von hohem Wert erbeutet wurden. Ausserdem hat die Bande in der gleichen Zeit 53 Autos gestohlen oder ihres Inhaltes beraubt. Insgesamt wurden somit 107 [sic] Diebstähle begangen.[88]

Zusätzlich wurden Karl Sobotka und Paul Lakosil beschuldigt, mehrere Gewalttaten begangen zu haben. Konkret ging es um Schüsse, die die beiden Beschuldigten im Zuge von Einbrüchen oder Diebstählen auf ihre Verfolger – neun Polizisten, einen Hilfspolizisten, einen NSKK-Oberscharführer, einen SS-Unterscharführer –, aber auch auf eine unbeteiligte Zivilistin abgegeben hatten. Der Großteil wurde dabei verletzt, einer der angeschossenen Polizisten starb.[89] Am 7. Juni 1944 verurteilte das Divisionsgericht die drei Soldaten Maurer, Starecek und Wolter wegen Fahnenflucht zum Tod, wobei das Gericht die Teilnahme an Einbrüchen und Diebstählen als strafverschärfend wertete und die Verurteilten zu „Volksschädlingen" erklärte. Sobotka und Lakosil wurden wegen der genannten Gewalttaten als „Gewaltverbrecher" zum Tode verurteilt. Über die übrigen neun Angeklagten verhängte das Gericht wegen Beteiligung an den Diebstählen sowie der Unterstützung der Flüchtigen Freiheitsstrafen von 18 Monaten Gefängnis bis sieben Jahren Zuchthaus.[90] Die fünf zum Tode Verurteilten wurden eine Woche später, am 16. Juni 1944, im Gebäude des heutigen Landesgerichts Wien (während der NS-Zeit „Landgericht Wien") in der Landesgerichtsstraße hingerichtet – durch Erhängen, um den „schändlichen" Charakter der Verurteilten und ihrer Taten herauszustreichen (Abb. 8).[91]

Der Umfang der vorgeworfenen Straftaten unterscheidet das beschriebene Verfahren deutlich von den anderen hier untersuchten Fällen. Dennoch tauchen in den Verfahren gegen Deserteure immer wieder Anklagen wegen anderer Delikte, wie Einbrüche oder Diebstähle, auf. Für das Gericht waren diese ein weiterer Beleg, dass es sich bei Deserteuren um Kriminelle handelte. Für die untergetauchten Deserteure hingegen stellten Diebstähle, wie weiter oben erwähnt, oftmals eine Überlebensnotwendigkeit dar. In

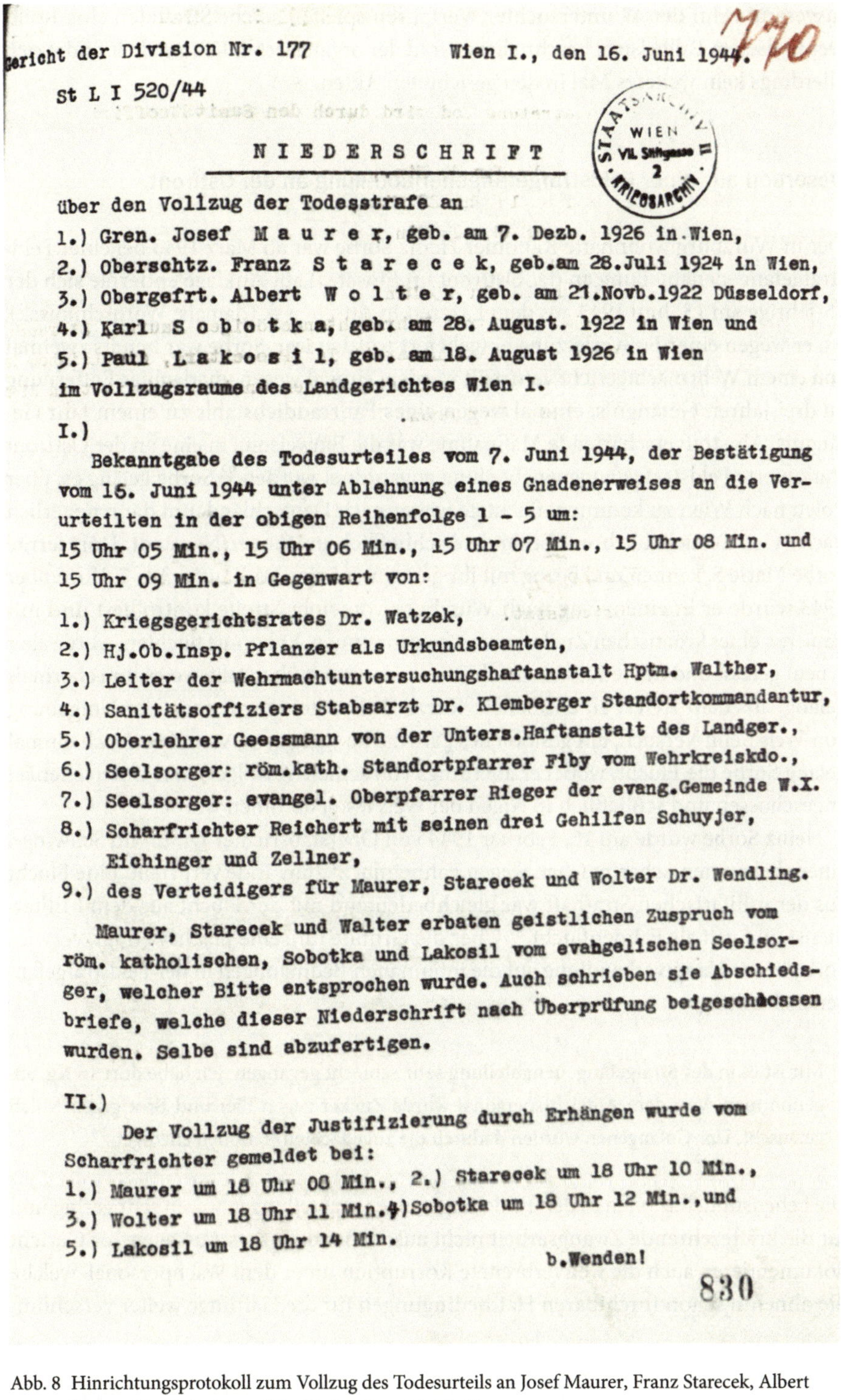

Gericht der Division Nr. 177 Wien I., den 16. Juni 1944. 770

St L I 520/44

STAATSARCHIV WIEN VII. Stiftgasse 2 KRIEGSARCHIV

N I E D E R S C H R I F T

über den Vollzug der Todesstrafe an

1.) Gren. Josef M a u r e r, geb. am 7. Dezb. 1926 in Wien,
2.) Oberschtz. Franz S t a r e c e k, geb.am 28.Juli 1924 in Wien,
3.) Obergefrt. Albert W o l t e r, geb. am 21.Novb.1922 Düsseldorf,
4.) Karl S o b o t k a, geb. am 28. August. 1922 in Wien und
5.) Paul L a k o s i l, geb. am 18. August 1926 in Wien

im Vollzugsraume des Landgerichtes Wien I.

I.)

Bekanntgabe des Todesurteiles vom 7. Juni 1944, der Bestätigung vom 16. Juni 1944 unter Ablehnung eines Gnadenerweises an die Verurteilten in der obigen Reihenfolge 1 - 5 um:
15 Uhr 05 Min., 15 Uhr 06 Min., 15 Uhr 07 Min., 15 Uhr 08 Min. und 15 Uhr 09 Min. in Gegenwart von:

1.) Kriegsgerichtsrates Dr. Watzek,
2.) Hj.Ob.Insp. Pflanzer als Urkundsbeamten,
3.) Leiter der Wehrmachtuntersuchungshaftanstalt Hptm. Walther,
4.) Sanitätsoffiziers Stabsarzt Dr. Klemberger Standortkommandantur,
5.) Oberlehrer Geessmann von der Unters.Haftanstalt des Landger.,
6.) Seelsorger: röm.kath. Standortpfarrer Fiby vom Wehrkreiskdo.,
7.) Seelsorger: evangel. Oberpfarrer Rieger der evang.Gemeinde W.X.
8.) Scharfrichter Reichert mit seinen drei Gehilfen Schuyjer, Eichinger und Zellner,
9.) des Verteidigers für Maurer, Starecek und Wolter Dr. Wendling.

Maurer, Starecek und Walter erbaten geistlichen Zuspruch vom röm. katholischen, Sobotka und Lakosil vom evahgelischen Seelsorger, welcher Bitte entsprochen wurde. Auch schrieben sie Abschiedsbriefe, welche dieser Niederschrift nach Überprüfung beigeschlossen wurden. Selbe sind abzufertigen.

II.)

Der Vollzug der Justifizierung durch Erhängen wurde vom Scharfrichter gemeldet bei:
1.) Maurer um 18 Uhr 08 Min., 2.) Starecek um 18 Uhr 10 Min.,
3.) Wolter um 18 Uhr 11 Min.4)Sobotka um 18 Uhr 12 Min.,und
5.) Lakosil um 18 Uhr 14 Min.

b.Wenden!

830

Abb. 8 Hinrichtungsprotokoll zum Vollzug des Todesurteils an Josef Maurer, Franz Starecek, Albert Wolter, Karl Sobotka und Paul Lakosil am 16.6.1944.

insgesamt zehn der 43 untersuchten Verfahren spielten solche Straftaten eine Rolle. Der in diesem Fallbeispiel beschriebene Grad der organisierten Kriminalität findet sich allerdings kein weiteres Mal in den gesichteten Akten.

Desertion aus einer Feldstrafgefangenenabteilung an der Ostfront

Der in Würzburg wohnhafte Kanonier Heinz Sorbe war ab März 1943 bei einer Feldstrafgefangenenabteilung an der Ostfront im Einsatz. Laut Anklage entfernte sich der 25-jährige am 13. Juni 1943 aus dem Lazarett in Altschewsk (damals: Woroschilowsk), wo er wegen einer Fußverletzung eingeliefert worden war. Sorbe war bereits zweimal von einem Wehrmachtgericht verurteilt worden: einmal wegen unerlaubter Entfernung zu drei Jahren Gefängnis, einmal wegen eines Fahrraddiebstahls zu einem Jahr Gefängnis. Als strafverschärfende Maßnahme war die Einweisung in eine an der Ostfront stationierte Feldstrafgefangenenabteilung angeordnet worden.[92] Sorbe gelang es, über Polen nach Wien zu kommen, flüchtete weiter nach Deutschland, um dann neuerlich nach Wien zurückzukehren. Er landete schließlich in Wiener Neustadt. Dort lernte Sorbe Marie S. kennen und bezog mit ihr gemeinsam eine Wohnung. Am 7. November 1943 wurde er in einem Zug nach Würzburg von einer Streife kontrolliert und mit Papieren eines kroatischen Zivilarbeiters festgenommen. Er konnte flüchten, wurde aber erneut gefasst und in die Kaserne nach Wiener Neustadt überstellt, wo es ihm abermals gelang, aus dem Arrest zu entfliehen. Kurze Zeit später wurde er in der Umgebung von Wels beim Versuch, ein gestohlenes Fahrrad zu verkaufen, verhaftet. Noch einmal gelang Sorbe die Flucht, wobei er allerdings von seinen Verfolgern am Unterschenkel angeschossen und schließlich in Aigen bei Wels festgenommen wurde.

Heinz Sorbe wurde am 15. Februar 1944 von Oberstabsrichter Dr. Erwin Schwinge, einem bekannten Scharfmacher, wegen Fahnenflucht zum Tode verurteilt. Eine Flucht aus der militärischen Strafhaft war gleichbedeutend mit der Flucht aus dem Militärdienst und galt als Fahnenflucht.[93] Über die Gründe für seine Flucht befragt, verwies Sorbe in der Hauptverhandlung auf die inhumanen Bedingungen in der Feldstrafgefangenenabteilung:

> Mir ist es in der Strafgefangenenabteilung sehr schlecht gegangen. Ich habe dort 16 Kg. abgenommen. Von dem Aufsichtspersonal wurde Zucker gegen Eier und Brot gegen Milch getauscht. Uns Gefangenen wurden dadurch die zugedachten Rationen entzogen.[94]

Die Lebensmittelrationen in den Feldstrafgefangenenabteilungen waren sehr gering und für die kräftezehrende Zwangsarbeit nicht ausreichend. Sorbes Aussagen vor Gericht dokumentieren auch die weitverbreitete Korruption unter dem Wachpersonal, welche die ohnehin schon furchtbaren Haftbedingungen für die Häftlinge weiter verschlimmerte. Die Gefangenen der Feldstrafgefangenenabteilungen mussten gefährliche und anstrengende Arbeiten nahe an der Front verrichten und wurden etwa zum Wegebau und Minenlegen eingesetzt. Um dem ständigen Hunger und der auszehrenden schweren Arbeit zu entgehen, versuchten viele Häftlinge zu flüchten.[95]

Das Gericht der Division Nr. 177 erkannte jedoch in den unmenschlichen Haftbedingungen keine mildernden Umstände. Heinz Sorbe wurde am 24. Mai 1944 am Landesgericht Wien in der Landesgerichtsstraße durch Enthaupten hingerichtet. Sorbes Freundin, Marie S., mit der er in Wiener Neustadt eine Wohnung bezogen hatte, wurde wegen „Begünstigung eines Deserteurs und Teilnehmung an einem Diebstahl" zu einem Jahr und sechs Monaten Gefängnis verurteilt.[96]

Keiner der Soldaten, die an der Ostfront desertierten und in dieser Studie untersucht wurden, lief zu sowjetischen Einheiten über; fast alle versuchten, zurück in ihre Heimat zu gelangen. Angst vor dem sowjetischen Kriegsgegner, gesteigert durch das Wissen um die von der Wehrmacht in der Sowjetunion begangenen Kriegsverbrechen, dürfte dabei sicherlich eine Rolle gespielt haben. Heinrich Wagner war der Einzige unter den erfassten Deserteuren im Osten, der nicht in die Heimat, sondern ins neutrale Ausland flüchtete. Wagner war als Unterarzt im hohen Norden an der finnischen Ostfront stationiert. Am 7. März 1944 flüchtete er zusammen mit einer finnischen Rotkreuz-Krankenschwester aus dem finnischen Kemi über die Grenze ins neutrale Schweden. Aus einer Meldung vom 18. März 1944 geht hervor, dass die schwedische Polizei Wagner und seine Begleiterin an der Grenze in Haparanda verhaftet haben soll.[97] Über den weiteren Verbleib der beiden ist nichts bekannt. Das Gericht der Division Nr. 177 verurteilte Heinrich Wagner am 27. Mai 1944 in Abwesenheit zum Tode.[98]

Überläufer an der italienischen Front

Inmitten der Kämpfe um Monte Cassino verließen der Obergefreite Paul Sack und der Grenadier Johann G. am 29. Jänner 1944 ihre Stellung. Sie flüchteten, weiße Tücher schwenkend, direkt über die an einem Bergkamm gelegene Kampflinie zu den 200 Meter entfernten und auf der anderen Seite des Kamms liegenden US-amerikanischen Truppen. Der Truppenkommandeur gab sofort den Befehl, die beiden flüchtenden Soldaten zu erschießen, doch es gelang den beiden, rechtzeitig die alliierten Einheiten zu erreichen. Der eine Stunde später einsetzende starke Beschuss der deutschen Stellungen ließ das Gericht vermuten, dass die beiden Deserteure die Positionen der deutschen Stellungen nach der geglückten Desertion weitergegeben hatten.[99] Der am 23. Februar 1944 als Zeuge einvernommene Grenadier Begon T. beschrieb die Flucht der beiden Deserteure folgendermaßen:

> Gegen 13.30 Uhr bekamen wir ca. 6–10 Schuss feindl. Granatwerferfeuer auf unsere Stellungen, dabei wurden 2 Mann leicht verletzt. Obgfr. Sack rief mir von hinten zu ob ich ein weisses

Tuch bei mir hätte, es wäre am besten, wenn wir überlaufen würden. Ich gab keine Antwort, doch hörte ich, wie er kurz darauf den Gren. G[...] zu sich rief. Ich beobachtete weiter auf [sic] die amerikanischen Stellungen. Als ich mich umdrehte sah ich gerade noch, wie Obgfr. Sack und Gren. G[...] rechts seitwärts mit einem weissen Tuch schwenkend über den Bergkamm verschwanden, hinüber zu den amerikanischen Stellungen.[100]

Das Gericht der Division Nr. 177 verurteilte die Fahnenflüchtigen am 17. August 1944 in Abwesenheit zum Tode. Aufgrund von „zwischenzeitig eingelangten Nachrichten" ging das Gericht davon aus, dass sich die beiden Deserteure mittlerweile in US-amerikanischer Kriegsgefangenschaft befanden.[101]

Paul Sack und Johann G. waren nicht die einzigen Soldaten, die an der italienischen Front zu den US-amerikanischen Truppen desertierten und vom Divisionsgericht in der Hohenstaufengasse 3 in Abwesenheit zum Tode verurteilt wurden. In unserer Untersuchung fanden wir sieben Strafverfahren, in denen insgesamt zwölf flüchtige Soldaten zum Tode verurteilt wurden, weil sie an der italienischen Front zu den Alliierten übergelaufen waren. Gemeinsam ist ihnen allen nicht nur die Desertion im gleichen Frontgebiet, sondern auch der Erfolg ihrer Flucht: Im Dezember 1943 flüchteten bei Kämpfen am Monte Sammucro, einem vor Monte Cassino gelegenen Berg, unabhängig voneinander Walter Reichl, Franz P., Johann Kubica und Franz Pa. (Pa. und Kubica flüchteten gemeinsam) zu den alliierten Stellungen.[102] Nur einen Monat später, am 11. Jänner 1944, liefen südwestlich vom Monte Sammucro sechs weitere Wehrmachtsoldaten zu den Alliierten über.[103] Die sechs bildeten die Bedienungsmannschaft einer schweren Maschinengewehrstellung der Gustav-Linie im Gebiet der Flüsse Garigliano und Rapido.[104] Die Urteilsschrift beschrieb den Ablauf der Flucht folgendermaßen:

Am 11. Januar, 2.00 Uhr morgens konnte diese Stellung unterkunftsmässig bezogen werden. Hievon hatte sich um diesen Zeitpunkte [sic] der Uffz. Grünelt persönlich überzeugt. Als dieser um 6.00 Uhr abermals die Stellung visitierte, war dieselbe sämtlicher Besatzungsmitglieder entblösst. Sämtliche Waffen, Koppel, Stahlhelme, Decken und Brotbeutel waren vorhanden, lediglich die am Abend vorher empfangene Abendkost und Kampfzulage war verschwunden.[105]

Im Verfahrensakt findet sich ein im Juli 1944 abgefangener Brief von Witold G. – einer der sechs in Abwesenheit zum Tode Verurteilten – an einen Verwandten, gesendet aus dem 368 POW Camp in Fayid, Ägypten (vgl. Abb. 9).[106] Laut Urteilsschrift sandte auch Josef F. einen Brief aus einem US-amerikanischen Kriegsgefangenenlager in Algerien.[107] Das Gericht ging – wahrscheinlich zu Recht – davon aus, dass sich auch die anderen vier Deserteure zu diesem Zeitpunkt in US-amerikanischer Kriegsgefangenschaft befanden; Informationen dazu fanden sich im Akt jedoch keine.

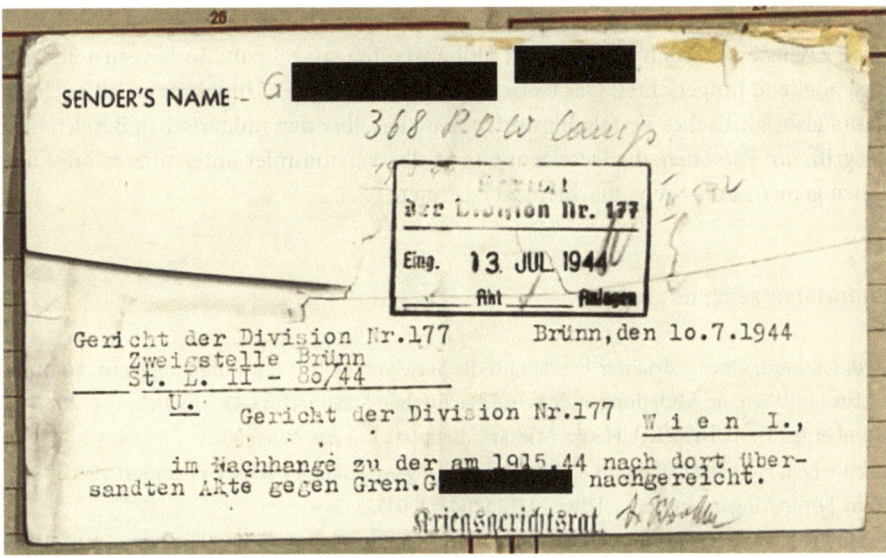

Abb. 9 Brief von Witold G. aus der Kriegsgefangenschaft.

Fazit

Die Tatsache, dass in der Hohenstaufengasse 3 während der letzten beiden Kriegsjahre Todesurteile verhängt und teilweise auch vollstreckt wurden, ist kaum bekannt. Die hier vorgestellten Forschungsergebnisse bieten erstmals einen Einblick in die Praxis der Verfolgung, die in diesem Gebäude stattfand. Das seit Ende 1943 an diesem Standort tätige Gericht der Division Nr. 177 verhängte bis zur Befreiung Wiens im April 1945, also in einem Zeitraum von ungefähr 16 Monaten, insgesamt 71 Todesurteile, wovon 33 nachweislich vollstreckt wurden. Im Durchschnitt wurden also pro Monat vier Menschen zum Tode verurteilt und durchschnittlich zwei pro Monat hingerichtet. Dabei handelt es sich nur um die Todesurteile, die am Standort Hohenstaufengasse gefällt wurden. Das Gericht der Division Nr. 177 führte darüber hinaus zahlreiche andere Strafverfahren durch: an seinem Hauptstandort am Loquaiplatz (siehe Beitrag von Mathias Lichtenwagner) sowie an seiner Außenstelle in Brünn (heute: Brno).

Unsere Untersuchung ergab, dass die im Gebäude Hohenstaufengasse 3 zum Tode verurteilten Menschen überdurchschnittlich jung waren. Die überwiegende Mehrheit war wegen Wehrdienstentziehung zum Tode verurteilt worden, begangen durch Fahnenflucht oder durch sogenannte Selbstverstümmelung. Die Wehrdienstentziehung gehörte aus Sicht der Wehrmachtrichter zu den schwersten Verbrechen, die mit härtesten Strafen geahndet werden sollten. Die Forschungsergebnisse legen zudem den Blick frei auf die große Bandbreite der Tatverläufe und der Opfer. Auch wenn Wehrmachtgerichte – zumindest auf deutschem Reichsgebiet – primär für Wehrmachtangehörige zuständig waren, so konnten sie auch Zivilpersonen anklagen. Insgesamt sieben männliche Zivilisten wurden am Standort Hohenstaufengasse 3 zum Tode verurteilt und anschließend hingerichtet. Das Gericht der Division Nr. 177 fungierte somit auch als nationalsozialistisches Verfolgungsinstrument, das über den militärischen Bereich hinausgriff, um Personen, die Deserteure und Selbstverstümmler unterstützten oder mit ihnen gemeinsame Sache machten, zu bestrafen.

Literaturverzeichnis

Artl, Gerhard: Oberfeldrichter Everts und die Serie von Selbstverstümmelungen im Sommer 1944 in Wien, in: Mitteilungen des Österreichischen Staatsarchivs 43 (1993), S. 194–205.
Exenberger, Herbert/Riedel, Heinz: Militärschießplatz Kagran, Wien 2003.
Exenberger, Herbert: Gefängnis statt Erziehung. Jugendgefängnis Kaiser-Ebersdorf 1940–1945, in: Simmeringer Museumsblätter 71/72 (2003/2004), S. 3–9.
Exenberger, Herbert: Gefängnis statt Erziehung. Jugendgefängnis Kaiser-Ebersdorf 1940–1945. 2. Teil, in: Simmeringer Museumsblätter 75 (2006), S. 7–13.
Forster, David: Die militärgerichtliche Verfolgung von Eigentumsdelikten in der Deutschen Wehrmacht, in: Manoschek, Walter (Hg.): Opfer der NS-Militärjustiz. Urteilspraxis, Strafvollzug, Entschädigungspolitik in Österreich, Wien 2003, S. 319–336.
Forster, David/Fritsche, Maria/Geldmacher, Thomas: Erläuterungen zur Methodik, zu den Quellenbeständen und zur Datenbank, in: Manoschek, Walter (Hg.): Opfer der NS-Militärjustiz. Urteilspraxis, Strafvollzug, Entschädigungspolitik in Österreich, Wien 2003, S. 63–78.
Fritsche, Maria: Militärjustiz als Terrorjustiz. Strafverfolgung ungehorsamer Soldaten im Nationalsozialismus, in: Exenberger, Herbert/Riedel, Heinz: Militärschießplatz Kagran, Wien 2003, S. 97–112.
Fritsche, Maria: Die Verfolgung von österreichischen Selbstverstümmlern in der Deutschen Wehrmacht, in: Manoschek, Walter (Hg.): Opfer der NS-Militärjustiz. Urteilspraxis, Strafvollzug, Entschädigungspolitik in Österreich, Wien 2003, S. 195–214.
Fritsche, Maria: Österreichische Opfer der NS-Militärgerichtsbarkeit. Grundlegende Ausführungen zu den Untersuchungsergebnissen, in: Manoschek, Walter (Hg.): Opfer der NS-Militärjustiz. Urteilspraxis, Strafvollzug, Entschädigungspolitik in Österreich, Wien 2003, S. 80–103.
Fritsche, Maria: Entziehungen. Österreichische Deserteure und Selbstverstümmler in der Deutschen Wehrmacht, Wien/Köln/Weimar 2004.
Geldmacher, Thomas: „Auf Nimmerwiedersehen!". Fahnenflucht, unerlaubte Entfernung und das Problem, die Tatbestände auseinander zu halten, in: Manoschek, Walter (Hg.): Opfer der NS-Militärjustiz. Urteilspraxis, Strafvollzug, Entschädigungspolitik in Österreich, Wien 2003, S. 133–194.
Geldmacher, Thomas: „Im Café Weber sah ich viele Kameraden, die den Arm in Gips trugen." Karl Lauterbach und das Simmeringer Netzwerk von Selbstverstümmlern, Sommer 1944,

in: Geldmacher, Thomas/Koch, Magnus/Metzler, Hannes/Pirker, Peter/Rettl, Lisa (Hg.): „Da machen wir nicht mehr mit ...". Österreichische Soldaten und Zivilisten vor Gerichten der Wehrmacht, Wien 2010, S. 188–194.

Geldmacher, Thomas/Koch, Magnus: Österreichische Wehrmachtrichter im Zweiten Weltkrieg (1939–1945). Sozialprofile, Spruchpraxis, Nachkriegskarrieren, Personenkomitee „Gerechtigkeit für die Opfer der NS-Militärjustiz", URL: https://deserteursdenkmal.at/wordpress/wp-content/uploads/2018/05/Projektbericht-Wehrmachtrichter_Oesterreich.pdf (abgerufen am 21.8.2024).

Geldmacher, Thomas/Koch, Magnus: Österreichische Wehrmachtrichter im Zweiten Weltkrieg. Sozialprofile, Spruchpraxis, Nachkriegskarrieren, in: Lingen, Kerstin von/Pirker, Peter (Hg.), Deserteure der Wehrmacht und Waffen-SS. Entziehungsformen, Solidarität, Verfolgung, Paderborn 2023, S. 193–223.

Klee, Ernst: Das Personenlexikon zum Dritten Reich. Wer war was vor und nach 1945?, Frankfurt am Main 2003.

Lichtenwagner, Mathias: Leerstellen. Zur Topographie der Wehrmachtsjustiz in Wien vor und nach 1945, Wien 2012.

Personenkomitee „Gerechtigkeit für die Opfer der NS-Militärjustiz", Das Opferfürsorgegesetz, URL: https://deserteursdenkmal.at/wordpress/nachkrieg/wiedergutmachung/ (abgerufen am 22.8.2024).

Schimak, Anton/Lamprecht, Karl/Dettmer, Friedrich: Die 44. Infanterie-Division. Tagebuch der Hoch- und Deutschmeister, Wien 1969.

Seidler, Franz W.: Fahnenflucht. Der Soldat zwischen Eid und Gewissen, München/Berlin 1993.

Verein für Gedenken und Geschichtsforschung in österreichischen KZ-Gedenkstätten (Hg.), Gedenkbuch für die Toten des KZ Mauthausen, Bd. 1, Wien 2016.

Wüllner, Fritz: Die NS-Militärjustiz und das Elend der Geschichtsschreibung. Ein grundlegender Forschungsbericht, Baden-Baden 1991.

Abbildungsnachweis

Abb. 7, 8 und 9: ÖStA/AdR

Anmerkungen

1   Im folgenden Text werden im Einklang mit dem Bundesarchivgesetz aus Personenschutzgründen nur jene Verurteilten mit vollem Namen genannt, die nachweislich verstorben sind oder deren Geburt mindestens 110 Jahre zurückliegt und deshalb anzunehmen ist, dass sie nicht mehr leben. Aus der Forschungsliteratur bekannte Namen werden ebenfalls genannt. Bei allen anderen wurden die Nachnamen auf den ersten Buchstaben abgekürzt.

2   Jüttner war Vertreter Heinrich Himmlers, der nach dem gescheiterten Attentat auf Hitler am 20. Juli 1944 zum Chef der Heeresrüstung und Befehlshaber des Ersatzheeres ernannt worden war. Vgl. Klee, Ernst: Das Personenlexikon zum Dritten Reich. Wer war was vor und nach 1945?, Frankfurt am Main 2003, S. 290 f. und 256.

3   Karl Paschinger war nach 1945 als Gerichtsvorsteher des Bezirksgericht Wien-Döbling tätig. Vgl. Geldmacher, Thomas/Koch, Magnus: Österreichische Wehrmachtrichter im Zweiten Weltkrieg. Sozialprofile, Spruchpraxis, Nachkriegskarrieren, in: Lingen, Kerstin von/Pirker, Peter (Hg.), Deserteure der Wehrmacht und Waffen-SS. Entziehungsformen, Solidarität, Verfolgung, Paderborn 2023, S. 193–223, hier S. 215.

4   Österreichisches Staatsarchiv/Archiv der Republik (ÖStA/AdR), DWM/GerA, Gericht der Division Nr. 177, Abt. I, 1139/1944; Strafsachenliste, Abt. I, Bd. 3, 1139/1944.

5   Lichtenwagner, Mathias: Leerstellen. Zur Topographie der Wehrmachtsjustiz in Wien vor und nach 1945, Wien 2012, S. 108 f.

6   Rakar, Amelie/Stricker-Neumayer, Julian/Personenkomitee „Gerechtigkeit für die Opfer der NS-Militärjustiz": Todesurteile am NS-Militärjustizstandort Hohenstaufengasse 3. Projektbericht, Wien 2024 (nicht veröffentlicht).

7   Lichtenwagner, Leerstellen, S. 99 f.

8   Der im ÖStA-Archiv der Republik verwahrte Bestand des Gerichts der Division Nr. 177 stellt einen der wenigen erhalten gebliebenen umfangreicheren Bestände der Wehrmachtgerichtsbarkeit dar. Insgesamt sind lediglich ungefähr sieben Prozent der Verfahrensakten der nationalsozialistischen Militärjustiz erhalten. Vgl. Forster, David/Fritsche, Maria/Geldmacher, Thomas: Erläuterungen zur Methodik, zu den Quellenbeständen und zur Datenbank, in: Manoschek, Walter (Hg.): Opfer der NS-Militärjustiz. Urteilspraxis, Strafvollzug, Entschädigungspolitik in Österreich, Wien 2003, S. 63–78, hier S. 66–68.

9   Während zum Beispiel Thomas Geldmacher und Magnus Koch in ihrem Projektbericht zur Untersuchung österreichischer Wehrmachtrichter davon ausgehen mussten, dass das Strafsachenlistenbuch Abt. III 1945 nicht erhalten ist, ist dieses im Zuge unserer Recherchen im Bestand des ÖStA aufgetaucht. Vgl. Geldmacher/Koch, Österreichische Wehrmachtrichter, S. 198; Geldmacher, Thomas/Koch, Magnus: Österreichische Wehrmachtrichter im Zweiten Weltkrieg (1939–1945). Sozialprofile, Spruchpraxis, Nachkriegskarrieren, Personenkomitee „Gerechtigkeit für die Opfer der NS-Militärjustiz", URL: https://deserteursdenkmal.at/wordpress/wp-content/uploads/2018/05/Projektbericht-Wehrmachtrichter_Oesterreich.pdf (abgerufen am 21.8.2024), S. 21.

10 Bei drei Verfahren sind die Angaben in den Strafsachenlisten nur rudimentär. Dabei handelt es sich um die Verfahren Abt. III 59/1944, Abt. III 78/1944 und Abt. III 86/1944. Vgl. ÖStA/AdR, DWM/GerA, Gericht der Division Nr. 177, Strafsachenliste, Abt. III, 1944. Mehr zu diesen Verfahren siehe Abschn. Selbstverstümmelung und Abschn. Aus der Haft entflohen.

11 ÖStA/AdR, DWM/GerA, Gericht der Division Nr. 177, Abt. II, 435/1944.

12 ÖStA/AdR, DWM/GerA, Gericht der Division Nr. 177, Strafsachenliste, Abt. II, Bd. 4, 1415/1944.

13 ÖStA/AdR, DWM/GerA, Gericht der Division Nr. 177, Abt. I, 451/1944 und 1139/1944; Abt. II, 200/1944; Abt. III, 58/1944, 22/1944 und 9/1945.
14 Beispielsweise sei hier das Verfahren Abt. III 9/1945 genannt: Im ÖStA findet sich nur die Anklageverfügung, im DÖW hingegen Kopien der Anklageverfügung und des Feldurteils. ÖStA/AdR, DWM/GerA, Gericht der Division Nr. 177, Abt. III, 9/1945; DÖW 6094.
15 An dieser Stelle sei auch der Referentin Isabella Riedel, die im ÖStA/AdR für den Bestand Deutsche Wehrmacht zuständig ist, für ihre Unterstützung herzlich gedankt. Durch sie konnten vormals als „nicht vorhanden" oder „verschollen" geltende Verfahrensakten im Bestand des ÖStA ausfindig gemacht werden.
16 Sorbe wurde am 24.5.1944 am Landesgericht Wien hingerichtet. Vgl. ÖStA/AdR, DWM/GerA, Gericht der Division Nr. 177, Abt. II, 1193/1943. Das Verfahren wird auch in der Studie von Messerschmidt und Wüllner erwähnt, die Urteilsschrift ist auf der Titelseite der Erstausgabe abgebildet. Vgl. Messerschmidt, Manfred/Wüllner, Fritz: Die Wehrmachtjustiz im Dienste des Nationalsozialismus, Baden-Baden 1987, S. 106.
17 Für eine umfangreiche Auswertung des Bestands Zentralgericht des Heeres, Außenstelle Wien siehe Hornung, Ela: Denunziation als soziale Praxis. Fälle aus der NS-Militärjustiz, Wien/Köln/Weimar 2010.
18 ÖStA/AdR, DWM/GerA, Zentralgericht des Heeres Außenstelle Wien, 176/1 und 182/2.
19 § 103 Kriegssonderstrafrechtsverordnung (KStVO), 26. August 1939, RGBl. I, 147/1939.
20 Zum Militärschießplatz Kagran siehe Exenberger, Herbert/Riedel, Heinz: Militärschießplatz Kagran, Wien 2003.
21 Fritsche, Maria: Entziehungen. Österreichische Deserteure und Selbstverstümmler in der Deutschen Wehrmacht, Wien/Köln/Weimar 2004, S. 121 f.
22 Ebd., S. 125.
23 Ebd., S. 23 f.
24 ÖStA/AdR, DWM/GerA, Gericht der Division Nr. 177, Abt. III, 58/1944; Strafsachenliste, Abt. III, 58/1944.
25 ÖStA/AdR, DWM/GerA, Gericht der Division Nr. 177, Abt. II, 217/1944.
26 ÖStA/AdR, DWM/GerA, Gericht der Division Nr. 177, Abt. II, 310/1944.
27 ÖStA/AdR, DWM/GerA, Gericht der Division Nr. 177, Abt. III, 59/1944, Urteilsschrift, 24.10.1944; 86/1944, Urteilsschrift, 19.12.1944.
28 ÖStA/AdR, DWM/GerA, Gericht der Division Nr. 177, Abt. I, 1063/1944; Abt. III, 80/1944; Strafsachenliste, Abt. II, Bd. 4, 1251/1944; Abt. I, 80/1945; Abt. III, 6/1945.
29 Zur SS-Sturmbrigade Dirlewanger siehe Fritsche, Entziehungen, S. 149–151.
30 ÖStA/AdR, DWM/GerA, Gericht der Division Nr. 177, Abt. I, 454/1944 und 976/1944; Abt. II, 952/1944 und 1418/1944.
31 ÖStA/AdR, DWM/GerA, Gericht der Division Nr. 177, Abt. I, 741/1944. Zur Überführung von Verurteilten in Konzentrationslager siehe Fritsche, Entziehungen, S. 142–144.
32 Verein für Gedenken und Geschichtsforschung in österreichischen KZ-Gedenkstätten (Hg.), Gedenkbuch für die Toten des KZ Mauthausen, Bd. 1, Wien 2016, S. 497.
33 ÖStA/AdR, DWM/GerA, Gericht der Division Nr. 177, Abt. I, 470/1944.

34 ÖStA/AdR, DWM/GerA, Gericht der Division Nr. 177, Strafsachenliste, Abt. I, Bd. 3, 1139/1944; Abt. II, 435/1944; Abt. I, 1097/1944; Strafsachenliste, Abt. III, 9/1945.
35 § 69 MStGB. Verordnung über die Neufassung des Militärstrafgesetzbuches vom 10. Oktober 1940, RGBl. I, 181/1940.
36 § 70 MStGB.
37 § 5 Kriegssonderstrafrechtsverordnung (KSSVO). Verordnung über das Sonderstrafrecht im Kriege vom 26. August 1939, RGBl. I, 147/1939.
38 ÖStA/AdR, DWM/GerA, Gericht der Division Nr. 177, Abt. II, 952/1944; DÖW 6091. Wüllner diskutiert den Fall Reschny ausführlich: Wüllner, Fritz: Die NS-Militärjustiz und das Elend der Geschichtsschreibung. Ein grundlegender Forschungsbericht, Baden-Baden 1991, S. 358, 406–414 und S. 617–620.
39 Zu Eigentumsdelikten siehe Forster, David: Die militärgerichtliche Verfolgung von Eigentumsdelikten in der Deutschen Wehrmacht, in: Manoschek, Opfer, S. 319–336.
40 Fritsche, Entziehungen, S. 44.
41 ÖStA/AdR, DWM/GerA, Gericht der Division Nr. 177, Abt. II, 585/1944, Urteil vom 18.9.1944.
42 ÖStA/AdR, DWM/GerA, Gericht der Division Nr. 177, Abt. I, 331/1944, Urteil vom 21.4.1944.
43 Dieser geringe Anteil korrespondiert auch mit dem generell geringen Anteil von Gewaltdelikten unter verurteilten österreichischen Deserteuren (0,39 %). Siehe dazu Geldmacher, Thomas: „Auf Nimmerwiedersehen!". Fahnenflucht, unerlaubte Entfernung und das Problem, die Tatbestände auseinander zu halten, in: Manoschek, Opfer, S. 151–153.
44 Exenberger/Riedel, Militärschießplatz, S. 23, S. 28–32, S. 76, S. 89.
45 Ebd., S. 23, S. 77 f.
46 Dabei handelte es sich um die Auslandsorganisation der NSDAP.
47 ÖStA/AdR, DWM/GerA, Gericht der Division Nr. 177, Abt. II, 1258/1944; Exenberger/Riedel, Militärschießplatz, S. 89.
48 Fritsche, Entziehungen, S. 30.
49 Ebd.
50 Fritsche, Maria: Österreichische Opfer der NS-Militärgerichtsbarkeit. Grundlegende Ausführungen zu den Untersuchungsergebnissen, in: Manoschek, Opfer, S. 98, S. 738.
51 Geldmacher, „Auf Nimmerwiedersehen!", S. 156 f., S. 749.
52 ÖStA/AdR, DWM/GerA, Gericht der Division Nr. 177, Abt. III, 80/1944; Strafsachenliste, Abt. III, 80/1944.
53 Hierbei handelt es sich um Otto Melcher und Franz Charwat. Siehe ÖStA/AdR, DWM/GerA, Gericht der Division Nr. 177, Abt. III, 78/1944.
54 Exenberger/Riedel, Militärschießplatz, S. 78.
55 ÖStA/AdR, DWM/GerA, Gericht der Division Nr. 177, Abt. III, 59/1944, Bl. 769.
56 Exenberger/Riedel, Militärschießplatz, S. 23, S. 85.
57 Wüllner, NS-Militärjustiz, S. 508.

58 Siehe dazu Geldmacher, Thomas: „Im Café Weber sah ich viele Kameraden, die den Arm in Gips trugen." Karl Lauterbach und das Simmeringer Netzwerk von Selbstverstümmlern, Sommer 1944, in: Geldmacher, Thomas/Koch, Magnus/Metzler, Hannes/Pirker, Peter/Rettl, Lisa (Hg.): „Da machen wir nicht mehr mit …". Österreichische Soldaten und Zivilisten vor Gerichten der Wehrmacht, Wien 2010, S. 188–194; Fritsche, Maria: Die Verfolgung von österreichischen Selbstverstümmlern in der Deutschen Wehrmacht, in: Manoschek, Opfer, S. 200–204; Fritsche, Maria: Militärjustiz als Terrorjustiz. Strafverfolgung ungehorsamer Soldaten im Nationalsozialismus, in: Exenberger/Riedel, Militärschießplatz, S. 97–112, hier S. 104–106; Wüllner, NS-Militärjustiz, S. 608–615; Artl, Gerhard: Oberfeldrichter Everts und die Serie von Selbstverstümmelungen im Sommer 1944 in Wien, in: Mitteilungen des Österreichischen Staatsarchivs 43 (1993), S. 194–205.

59 ÖStA/AdR, DWM/GerA, Gericht der Division Nr. 177, Abt. III, 59/1944, Urteilsschrift, 23.10.1944, Bl. 685–687; Urteilsschrift, 24.10.1944, Bl. 720–722; Urteilsschrift, 26.10.1944, Bl. 741–743; Urteilsschrift, 27.10.1944, Bl. 766–767.

60 ÖStA/AdR, DWM/GerA, Gericht der Division Nr. 177, Abt. III, 59/1944, 78/1944 und 86/1944. Eine visualisierte Darstellung des Zusammenhangs der drei Verfahren findet sich im Verfahrensakt Abt. III, 78/1944, Täterplan zu Bericht, 21.11.1944, Bl. 106.

61 Artl, Oberfeldrichter; Geldmacher/Koch, Österreichische Wehrmachtrichter, S. 21 und S. 24.

62 Fritsche, Entziehungen, S. 63.

63 Zehn Todesurteile entfallen auf das Verfahren Abt. III 59/1944, fünf auf das Verfahren Abt. III 78/1944 und vier auf Abt. III 86/1944. Von den 19 Todesurteilen wurden aber nur 14 vollstreckt. Zwei der Verurteilten gelang die Flucht und drei Urteile wurden vom Gerichtsherrn nicht bestätigt, da es sich um Luftwaffen- und Marineangehörige handelte. Vgl. ÖStA/AdR, DWM/GerA, Gericht der Division Nr. 177, Abt. III, 59/1944, Urteilsschrift, 23.10.1944, Bl. 685–687; Urteilsschrift, 24.10.1944, Bl. 720–722; Urteilsschrift, 26.10.1944, Bl. 741–743; Urteilsschrift, 27.10.1944, Bl. 766–767; Abt. III, 78/1944, Urteilsschrift, 9.12.1944, Bl. 205–207; 86/1944, Urteilsschrift, 19.12.1944.

64 ÖStA/AdR, DWM/GerA, Gericht der Division Nr. 177, 59/1944, Hinrichtungsprotokoll, 7.2.1945, Bl. 1067.

65 ÖStA/AdR, DWM/GerA, Gericht der Division Nr. 177, Abt. II, 217/1944, Urteilsschrift, 4.3.1944; Aufhebung des Urteils, 21.4.1944; Urteilsschrift, 5.5.1944.

66 ÖStA/AdR, DWM/GerA, Gericht der Division Nr. 177, Abt. II, 310/1944.

67 Fritsche, Entziehungen, S. 63.

68 Ebd.

69 ÖStA/AdR, DWM/GerA, Gericht der Division Nr. 177, Abt. III, 6/1945, Urteilsschrift, 8.2.1945.

70 Ebd. und Meldung an den Kommandanten des Wehrmachtsuntersuchungsgefängnisses, 2.4.1945.

71 ÖStA/AdR, DWM/GerA, Gericht der Division Nr. 177, Strafsachenliste, Abt. III, 9/1945; DÖW 6094. Vgl. auch Verfahren gegen Johann Barta: ÖStA/AdR, DWM/GerA, Gericht der Division Nr. 177, Abt. III, 58/1944; Strafsachenliste, Abt. III, 58/1944. Gegen Ernst

Kovatschitsch: ÖStA/AdR, DWM/GerA, Gericht der Division Nr. 177, Abt. III, 22/1944; Strafsachenliste, Abt. III, 22/1944; Exenberger/Riedel, Militärschießplatz, S. 23, 29 f., S. 76. Gegen Anton W.: ÖStA/AdR, DWM/GerA, Gericht der Division Nr. 177, Abt. III, 80/1944; Strafsachenliste, Abt. III, 80/1944; Wüllner, NS-Militärjustiz, S. 553–555.

72 Die Anklage warf R. vor, dass er sich das Knie brechen ließ und einem weiteren Beschuldigten das Knie gebrochen habe. Im Gegensatz zu G. und S. saß R. in Untersuchungshaft, war aber zum Zeitpunkt seiner Flucht noch nicht offiziell angeklagt. Vgl. ÖStA/AdR, DWM/GerA, Gericht der Division Nr. 177, Abt. III, 78/1944, Anklageschrift, 21.11.1944, Bl. 131.

73 Zu den Wehrmachtjustizstandorten Rossauer Kaserne und Hardtmuthgasse vgl. Lichtenwagner, Leerstellen, S. 203–222 und S. 230–242.

74 ÖStA/AdR, DWM/GerA, Gericht der Division Nr. 177, Abt. III, 59/1944, Meldung der Flucht an Wehrmachtkommandanten Wien, 12.11.1944, Bl. 934, und Telegramm Oberfeldrichter Paschinger an Chef der Heeresjustiz, 14.11.1944, Bl. 935; Abt. II, 1496/1944, Anklageschrift, 13.12.1944 und Urteilsschrift, 16.12.1944.

75 ÖStA/AdR, DWM/GerA, Gericht der Division Nr. 177, Abt. II, 1496/1944, Urteilsschrift, 16.12.1944.

76 Ebd.

77 Die Akten zu diesen Verfahren waren nicht auffindbar. In einer Liste der Urteilsausfertigungen ist vermerkt, dass Abschriften „für Strafverfahren gegen Fritz G[…]" und „für Strafverfahren gegen Helfer Elly Maeyer [sic] usw. beim Landgericht" angefertigt wurden, weitere Informationen liegen nicht vor. ÖStA/AdR, DWM/GerA, Gericht der Division Nr. 177, Abt. II, 1496/1944, Liste Urteilsausfertigungen.

78 DÖW 2071a–c; DÖW 00992.

79 ÖStA/AdR, DWM/GerA, Gericht der Division Nr. 177, Abt. I, 976/1944; Informationen zum Fall Korunka finden sich auch auf der Website des Denkmals für die Verfolgten der NS-Militärjustiz in Wien, unter der Rubrik „Das Opferfürsorgegesetz", URL: https://deserteursdenkmal.at/wordpress/nachkrieg/wiedergutmachung/ (abgerufen am 22.8.2024).

80 ÖStA/AdR, DWM/GerA, Gericht der Division Nr. 177, Abt. II, 585/1944.

81 ÖStA/AdR, DWM/GerA, Gericht der Division Nr. 177, Abt. II, 1193/1943; Abt. I, 763/1944, 775/1944 und 741/1944.

82 ÖStA/AdR, DWM/GerA, Gericht der Division Nr. 177, Abt. II, 933/1944.

83 Im Urteil ist ein falsches Datum angegeben. Vgl. Tatbericht an Gericht der Division 177 vom 9.3.1944, Bl. 766, ebd.

84 Bis März 1938 Bundesanstalt für Erziehungsbedürftige, von den Nationalsozialisten in ein Jugendgefängnis umgewandelt, das für seine brutalen Haftbedingungen bekannt war. Vgl. Exenberger, Herbert: Gefängnis statt Erziehung. Jugendgefängnis Kaiser-Ebersdorf 1940–1945, in: Simmeringer Museumsblätter 71/72 (2003/2004), S. 3–9; ders.: Gefängnis statt Erziehung. Jugendgefängnis Kaiser-Ebersdorf 1940–1945. 2. Teil, in: Simmeringer Museumsblätter 75 (2006), S. 7–13. Beide Texte zusammengefasst finden sich auch online, URL: https://www.doew.at/cms/download/4ahbj/exenberger_kaiserebersdorf.pdf (abgerufen am 3.7.2024).

85 ÖStA/AdR, DWM/GerA, Gericht der Division Nr. 177, Abt. I, 520/1944, Urteilsschrift, 6.6.1944, Bl. 797–798. Auch Fritz Wüllner erwähnte das Verfahren in seiner Studie, gab allerdings an, dass sich im ÖStA kein Akt dazu findet. Im Zuge der vorliegenden Untersuchung konnte der Verfahrensakt gesichtet werden, er dürfte Wüllner nicht zugänglich gewesen sein. Wüllner, NS-Militärjustiz, S. 372–375.
86 ÖStA/AdR, DWM/GerA, Gericht der Division Nr. 177, Abt. I, 520/1944, Urteilsschrift, 6.6.1944, Bl. 795 und 797.
87 ÖStA/AdR, DWM/GerA, Gericht der Division Nr. 177, Abt. I, 520/1944, Vermerk, Bl. 4.
88 Ebd., Bl. 798.
89 Ebd., Bl. 805–806; Fünf Todesurteile gefällt, in: Neues Wiener Tagblatt, 11.6.1944, S. 5.
90 Ebd., Bl. 796.
91 Ebd., Bl. 830; vgl. Fritsche, Entziehungen, S. 125.
92 Zum Fall Sorbe siehe Wüllner, NS-Militärjustiz, S. 59–64, S. 695.
93 Fritsche, Entziehungen, S. 39.
94 ÖStA/AdR, DWM/GerA, Gericht der Division Nr. 177, Abt. II, 1193/1943, Hauptverhandlung, 15.2.1944, Bl. 78.
95 Fritsche, Entziehungen, S. 141.
96 ÖStA/AdR, DWM/GerA, Gericht der Division Nr. 177, Abt. II, 1193/1943, Urteilsschrift, 24.5.1944.
97 ÖStA/AdR, DWM/GerA, Gericht der Division Nr. 177, Abt. I, 470/1944, Meldung des Kriegslazaretts 1/521, 18.3.1944.
98 ÖStA/AdR, DWM/GerA, Gericht der Division Nr. 177, Abt. I, 470/1944, Urteilsschrift, 27.5.1944.
99 ÖStA/AdR, DWM/GerA, Gericht der Division Nr. 177, Abt. II, 608/1944, Vernehmung R., 23.2.1944 und Urteilsschrift, 17.7.1944.
100 ÖStA/AdR, DWM/GerA, Gericht der Division Nr. 177, Abt. II, 608/1944, Vernehmung B., 23.2.1944.
101 Nähere Informationen finden sich im vorliegenden Akt nicht. ÖStA/AdR, DWM/GerA, Gericht der Division Nr. 177, Abt. II, 608/1944, Urteilsschrift, 17.7.1944.
102 ÖStA/AdR, DWM/GerA, Gericht der Division Nr. 177, Abt. II, 405/1944, Urteilsschrift, 31.7.1944, Bl. 119; Abt. II, 409/1944, Urteilsschrift, 27.7.1944. Die Urteilsschrift spricht von „Monte Dummacro", es dürfte aber Monte Sammucro gemeint sein.
103 Der Fall wurde in zwei getrennten Verfahren verhandelt, gegen Josef F. in ÖStA/AdR, DWM/GerA, Gericht der Division Nr. 177, Abt. II, 589/1944; gegen Friedrich S., Alois M., Adalbert K., Johann R. und Witold G. in Abt. II, 593/1944. Siehe auch DÖW 6070.
104 Die Urteilsschrift spricht von der „Hauptkampflinie der 6. Kompanie des Regiments der Hoch- und Deutschmeister". Die 44. Infanterie-Division Hoch- und Deutschmeister war von 5.1.–25.1.1944 am Garigliano und Rapido eingesetzt. Vgl. Schimak, Anton/Lamprecht, Karl/Dettmer, Friedrich: Die 44. Infanterie-Division. Tagebuch der Hoch- und Deutschmeister, Wien 1969, S. 282 f. und S. 365.

105 ÖStA/AdR, DWM/GerA, Gericht der Division Nr. 177, Abt. II, 593/1944, Abschrift Urteil gegen Josef F., 7.8.1944; DÖW 6070. Im Urteil ist außerdem von einem Gefreiten C. die Rede, dieser taucht allerdings im untersuchten Quellenbestand nicht auf.
106 Ebd., Brief von Witold G.
107 ÖStA/AdR, DWM/GerA, Gericht der Division Nr. 177, Abt. II, 589/1944, Urteilsschrift, 7.8.1944.

Thomas Geldmacher-Musiol

Manneszucht und Alltag

Das Feldkriegsgericht der Division Nr. 177 in Wien: Versuch einer Gesamtbilanz

Die Debatte um „Fahnenflüchtige" und „Wehrkraftzersetzer" hat uns jahrzehntelang den Blick auf die Richter und die Gerichte verstellt. Es war schwierig genug, politische Prozesse in Gang zu setzen, an deren Ende die umfassende gesellschaftliche, straf- und sozialrechtliche Rehabilitierung der Wehrmachtdeserteure und der anderen ungehorsamen Soldaten des Zweiten Weltkriegs stand.[1] Dafür brauchte man exzessive Auslegungen der Rechtslage, vor Jargon triefende Urteilsbegründungen, dämonische Richter, die aus Abschreckungsgründen auch bei vergleichsweise harmlosen Delikten die Todesstrafe forderten, und repräsentable Opfer wie den aufrechten Widerstandskämpfer Richard Wadani, den jugendlichen „Selbstverstümmler" Karl Lauterbach oder dessen Mutter Emilie Lauterbach, deren jahrzehntelange Bemühungen um Opferfürsorge in den Sandbänken der österreichischen Sozialpolitik der 1960er und 1970er auf Grund liefen.[2]

Während all dieser dringend notwendigen, vornehmlich politischen Auseinandersetzungen blieb begreiflicher- und legitimerweise wenig Zeit, um den strukturellen Rahmenbedingungen Aufmerksamkeit zu schenken, in denen die nationalsozialistische Wehrmachtjustiz agierte. Um es ganz einfach auszudrücken: Was taten die Richter an diesen Gerichten eigentlich den lieben langen Tag? Verbrachten sie wirklich den Großteil ihrer Arbeitszeit damit, Soldaten, die den Zug verpasst hatten oder die einen Tag länger bei der Freundin geblieben waren, als dies der Fronturlaub erlaubte, mit Zuchthaus oder gar der Todesstrafe zu bedrohen?

In den letzten 15 Jahren hat sich unser Wissen um Aufgaben und Funktionsweisen der Wehrmachtgerichte – insbesondere der Gerichte des Ersatzheeres – um gruppenbiografische Merkmale der Militärrichter, aber auch um einzelne Richterbiografien erfreulicherweise deutlich vergrößert.[3] Dieser kurze Artikel will – anhand von Dokumenten des in Wien (mit einer Außenstelle in Brünn) stationierten Feldkriegsgerichts der Division Nr. 177 – einen weiteren Beitrag zur strukturellen Betrachtung des Militärgerichtswesens im Nationalsozialismus leisten und die Spruchpraxis ausgewählter Heeresrichter im Verlauf des Krieges analysieren.

Die Strafsachenlisten

In den letzten Monaten sind im österreichischen Staatsarchiv/Archiv der Republik Dokumente aufgetaucht, die viele Jahre als verschollen galten – oder „in Verstoß geraten" waren, wie man in österreichischem Amtsdeutsch sagt. Dabei handelt es sich vor allem um einzelne Verfahrensakten sowie um eine größere Anzahl an Strafsachenlisten des Feldkriegsgerichts der Division Nr. 177 in Wien (mit einer Außenstelle in Brno/Brünn). In den Strafsachenlisten vermerkten die zuständigen Urkundsbeamten (in unterschiedlichen Graden der Akribie) jedes einzelne Ermittlungsverfahren, jede einzelne Strafsache, mit der sich das Gericht befasste. Diese zumeist zu Büchern gebundenen Listen vermitteln daher einen sehr guten Eindruck von der tagtäglichen Praxis des Gerichts. Mit den Strafsachenlisten des Gerichts der Division Nr. 177 haben mein Kollege Magnus Koch und ich bereits vor einigen Jahren im Rahmen eines Forschungsprojekts gearbeitet – allerdings lagen uns damals nicht die vollständigen Unterlagen vor, so dass wir zum Teil auf Annahmen und Hochrechnungen zurückgreifen mussten.[4] Dieser Mangel ließ sich dank der wiedergefundenen Archivalien nun beheben.[5] Die Strafsachenlisten sind, soweit ich erkennen kann, vollständig.[6] Daher ist es nun tatsächlich möglich, eine Gesamtbilanz der Tätigkeit des Feldkriegsgerichts der Division Nr. 177 zu erstellen.

Die Bilanz eines Gerichts

Alltag

16.823 Strafsachen; 247 pro Kriegsmonat, 60 pro Kriegswoche. Der Nachweis der Arbeit des Gerichts der Division Nr. 177 in den Jahren 1939 bis 1945. Schon im kurzen Jahr 1939 wurden an die drei Abteilungen des Gerichts[7] (die Abteilungen I und II waren am Loquaiplatz in Wien-Mariahilf ansässig, die Abteilung III wurde als Außenstelle in Brünn geführt) 1402 Strafsachen herangetragen. Diese Zahl verdoppelte sich im Jahr 1940 beinahe auf 2659 und sank im Jahr 1941 rapide auf 1592, wobei dieser Rückgang möglicherweise auf eine Neustrukturierung der Außenstelle in Brünn zurückzuführen ist. Laut Strafsachenliste nahm die dortige Abteilung III erst im September 1941 ihre Arbeit wieder auf. Unklar muss bleiben, wie man im ersten Halbjahr 1941 mit Beschuldigten aus jenen Einheiten verfuhr, für die eigentlich die Brünner Außenstelle zuständig gewesen wäre. In den Jahren 1942 und 1943 stieg die Anzahl der Ermittlungsverfahren recht kontinuierlich an. Auffallend ist dabei, dass die Außenstelle Brünn in diesen beiden Jahren wesentlich weniger Strafsachen zu bearbeiten hatte als in den Jahren 1939 und 1940. Der Höhepunkt des militärjuristischen Verfolgungsvolumens wurde, wie kaum anders zu erwarten, 1944 erreicht. Das Gericht expandierte, auch was seinen Raumanspruch betraf. Ende 1943 übersiedelte die Abteilung I vom Loquaiplatz in die

Hohenstaufengasse 3, wo um den Jahreswechsel 1943/44 auch die Abteilung III ihre Arbeit aufnahm, die Abteilung II verblieb am Loquaiplatz. In Brünn wurden die zuvor bestehenden drei Dezernate der Abteilung III in drei separate Abteilungen (I, II und III) umgewandelt, was aber, abgesehen von terminologischer Verwirrung, keine allzu großen Konsequenzen zeigte. Diese sechs Abteilungen des Gerichts bearbeiteten im Jahr 1944 nicht weniger als 4137 Strafsachen. Und selbst in den letzten vier Kriegsmonaten 1945 hatten die Richter es noch mit 1815 Ermittlungsverfahren zu tun.

Tab. 1 Strafsachen am Feldkriegsgericht der Division Nr. 177, 1939–1945.[8]

Abteilung	Ort	Gesamt	Gesamt pro Jahr
I 1939	Loquaiplatz	334	
II 1939	Loquaiplatz	508	
III 1939	Brünn	560	1402
I 1940	Loquaiplatz	912	
II 1940	Loquaiplatz	819	
III 1940	Brünn	823	
IV 1940	Stubenring	103	2657
I 1941	Loquaiplatz	793	
II 1941	Loquaiplatz	721	
III 1941	Brünn	78	1592
I 1942	Loquaiplatz	1108	
II 1942	Loquaiplatz	1061	
III 1942	Brünn	251	2420
I 1943	Loquaiplatz	1230	
II 1943	Loquaiplatz	1274	
III 1943	Brünn	296	2800
I Br 1944	Brünn	333	
II Br 1944	Brünn	390	
III Br 1944	Brünn	499	
I 1944	Hohenstaufengasse	1245	
II 1944	Loquaiplatz	1572	
III 1944	Hohenstaufengasse	98	4137
I 1945	Hohenstaufengasse	456	
II 1945	Hohenstaufengasse	641	
III 1945	Hohenstaufengasse	11	
II Br 1945	Brünn	419	
III Br 1945	Brünn	288	1815
Gesamt			16.823

Nun führte selbstverständlich bei weitem nicht jedes Ermittlungsverfahren auch zu einem Urteil. Das Feldkriegsgericht der Division Nr. 177 verhielt sich genauso wie jede andere Behörde, ob vormodern, modern oder postmodern: Es versuchte seinen

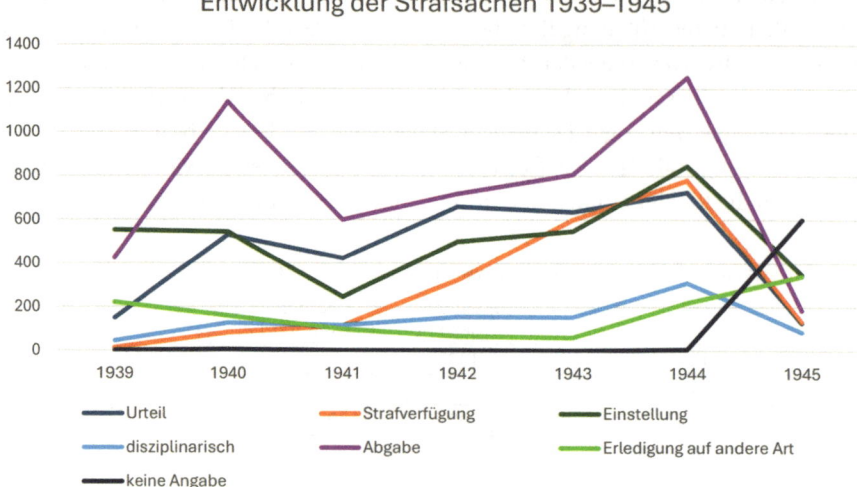

Abb. 1 Entwicklung der Strafsachen am Feldkriegsgericht der Division Nr. 177, 1939–1945.

eigenen Arbeitsanfall zu minimieren und daher zu delegieren, wo immer es möglich war. Über den gesamten Kriegsverlauf gerechnet, gab das Gericht (bzw. der hierfür formal zuständige Gerichtsherr, zumeist der Divisionskommandant) über 30 % aller an es herangetragenen Strafsachen an andere Institutionen (zumeist andere Gerichte) ab und erklärte sich damit für unzuständig.[9] 1940 betrug der prozentuale Anteil der Verfahrensweitergaben sogar knapp 43 %, ein Jahr später immer noch knapp 38 %. Erst 1945 sank dieser Wert auf deutlich unter 20 % – was sicher auch dem sich abzeichnenden Zusammenbruch des Regimes und den sich stetig verschlechternden Kommunikationswegen geschuldet war. Weitere knapp 7 % aller Strafsachen wurden „auf andere Art" erledigt, dabei handelte es sich zumeist um die Zusammenlegung mit anderen Verfahren.

Erstaunlicherweise führten mehr Ermittlungsverfahren des Gerichts zu Verfahrenseinstellungen als zu Urteilen. Weit über 3500 Strafsachen, etwas mehr als 21 %, enthielten offenbar so wenig strafrechtliche Relevanz, dass die Richter sich für die Einstellung der Ermittlungen entschieden. In den Jahren 1939 und – überraschenderweise – 1944 und 1945 sind am Gericht mehr Verfahrenseinstellungen festzustellen als Urteile. Die Ausnahme bildete die Abteilung III in der Hohenstaufengasse, die sich 1944/45 beinahe exklusiv der Jagd nach sogenannten Selbstverstümmlern widmete.[10] Sie führte zwar vergleichsweise wenige Verfahren, beendete aber praktisch jedes zweite mit einem Urteil (1944: 56 % Urteilsquote, 1945: 45 %).

Im November 1939 erließ das Oberkommando der Wehrmacht eine ergänzende Verordnung zur Kriegsstrafverfahrensordnung (KStVO) und führte die sogenannte Strafverfügung ein.[11] Dieses Instrument erlaubte es, Geldstrafen oder Freiheitsstrafen bis zu drei Monaten (ab 1942 bis zu sechs Monaten) ohne vorherige Durchführung eines Gerichtsverfahrens zu verhängen, und sollte ganz offensichtlich die Richter entlasten, die unter der Mühsal von Verfahren wegen Verstößen gegen die Straßenverkehrsordnung oder wegen Mundraubs ächzten. Diese Maßnahme erfreute sich großer Beliebtheit im Richterkorps, weil sie den Arbeitsanfall im Zusammenhang mit sogenannten Bagatelldelikten drastisch reduzierte. Für die Beschuldigten barg die Strafverfügung den großen Nachteil, dass sie vom Gericht nicht angehört wurden. Sie hatten die Wahl, entweder das verfügte Strafmaß zu akzeptieren oder das Risiko einer Verhandlung auf sich zu nehmen.

Manfred Messerschmidt und Fritz Wüllner schätzten den Anteil der Strafverfügungen am gesamten Urteilsaufkommen auf 35 bis 40 %.[12] Diese Zahlen lassen sich für das Gericht der Division 177 bestätigen. Über 12 % aller Strafsachen wurden mit einer Strafverfügung erledigt; rechnet man Urteile und Strafverfügungen zu Verfahren zusammen, die mit einem Strafausspruch endeten, beträgt der Anteil Letzterer, über die gesamte Kriegszeit betrachtet, 38,5 %. Allerdings lohnt hier der Blick ins Detail. Ganz offensichtlich benötigte die Strafverfügung eine Anlaufzeit von etwa zwei Jahren, bevor die Richter ihren ressourcenschonenden Wert erkannten. In den Jahren 1940 und 1941 noch eher zögerlich eingesetzt, überstieg die Anzahl der Strafverfügungen 1943 in zwei von drei Abteilungen des Gerichts die Zahl der Urteile. 1944 und 1945 waren Strafverfügungen bereits am gesamten Gericht häufiger zu verzeichnen als Urteile – und dies, obwohl die bereits erwähnte Abteilung III in der Hohenstaufengasse das Instrument überhaupt nicht verwendete, da die ideologiegetriebene Bekämpfung der „Selbstverstümmlerseuche" keine Bagatelldelikte und daher auch keine Nachsicht kannte.

Knapp 6 % aller Strafsachen ließen sich nach § 47 KStVO disziplinarisch erledigen. Der Gerichtsherr erachtete ein Vergehen als so geringfügig, dass er von der Anklage absah und es mit einer Arreststrafe bewenden ließ. Diese sprach er entweder selbst aus oder er beauftragte den zuständigen Disziplinarvorgesetzten, diese zu vollstrecken. Das Strafausmaß bei Arreststrafen reichte von einem Tag bis zu sechs Wochen, die die Delinquenten zumeist in der Standortarrestanstalt oder im Truppenarrestlokal absaßen.

3246 der 16.823 Ermittlungsverfahren (19,3 %) führten zu einer Anklageverfügung, einer Hauptverhandlung und schließlich einem Urteil.

Ob diese Zahlen des Gerichts der Division Nr. 177 repräsentativ für andere Gerichte des Ersatzheeres sind, lässt sich mangels Vergleichsmöglichkeiten nur schwer sagen.[13] Wir wissen, dass das Feldkriegsgericht der Division Nr. 409, Zweigstelle Marburg/Lahn, in den Kriegsjahren 6354 Strafsachen bearbeitete, aber nicht, wie sich Urteile, Strafverfügungen, Einstellungen und Abgaben quantitativ verteilten.[14] Als hilfreich erweist sich immerhin die Dissertation von Kerstin Theis, die die Gerichte der im Ruhrgebiet stationierten Division Nr. 156 und der ihr ab 1942 nachfolgenden Division Nr. 526 untersucht hat. Diese beiden Gerichte bearbeiteten insgesamt 11.729 Strafsachen, von denen 4682 (knapp 40 %) zu einem Urteil führten. In 3151 Fällen (26,8 %) entschied der

Sachbearbeiter, die Akten an eine andere Behörde abzugeben, dazu kamen knapp 1500 Strafverfügungen (12,6 %), rund 1600 Verfahrenseinstellungen (13,6 %), rund 300 Erledigungen auf andere Art (2,6 %) und etwas mehr als 300 disziplinarische Erledigungen (2,7 %).[15]

Tab. 2 Vergleich der angefallenen Strafsachen am Gericht der Div. 156/526 und am Gericht der Div. 177. Quelle: Strafsachenlisten Div. 177; Theis, Wehrmachtjustiz, S. 285.

Gericht	Strafsachen	Urteil	Strafverfügung	Einstellung § 46 KStVO	Disziplinarisch erledigt § 47 KStVO	Abgabe an andere Behörde	Erledigung auf andere Art	Anders, unbekannt
Div. 156/526	11.746	4682	1474	1599	318	3151	306	216
Div. 177	16.823	3246	2040	3578	987	5122	1163	612
Div. 156/526	100,0 %	39,9 %	12,5 %	13,6 %	2,7 %	26,8 %	2,6 %	1,8 %
Div. 177	100,0 %	19,3 %	12,1 %	21,3 %	5,9 %	30,4 %	6,9 %	3,6 %

Die Unterschiede stechen ins Auge. Das Gericht in Wien bzw. Brünn hatte über 5000 Strafsachen mehr zu bewältigen als das Gericht im Ruhrgebiet, fällte aber wesentlich weniger Urteile. Einer Urteilsquote von 40 % beim Gericht der Division Nr. 156/526 steht eine Quote von nicht einmal 20 % beim Gericht der Division Nr. 177 gegenüber. Auf der anderen Seite stellte letzteres wesentlich öfter Verfahren ein oder übergab sie an die zuständige Einheit zur disziplinarischen Erledigung als die Behörde in Nordrhein-Westfalen.

Mangels anderer Quellenbestände können wir über die Gründe für diese auffallenden Unterschiede nur spekulieren. Es liegt allzu nahe, die Klischees von Wiener Gemütlichkeit und Schlampigkeit mit der nordrhein-westfälischen Ernsthaftigkeit und Gründlichkeit zu kontrastieren. Gegen diese Hypothese spricht, dass Erich Schwinge, in gewisser Weise Erfinder der Mannszucht als des Leitprinzips der militärischen Ordnung der Wehrmacht, in Wien ein Richteramt bekleidete.[16] Möglicherweise war die Arbeitsbelastung des Gerichts in Wien so hoch, dass es einer strukturimmanenten Zweckrationalität entsprach, möglichst viele Verfahren mit möglichst geringem Aufwand zu erledigen.

Wie auch immer: Festhalten lässt sich, dass die Richter in Wien etwas weniger Todesstrafen (142 gegenüber 177) aussprachen als jene in Wuppertal, wo der Stab der Division Nr. 526 residierte. Aufgrund der niedrigeren Zahl an Urteilen bedeutet dies aber, dass beim Feldkriegsgericht der Division Nr. 177 vier Prozent aller Urteile auf Todesstrafe lauteten, beim Feldkriegsgericht der Division Nr. 156/526 hingegen lediglich 3,8 %.[17] Wer also in Wien ins Fadenkreuz der Wehrmachtjustiz geriet, hatte bessere Chancen, dass das Verfahren eingestellt oder das Delikt mit einer Disziplinarstrafe geahndet wurde. Sobald aber die Anklage verfügt war, war das Risiko eines Todesurteils beim Gericht der Division Nr. 177 in Wien höher als bei jenem der Division Nr. 156/526.

Mit diesen Urteilen will ich mich nun etwas näher beschäftigen.

„Zur Aufrechterhaltung der Manneszucht": die Urteile

Es begann mit Desertion. Am 19. September 1939 verurteilte Paul Lux, Richter an der Abteilung II des Gerichts des Kommandeurs der Ersatztruppen XVII in Wien, ab 12. Dezember 1939 Gericht der Division Nr. 177, den Soldaten Karl R. wegen „Fahnenflucht" zu einem Jahr und neun Monaten Gefängnis.

Es endete ganz ähnlich. Am 12. April 1945 verurteilte der am selben Gericht tätige Richter Friedrich Kempf den Soldaten Alfons F., der der Fahnenflucht angeklagt war, wegen unerlaubter Entfernung und der „fahrlässigen Preisgabe von Wehrmitteln" zu acht Jahren Zuchthaus. In Anbetracht der Tatsache, dass zu diesem Zeitpunkt bereits die „Schlacht um Wien" tobte und der Krieg in der österreichischen Hauptstadt zwei Wochen nach diesem Urteil zu Ende war, erscheint es nicht sehr wahrscheinlich, dass die Strafe gegen Alfons F. noch vollstreckt wurde.

In den dazwischen liegenden 2032 Tagen führte das Feldkriegsgericht der Division Nr. 177 nicht weniger als 3246 Verfahren durch, die mit Urteilen gegen insgesamt 3578 Personen endeten.[18] In 63,2 % der Fälle sprachen die Richter Gefängnisstrafen aus. Dies bedeutete, dass der verurteilte Soldat in den Wehrmachtstrafvollzug geriet (vgl. dazu den Beitrag von Maria Fritsche in diesem Band). In sehr vielen Fällen wurde die Strafe zur Bewährung bzw. zur sogenannten „Frontbewährung" ausgesetzt. Immer wieder aber kam es vor, dass die Strafe in einem Wehrmachtgefängnis (fast immer das in Schlesien gelegene Wehrmachtgefängnis Glatz) verbüßt werden musste. Ab 1942 existierten Feldstrafgefangenenabteilungen in Frontnähe, in die man besonders undisziplinierte Soldaten steckte. Die in Untersuchungshaft verbrachten Wochen und Monate wurden selten, aber doch auf die Haftzeit angerechnet.

In 9,1 % der Fälle erkannten die Richter auf Zuchthaus. In solchen Fällen wurden die verurteilten Soldaten aus der Wehrmacht ausgestoßen und der Reichsjustizverwaltung übergeben, die im nordwestdeutschen Emsland ein eigenes Lagersystem (die sogenannten „Moorlager") betrieb. In knapp 10 % der Fälle ergingen Arreststrafen (in den Strafsachenlisten ist von gelindem, strengem, geschärftem Arrest sowie von Stubenarrest und gelindem Stubenarrest zu lesen) mit einer Höchstdauer von sechs Wochen, die in den meisten Fällen bei der Truppe oder in den Standortarrestanstalten abzusitzen waren. 142 oder ziemlich genau vier Prozent der Urteile lauteten auf Todesstrafe. Zugleich war aber auch der Anteil an Freisprüchen (11,9 % oder 425 Fälle) und Verfahrenseinstellungen (1,3 % oder 48 Fälle) beträchtlich. Ein Soldat, gegen den ein Ermittlungsverfahren geführt wurde, hatte also eine statistische Chance von 1:8, einer Strafe zu entgehen.

Tab. 3 Urteile (ohne Strafverfügungen) der Richter am Feldkriegsgericht der Division Nr. 177, 1939–1945.

	1939	1940	1941	1942	1943	1944	1945	Gesamt
Andere	0,0 %	0,9 %	0,8 %	0,3 %	0,3 %	0,9 %	0,5 %	0,6 %
Arrest	5,3 %	10,5 %	13,8 %	17,8 %	9,0 %	3,8 %	2,9 %	9,9 %
Einstellung	1,3 %	0,9 %	1,2 %	2,4 %	1,8 %	0,8 %	0,5 %	1,3 %
Freispruch	10,7 %	13,9 %	10,5 %	10,8 %	13,2 %	12,0 %	9,2 %	11,9 %
Gefängnis	70,7 %	66,7 %	68,6 %	59,4 %	69,0 %	56,2 %	60,2 %	63,2 %
Geldstrafe	0,0 %	0,7 %	0,8 %	0,4 %	0,0 %	0,1 %	0,0 %	0,3 %
Todesstrafe	1,3 %	1,3 %	0,6 %	3,0 %	1,8 %	8,0 %	7,3 %	4,0 %[19]
unbekannt	0,0 %	0,2 %	0,0 %	0,1 %	0,0 %	0,0 %	0,5 %	0,1 %
Zuchthaus	10,7 %	4,9 %	3,7 %	5,6 %	5,0 %	18,1 %	18,9 %	9,1 %
Gesamt	100,0 %	100,0 %	100,0 %	100,0 %	100,0 %	100,0 %	100,0 %	100,0 %

Wie Tabelle 3 zeigt, entfielen während des gesamten Krieges zwischen 60 und 70 % aller Strafen auf Gefängnisstrafen. Eine Ausnahme stellt das Jahr 1944 dar, in dem nur etwas mehr als die Hälfte der Urteile auf Gefängnis lautete. In diesem Jahr lässt sich eine gewaltige Zunahme an Zuchthaus- und Todesstrafen konstatieren. Von 1943 auf 1944 verfünffachte sich die Zahl der Zuchthausurteile beinahe, die Anzahl der Todesurteile versechsfachte sich. Ihr Anteil am gesamten Urteilsaufkommen stieg auf 18,1 % (Zuchthaus) und 8 % (Todesstrafe). Neben einem allgemeinen Trend zur Verschärfung der Strafverfolgung mit zunehmender Dauer des Krieges lassen sich diese drastischen Entwicklungen in Wien im Jahr 1944 insbesondere auf die Einrichtung der Abteilung III des Gerichts in der Hohenstaufengasse 3 zurückführen. Diese widmete sich beinahe exklusiv der Jagd auf „Selbstverstümmler" und fällte in nicht einmal 110 Verfahren Dutzende von Zuchthaus- und Todesurteilen.

Arreststrafen stiegen bis 1942 stetig an, verloren danach aber immer mehr an Bedeutung, nicht zuletzt deshalb, weil die Richter, ideologisch und rechtstheoretisch geleitet von Erich Schwinge, immer stärker auf den Aspekt der Abschreckung setzten. Durch drakonische Urteile gegen einzelne Delinquenten sollten deren Kameraden davon abgehalten werden, es ihnen gleichzutun. Wie sich am kontinuierlichen Anstieg der Strafsachen im Kriegsverlauf zeigt, feierte diese Strategie keine großen Erfolge.

Der Anteil an Freisprüchen blieb hingegen den gesamten Krieg über relativ konstant und fiel nur in den letzten Kriegsmonaten auf unter zehn Prozent. Dabei fällt auf, dass von den insgesamt 425 Freisprüchen 24 % (102 Fälle) Anklagen wegen „Zersetzung der Wehrkraft" betrafen. Unter diesem Terminus ermittelte das Gericht der Division Nr. 177 vorwiegend gegen die oben erwähnten „Selbstverstümmler". Die von Divisionsrichter Karl Everts mehrfach geäußerte Klage, dass es enorm schwierig sei, eine „Selbstverstümmelung" nachzuweisen, und die Richter im Zweifel für den Angeklagten entschieden, hatte offenbar einen empirisch belegbaren Hintergrund.

Aufhebung und Neuverfahren

Im wehrmachtgerichtlichen Verfahren war kein Instanzenzug vorgesehen. Der Gerichtsherr, zumeist, wie erwähnt, der Divisionskommandeur, hatte das Urteil zu bestätigen. Er konnte, wenn er wollte, das Strafmaß herabmildern oder auch dem Urteil seine Bestätigung verweigern. Die Anordnung einer Neuverhandlung fiel im Bereich des Ersatzheeres grundsätzlich in die Zuständigkeit des Chefs der Heeresrüstung und Befehlshabers des Ersatzheeres – bis zum 20. Juli 1944 Generaloberst Friedrich Fromm, danach Reichsführer-SS Heinrich Himmler bzw. der General der Waffen-SS und Chef des Stabes des Ersatzheeres Hans Jüttner.[20] 4,7 % aller Urteile (168 Fälle) des Gerichts der Division Nr. 177 gingen diesen Weg. In 27 Fällen wurde ein Urteil zwar aufgehoben, jedoch wissen wir nicht, ob eine Neuverhandlung stattfand, und in 21 Fällen folgte der Urteilsaufhebung kein neues Verfahren. Die Aufhebung eines Urteils hatte zumeist nachteilige Folgen für die verurteilte Person. In 64,3 % der Fälle erging ein strengeres Urteil als in der Erstverhandlung, nur in 18,5 % der Fälle sprach ein Richter ein milderes Urteil, in 13,7 % der Fälle blieb das Urteil gleich (in 3,5 % der Fälle wissen wir, dass eine Neuverhandlung stattfand, aber nicht, mit welchem Spruch sie endete). Die Todesurteilsquote bei Neuverhandlungen betrug beachtliche 8,3 %, die Zuchthausquote sogar 33,3 %.

Delikte und Deliktkategorien

Um die Spruchpraxis des Gerichts statistisch zu analysieren, ist es erforderlich, die weit über 100 Einzeltatbestände, die in den Strafsachenlisten auftauchen, in Deliktkategorien zu gruppieren. Ich unterscheide
1. Entziehungsdelikte, im Wesentlichen Fahnenflucht und unerlaubte Entfernung
2. Eigentumsdelikte, also (militärischen) Diebstahl, Betrug, (militärische) Unterschlagung, Sachhehlerei und Veruntreuung, aber auch Plünderung und Verstöße gegen die Volksschädlingsverordnung
3. Zersetzung der Wehrkraft
4. Strafbare Handlungen gegen die militärische Gehorsamspflicht, darunter fallen Ungehorsam, Widersetzung, Gehorsamsverweigerung, Beleidigung eines Vorgesetzten, Drohung und tätlicher Angriff gegen einen Vorgesetzten
5. Täuschungsdelikte, im Wesentlichen Urkundenfälschung und unbefugtes Tragen von Uniformen, Orden und Ehrenzeichen
6. Gewaltdelikte, also Mord, Totschlag, Körperverletzung (außer bei Verkehrsunfällen) sowie Notzucht und Unzucht mit Kindern
7. Verletzungen der Dienstpflicht, darunter fallen Dienstpflichtverletzung aus Furcht, Feigheit sowie falsche Meldung, Bestechung, Wachverfehlung und Gefangenenbefreiung

8. Missbrauch der Dienstgewalt, dazu zählen insbesondere Beleidigung oder Misshandlung eines Untergebenen sowie die Anmaßung einer Befehlsbefugnis
9. Sexualdelikte, im Wesentlichen Ehebruch und „Unzucht wider die Natur"
10. Verkehrsdelikte, also Verkehrsunfälle
11. Strafbare Handlungen gegen die Pflichten militärischer Ordnung, darunter fallen Verabsäumung der Aufsichtspflicht, unvorsichtige Behandlung von Waffen und Munition, rechtswidriger Waffengebrauch
12. Andere Delikte, die in keine der vorangegangenen Kategorien passen

Diese Einteilung muss in letzter Konsequenz willkürlich bleiben. Die Wehrmachtrichter taten sich etwa enorm schwer mit der Unterscheidung zwischen unerlaubter Entfernung und Fahnenflucht.[21] Sie hatten zu beurteilen, ob die Entziehung auf Permanenz (Fahnenflucht) oder nur vorübergehend (unerlaubte Entfernung) angelegt war. Die Dauer des Fernbleibens von der Truppe spielte nur eine untergeordnete Rolle bei der Beurteilung; insofern hätte es in der Analyse keinen Sinn ergeben, zwischen unerlaubter Entfernung und Fahnenflucht zu differenzieren.

Unschärfen gibt es auch bei anderen Kategorien: Ein tätlicher Angriff gegen einen Vorgesetzten könnte als Gewaltdelikt kategorisiert werden, jedoch folge ich hier der Einteilung des Militärstrafgesetzbuches (MStGB), die ihn als „Strafbare Handlung gegen die Pflichten militärischer Unterordnung" und somit als Gehorsamsdelikt definiert. Verkehrsunfälle führten häufig zu Verurteilungen wegen Körperverletzung, aber ich habe davon Abstand genommen, Urteile dieser Art als Gewaltdelikte zu klassifizieren. Auf der anderen Seite mache ich keinen Unterschied zwischen militärischem Diebstahl nach § 138 MStGB und Diebstahl nach § 242 RStGB (Reichsstrafgesetzbuch).[22] Hinter einem Betrug mag manchmal nicht das Ziel der Aneignung fremden Eigentums stehen, dennoch habe ich den Tatbestand in den Eigentums- und nicht in den Täuschungsdelikten angesiedelt.

Ganz abgesehen davon wurden Beschuldigte häufig wegen mehrerer Delikte verurteilt – der prototypische Fall wäre der eines Deserteurs, der zur Vorbereitung seiner Entfernung Urlaubspapiere fälscht, in der Kaserne eine Offiziersuniform stiehlt, diese auf der Flucht auch trägt und sich später seiner Verhaftung zu widersetzen versucht. Dieser Soldat hätte in der Logik der Militärrichter mindestens fünf verschiedene Verbrechen begangen. Ich bin bei der Einordnung all dieser Straftaten von der Arbeitshypothese ausgegangen, dass das erste in der Strafsachenliste vermerkte Delikt den Hauptgrund für die Verurteilung darstellt, so dass man es mit dem nicht besonders juristischen Begriff Hauptdelikt bezeichnen könnte. Ich hoffe, die folgende Tabelle, die die Verteilung der Deliktkategorien zeigt, erscheint dennoch plausibel.

Tab. 4 Deliktkategorien am Feldkriegsgericht der Division Nr. 177, 1939–1945.

	1939	1940	1941	1942	1943	1944	1945	Gesamt
Entziehung	45,5 %	42,5 %	42,1 %	38,9 %	41,5 %	39,6 %	54,6 %	41,5 %
Eigentum	24,2 %	21,2 %	26,2 %	29,3 %	26,6 %	18,3 %	11,9 %	23,2 %
Zersetzung Wehrkraft	6,1 %	5,1 %	4,7 %	6,2 %	4,5 %	22,9 %	20,5 %	10,7 %
Gehorsamsdelikte	16,7 %	11,7 %	11,4 %	8,0 %	7,6 %	6,7 %	4,9 %	8,7 %
Täuschung	1,5 %	3,8 %	3,4 %	5,3 %	6,6 %	3,7 %	1,1 %	4,3 %
Gewalt	3,0 %	4,5 %	2,7 %	2,2 %	4,0 %	2,1 %	1,6 %	2,9 %
Verletzung Dienstpflicht	3,0 %	2,1 %	1,8 %	2,7 %	2,1 %	3,2 %	2,7 %	2,5 %
Missbrauch Dienstgewalt	0,0 %	2,5 %	1,8 %	2,9 %	2,2 %	1,4 %	0,0 %	2,0 %
Sexualdelikte	0,0 %	1,5 %	1,1 %	1,9 %	2,4 %	0,0 %	0,0 %	1,2 %
Verkehrsdelikte	0,0 %	2,8 %	2,2 %	0,9 %	0,9 %	0,5 %	0,0 %	1,2 %
Milit. Ordnung	0,0 %	1,3 %	1,1 %	0,5 %	0,9 %	0,9 %	2,7 %	1,0 %
Anderes	0,0 %	1,1 %	1,6 %	1,2 %	0,7 %	0,8 %	0,0 %	0,9 %
Gesamt	100,0 %	100,0 %	100,0 %	100,0 %	100,0 %	100,0 %	100,0 %	100,0 %

Die mit Abstand größte Deliktgruppe stellen die Entziehungen dar. Unerlaubte Entfernung von der Truppe sorgte mit 1290 Urteilen für den größten Arbeitsaufwand bei den Richtern. Ihr Anteil am gesamten Urteilsaufkommen blieb über die Kriegsjahre einigermaßen konstant bei 40–45 %. Erst in den letzten Kriegsmonaten erhöhte er sich auf beinahe 55 %. Das mag einerseits damit zusammenhängen, dass Soldaten in Erwartung eines baldigen Kriegsendes höhere Risiken auf sich nahmen, um die Truppe zu verlassen, und andererseits die Militärjuristen Entziehungen mit strengeren, auf Abschreckung abzielenden Urteilen ahndeten. In den letzten beiden Kriegsjahren verschob sich der Fokus des Gerichts eindeutig hin zu Entziehungsdelikten und „Wehrkraftzersetzung". Deren zusammengenommener Anteil stieg von 46 % im Jahr 1943 auf 62,5 % im Jahr 1944 und 75 % im Jahr 1945. Hingegen sank der Anteil an Eigentumsdelikten zwischen 1942 und 1945 von knapp 30 auf knapp zwölf Prozent. Es wurde wahrscheinlich gegen Kriegsende nicht weniger gestohlen als in den Jahren zuvor, aber die personellen Ressourcen der Verfolgungsbehörden reichten einfach nicht mehr aus, jedem geöffneten Feldpostpäckchen (falls diese überhaupt noch ankamen) und jedem aus der Offiziersmesse entwendeten Brotlaib nachzugehen.

Auch der Anteil an Widersetzlichkeitsdelikten sank im Kriegsverlauf. Da ich nicht glaube, dass die Soldaten im Verlauf des Krieges immer gehorsamer wurden, nehme ich an, dass die ermittelnden Juristen auch diesen Tatbeständen im Lauf der Zeit aus Gründen der Prioritätensetzung immer weniger Beachtung schenkten. Möglicherweise wurden Vergehen dieser Art auch zunehmend im Wege einer Disziplinarstrafe erledigt.

Die Kriegssonderstrafrechtsverordnung (KSSVO), deren § 5 den Tatbestand der „Zersetzung der Wehrkraft" regelte (vgl. dazu den Beitrag von Maria Fritsche in diesem

Band), war zwar bereits kurz vor Kriegsbeginn in Kraft getreten, sie spielte in den Urteilen vor dem Feldkriegsgericht der Division Nr. 177 allerdings bis ins Jahr 1943 keine tragende Rolle. Ihr Anteil am Urteilsaufkommen betrug zwischen 4,5 und sechs Prozent. Erst im Jahr 1944, bedingt durch Karl Everts' fanatische Bekämpfung der Wiener „Selbstverstümmlerseuche", schnellte ihr Prozentsatz auf beinahe 23 % empor. Fast jedes vierte Urteil des Jahres 1944 wurde aufgrund von „Zersetzung der Wehrkraft, begangen durch Selbstverstümmelung" gefällt. Und obwohl die Abteilung III in der Hohenstaufengasse 3 im Jahr 1945 nur mehr elf Verfahren führte, blieb der Prozentsatz an Verurteilungen wegen „Wehrkraftzersetzung" in diesem Jahr fast gleich hoch.

Tab. 5 Urteilssprüche nach Deliktkategorien am Feldkriegsgericht der Division Nr. 177, 1939–1945 (ohne Freisprüche und Einstellungen).[23]

	Arrest	Gefängnis	Geldstrafe	Todesstrafe	Zuchthaus
Entziehung	8,2 %	76,1 %	0,0 %	5,9 %	9,6 %
Eigentum	12,1 %	78,0 %	0,0 %	2,6 %	6,3 %
Zersetzung Wehrkraft	0,6 %	49,8 %	0,0 %	9,0 %	39,0 %
Gehorsamsdelikte	17,5 %	79,9 %	0,4 %	0,0 %	2,2 %
Täuschung	12,8 %	85,0 %	0,0 %	0,0 %	2,3 %
Gewalt	12,2 %	71,1 %	0,0 %	4,4 %	11,1 %
Verletzung Dienstpflicht	18,2 %	71,4 %	3,9 %	0,0 %	5,2 %
Missbrauch Dienstgewalt	50,8 %	41,0 %	0,0 %	0,0 %	1,6 %
Sexualdelikte	5,4 %	91,9 %	0,0 %	0,0 %	0,0 %
Verkehrsdelikte	43,2 %	37,8 %	18,9 %	0,0 %	0,0 %
Milit. Ordnung	38,7 %	58,1 %	0,0 %	0,0 %	0,0 %
Anderes	24,1 %	51,7 %	3,4 %	0,0 %	17,2 %
Gesamtergebnis	**11,4 %**	**72,9 %**	**0,4 %**	**4,1 %**	**10,4 %**

Kaum habe ich die Deliktkategorien gebildet, muss ich sie auch schon wieder aufschnüren. Die Unterschiede zwischen „Fahnenflucht" und unerlaubter Entfernung bedürfen näherer Betrachtung. So interpretationsbedürftig die Suche nach den Intentionen des Beschuldigten war, die Unterschiede in der Strafzumessung waren gewaltig. Wer wegen unerlaubter Entfernung verurteilt wurde, hatte im schlimmsten Fall mit „Gefängnis oder Festungshaft bis zu zehn Jahren" zu rechnen.[24] Auf eine „im Felde", also während des Kriegszustandes, begangene „Fahnenflucht" stand hingegen die Todesstrafe oder Zuchthaus.[25]

Die Richter des Feldkriegsgerichts der Division Nr. 177 sprachen zwischen 1939 und 1945 215 Angeklagte der Fahnenflucht schuldig. Dabei verhängten sie 81 Todes- und 109 Zuchthausstrafen. In nur 25 Fällen erkannten sie auf Gefängnisstrafen, und mehr als ein Viertel davon stammt aus den Jahren 1939 und 1940. Die Hälfte der Todesstrafen fällt in die Jahre 1944 und 1945.

Aber nicht jede Anklage wegen „Fahnenflucht" endete auch mit einer Verurteilung wegen dieses Delikts. In 150 Fällen verurteilten die Richter des Gerichts der Division Nr. 177 die Angeklagten wegen unerlaubter Entfernung, obwohl der Ankläger eine Verurteilung wegen „Fahnenflucht" gefordert hatte. 67-mal hingegen entschieden die Richter nicht auf unerlaubte Entfernung gemäß der Anklageverfügung, sondern auf „Fahnenflucht".

Tabelle 5 zeigt, dass „Zersetzung der Wehrkraft" nach der „Fahnenflucht" die am strengsten geahndete Deliktgruppe am Feldkriegsgericht der Division Nr. 177 war. In 39 % der Fälle verfügten die Richter Zuchthausstrafen, in neun Prozent fällten sie Todesurteile.

Verurteilungen wegen Eigentumsdelikten zogen in fast 80 % der Fälle Gefängnisstrafen nach sich. Der überraschend hohe Prozentsatz von Todesstrafen für Eigentumsdelikte lässt sich im Wesentlichen auf einen einzigen Prozess zurückführen. Am 24. Jänner 1942 verurteilte Heinrich von Wiarda, der dienstaufsichtsführende Kriegsgerichtsrat am Gericht der Division Nr. 177, nicht weniger als 16 Personen zum Tode, weil sie ein „Vergehen gegen die Verordnung des Führers zum Schutz der Sammlung von Wintersachen für die Front vom 23.12.1941" begangen hatten.[26] Selbst Wilhelm Keitel, der Chef des Oberkommandos der Wehrmacht, konnte Wiardas Urteilsbegründung nicht folgen und hob alle 16 Todesurteile auf. In zwei Fällen wandelte er die Strafe in fünf Jahre Zuchthaus um, die Verfahren gegen die übrigen 14 Delinquenten ließ er einstellen.

Es ist überraschend, mit welcher Milde die Wiener und Brünner Richter die Vergehen von Vorgesetzten behandelten. Straftaten wegen Missbrauchs der Dienstgewalt endeten in gut der Hälfte der Fälle mit Arreststrafen, nur in 1,6 % der Fälle landete der Täter im Zuchthaus. Auch Verkehrsdelikte und Vergehen gegen die militärische Ordnung wurden zu einem hohen Anteil mit Arreststrafen erledigt; Geldstrafen wurden lediglich in den ersten Kriegsjahren im Zusammenhang mit Verkehrsunfällen verhängt, spielten aber eine geringe Rolle.

Die Großen Zehn

Wie viele Richter am Feldkriegsgericht der Division Nr. 177 regulär arbeiteten, lässt sich angesichts bruchstückhaft überlieferter Personalakten nur vermuten. Wir wissen aber, dass 113 Richter im Verlauf des Krieges zumindest ein Urteil an diesem Gericht fällten. Einer von ihnen war Marian Dumat, eigentlich Richter am Gericht der Division Nr. 188 in Salzburg. Trotzdem reiste er im April 1941 nach Wien, um in einer Hauptverhandlung den Soldaten Willi Schäfer des Diebstahls freizusprechen. Es blieb sein einziges Urteil in Wien. Willi Gutzke kam von noch weiter her, nämlich vom Gericht der Oberfeldkommandantur 365 in Tarnow im Generalgouvernement. Auch er fällte nur ein einziges Urteil am Gericht der Division Nr. 177. Gutzke sprach den Soldaten

Ernst Lackner der Fahnenflucht und der Plünderung schuldig und verhängte über ihn die Todesstrafe. Lackner wurde am 23. Jänner 1941 hingerichtet.

62 Richter fällten zehn oder mehr Urteile, immerhin 23 Richter zeichneten für mehr als 50 Urteile verantwortlich, und genau zehn Richter verbrachten so viel Zeit am Gericht, dass sie mehr als 100 Urteile verhängten: Fritz Bauer, Karl Paschinger, Karl Trauttmansdorff, Hugo Mifka, Erich Schwinge, Ferdinand Kopriva, Ferdinand Fischer, Georg von Winiwarter, Otto Pruckner und Leopold Breitler. Ihrem Karriereverlauf und ihrer Spruchpraxis will ich im Folgenden nachgehen.

Fritz Bauer, geboren am 2. April 1895 in Wien

Fritz Bauer litt an Diabetes. Aufgrund der damit einhergehenden diätetischen Notwendigkeiten war an einen Fronteinsatz nicht zu denken. Schon in der k. u. k. Armee hatte er es lediglich zum Leutnant der Reserve gebracht. Als der Erste Weltkrieg endete, war Bauer 23 Jahre alt. Er studierte in Wien Rechtswissenschaften und ließ sich in der Hauptstadt der jungen Ersten Republik als Anwalt nieder. Mit 1. April 1933, einen Tag vor seinem 38. Geburtstag, trat er der NSDAP bei.

Im Frühjahr 1940 wurde Fritz Bauer dem Feldkriegsgericht der Division Nr. 177 in Wien als richterlicher Ergänzungsbeamter zugeteilt; sein erstes Urteil stammt vom 31. Mai 1940.[27] Mitte Oktober 1940 wurde er an das Gericht der Feldkommandantur 611, Frontleitstelle Brüssel versetzt. Näher an die Front sollte Fritz Bauer nicht gelangen, da er wegen seiner Zuckerkrankheit als g.v.H. (garnisonsverwendungsfähig Heimat) eingestuft war. Nach acht Monaten im besetzten Belgien, wo der Genuss der belgischen Schokolade und Waffeln seine Diabetes vermutlich verschlimmerten, kehrte Bauer im Juni 1941 ans Gericht der Division Nr. 177 zurück. Hier blieb er bis Kriegsende. Kein anderer Richter an diesem Gericht führte auch nur annähernd so viele Verfahren wie Fritz Bauer. Er fällte zwischen Ende Mai 1940 und 23. März 1945 nicht weniger als 376 Urteile (plus zehn Urteile in Neuverhandlungen). 20-mal verhängte er die Todesstrafe. Von 106 Urteilen, die Bauer im Jahr 1944 fällte, endeten 34 mit einer Zuchthaus-, 16 mit der Todesstrafe. Über den Krieg verteilt, wurden fast 15 % der Angeklagten, die sich mit dem Vorsitzenden Bauer konfrontiert sahen, zu Zuchthaus verurteilt; damit liegt seine Bilanz deutlich über jener des Gerichts insgesamt. Fritz Wüllner, der Doyen der deutschsprachigen Militärjustizforschung, zog Bauers Verhalten in Prozessen als Beispiel dafür heran, „wie dienstbeflissen und willfährig [die Richter] sich dem Diktum des Gerichtsherrn beugten".[28] Nach 1945 war der vormalige Kriegsgerichtsrat Fritz Bauer wieder als Rechtsanwalt in eigener Praxis am Wiener Opernring tätig.

Karl Paschinger, geboren am 12. Jänner 1893 in Gars am Kamp

Karl Paschinger genoss in der überschaubar großen Szene derer, die sich wissenschaftlich mit Wehrmachtrichtern beschäftigen, lange Zeit einen guten Ruf. Verantwortlich hierfür zeichnete Fritz Wüllner, der Paschinger in seinem ein wenig unsystematischen Standardwerk „Die NS-Militärjustiz und das Elend der Geschichtsschreibung" einen „öffentlichen Ehrenbrief" ausstellte: Paschinger habe „das Prinzip Gerechtigkeit bei keinem Verfahren aus dem Auge" verloren, glaubte Wüllner.[29] Dieses überschwänglich positive Bild muss ein wenig zurechtgerückt werden.

Wie sein Kollege Fritz Bauer war Paschinger ein „alter Kämpfer" der nationalsozialistischen Bewegung. Er war mit 1. Mai 1933 der NSDAP beigetreten und bezahlte seine Mitgliedsbeiträge auch während der sogenannten Verbotszeit ein, zumindest bis Anfang 1935.[30]

Mit 9. März 1940 versetzte der Oberstkriegsgerichtsrat des Dienstaufsichtsbezirks 4 Paschinger, Leutnant der Reserve und zuvor Richter am Landesgericht Wien, zum Gericht der Division Nr. 177.[31] Drei Tage später fällte Paschinger sein erstes Todesurteil über den Deserteur Rudolf Lasch. Dieser wurde nach Bestätigung des Urteils und der Ablehnung eines Gnadengesuchs am 2. April 1940 am Militärschießplatz Kagran erschossen.[32]

Im Frühjahr 1940 fungierte Paschinger in 45 weiteren Verfahren als Richter. Er verhängte 27 Gefängnis- (60 %), acht Arrest- (18 %) und zwei Zuchthausstrafen von jeweils 15 Jahren (gegen Deserteure). In sieben Fällen (16 %) erkannte er auf Freispruch.

Im Frühsommer 1940 wurde Paschinger zum Gericht des XXXXIV. Armeekorps im Generalgouvernement versetzt. Er machte wohl den Einmarsch in die Sowjetunion mit. Nach einem Lazarettaufenthalt im Sommer 1941 amtierte er wieder für rund zwei Monate am Gericht der Division Nr. 177, fällte während dieser Zeit aber lediglich vier Urteile. Ab 1. November 1941 wurde Paschinger erneut an die Ostfront versetzt, und zwar an das Gericht des Generalkommandos des XVII. Armeekorps. Diese Einheit stand in ständigen Kämpfen in der südlichen Ukraine und entging nur knapp der Einkesselung in Stalingrad. Nach einem weiteren Lazarettaufenthalt in der ersten Maihälfte 1943 trat Paschinger am 18. Mai 1943 ein drittes Mal seinen Dienst am Gericht der Division Nr. 177 an. Er blieb hier bis Kriegsende.

Paschinger kam als kranker Mann von der Ostfront zurück. Er litt an „schweren organischen Nervenstörungen nach Polyneuritis", die er sich „im Osteinsatz zugezogen" hatte.[33] Der Truppenarzt erklärte, dass Paschinger „für ganztägigen Dienst ungeeignet" sei und sich dreimal wöchentlich zu einer ambulatorischen Behandlung seines Leidens im Krankenhaus einzufinden habe.[34] Aus diesem Grund beantragte Paschinger im Sommer 1943 sogar seine Entlassung aus dem Heeresjustizdienst, was aber mit Blick auf die „z. Zt. bestehende schwierige Richterersatzlage" abgewiesen wurde.[35]

Paschingers Gesundheitszustand sorgte für Unruhe. Divisionsrichter Karl Everts beschwerte sich beim Korpsrichter des Wehrkreises XVII Ende September 1943 darüber, dass Paschinger schon „bei sehr geringer Arbeitsbelastung eine auffallende Nervosität" zeige, was auch schon von Kameraden bemerkt worden sei. Paschinger neige dazu, Verhandlungen zu vertagen, weil „er sich an die Verhängung schwerer Strafen innerlich nicht herantraut".³⁶ Everts' kritische Bemerkungen über Paschinger hatten jedoch scheinbar keine negativen Konsequenzen für diesen.

Obwohl er also bestenfalls als Teilzeitkraft am Gericht tätig war, darüber hinaus auch noch wegen Sonderurlaub (im Sommer 1943 wegen der Nervenbeschwerden) und einem Kuraufenthalt (im Herbst 1944 wegen Ausbruchs von Kinderlähmung) abwesend war, fällte Paschinger zwischen Mai 1943 und März 1945 nicht weniger als 152 Urteile.

In diesem Zeitraum erkannte Paschinger 98-mal auf Gefängnisstrafe (64,5 %), 16-mal auf Zuchthaus (10,5 %) und neunmal auf Todesstrafe (6 %). 8,5 % entfielen auf Arreststrafen und Freisprüche. Die Fronterfahrungen hatten Paschinger ganz offensichtlich unerbittlicher gemacht, der Karl Paschinger der Jahre 1943–1945 fällte wesentlich härtere Urteile als der Karl Paschinger des Jahres 1940. Die von Fritz Wüllner zur Ausstellung des „Ehrenbriefs" zitierten Freisprüche sind eher als die Ausnahme von der Regel zu interpretieren und zeugen von dem zunehmend erratischen Agieren des Richters.

Karl Trauttmansdorff, geboren am 19. November 1897 in Koryčany

Über Karl Trauttmansdorff wüsste ich gern mehr zu berichten, aber die Aktenlage ist mit hundsmiserabel nur unzureichend beschrieben. Er stammte jedenfalls aus dem uralten Adelsgeschlecht der Trauttmansdorffs und wurde in manchen Urteilen vom zuständigen Urkundsbeamten ehrfurchtsvoll als „Graf Trauttmansdorff" bezeichnet. Bis Ende 1939 war er in Wien als Rechtsanwalt tätig. Ab 1. Jänner 1940 wurde er beim Gericht der Wehrmachtkommandantur Wien eingesetzt, mit 1. September 1940 wechselte er an das Gericht der Division Nr. 177 und verblieb dort, ohne jemals an ein Front- oder Etappengericht abkommandiert zu werden, bis Ende 1944. Sein letztes Urteil, ein Freispruch für einen des Diebstahls verdächtigten Soldaten, stammt vom 11. Dezember 1944.

Trauttmansdorffs Spruchpraxis beweist, dass es auch anders ging. Er verhängte am Gericht der Division Nr. 177 insgesamt 170 Urteile (plus sechs Urteile in Neuverhandlungen), davon 109 Gefängnisstrafen (64,1 %), 26 Arreststrafen (15,3 %) und zehn Zuchthausstrafen (5,9 %). In 20 Fällen (11,8 %) sprach er den Angeklagten frei, zwei Hauptverhandlungen endeten mit der Einstellung des Verfahrens. Trauttmansdorff sah in keinem der Prozesse, in denen er den Vorsitz führte, die Notwendigkeit, auf Todesstrafe zu erkennen. Der Gerichtsherr bzw. der Befehlshaber des Ersatzheeres hob nicht weniger als 18 der Trauttmansdorff'schen Urteile (10 %) auf und ordnete ein Neuverfahren an.

13 dieser Neuverfahren endeten mit einem strengeren Urteil (in zwei Fällen mit der Todesstrafe), in zwei Fällen erging derselbe Urteilsspruch. Drei Neuverhandlungen mündeten in eine mildere Strafe als im Erstverfahren: zweimal wurde eine zweimonatige Gefängnisstrafe in sechs Wochen geschärften Arrest umgewandelt (wobei in einem Fall Trauttmansdorff selbst sein Ersturteil korrigierte), und im September 1943 reduzierte Richter Ferdinand Kopriva Trauttmansdorffs ursprüngliches Strafmaß von

fünf Jahren und vier Monaten Zuchthaus wegen Fahnenflucht auf fünf Jahre Gefängnis wegen unerlaubter Entfernung. Der damalige Befehlshaber des Ersatzheeres, Friedrich Fromm, ließ aber auch dieses Zweiturteil aufheben; es kam zu einer dritten Verhandlung unter dem Vorsitz von Richter Fritz Bauer, die mit zwölf Jahren Zuchthaus für den Angeklagten ihren Abschluss fand. Erst dann war Fromm zufrieden.

Nach dem Ende des Zweiten Weltkriegs betätigte Karl Trauttmansdorff sich wieder als Rechtsanwalt in einer Praxis im Palais der Familie in der Wiener Herrengasse.

Hugo Mifka, geboren am 13. Jänner 1883 in Brünn

Hugo Mifka gehörte ab 1904 einer völkischen Burschenschaft an. Im Frühjahr 1933 trat er der NSDAP bei. In einem Lebenslauf vom Mai 1938 berichtete er stolz, seit 30 Jahren bei keinem Juden eingekauft zu haben. Als Richter am Landesgericht für Zivilrechtssachen in Wien habe er auch nach deren Verbot weiter eifrig die Werbetrommel für die NSDAP gerührt.[37] Hugo Mifka weist alle Attribute eines nationalsozialistischen Überzeugungstäters auf. Ab März 1942 tat er Dienst in der Außenstelle Brünn des Feldkriegsgerichts der Division Nr. 177, mit Jahresende 1944 wurde er, vermutlich aus Altersgründen, aus dem Heeresjustizdienst entlassen.[38]

Mifka verurteilte in etwas mehr als zweieinhalb Jahren 158 Menschen. In 101 Fällen (knapp 64 %) erkannte er auf Gefängnis, aber in immerhin 27 Verfahren (17 %) fällte er Freisprüche. 13-mal verhängte Mifka Zuchthausstrafen (hauptsächlich wegen Entziehungs- und Gewaltdelikten), dreimal verurteilte er einen Angeklagten zum Tode. Zwei von ihnen wurden am Landesgericht Wien in der Landesgerichtsstraße enthauptet: der Deserteur Anton Dosek am 1. Juli 1943 um 18:01 Uhr, der „Wehrkraftzersetzer" Franz Braumann am 5. Juli 1944 um 18:00 Uhr. Die Verhängung des dritten Todesurteils erfolgte in Abwesenheit des Angeklagten: Oberleutnant Hans Frankenfeld war nicht nur desertiert, sondern hatte dabei auch gleich noch Kriegsverrat begangen. Mifka verurteilte den fahnenflüchtigen Offizier am 17. Dezember 1943 zum Tode, die Bestätigung des Urteils erfolgte am 21. März 1944 durch den Chef des Oberkommandos der Wehrmacht, Wilhelm Keitel, und, wie bei allen Offizieren, durch Adolf Hitler höchstpersönlich: „Die Todesstrafe ist durch Erhängen zu vollstrecken, sobald der Verurteilte in deutsche Hände gerät."

Nach dem Krieg wurde Mifka aufgrund seiner NSDAP-Mitgliedschaft aus dem Staatsdienst entlassen. Ein vom Wiener Volksgericht initiiertes Ermittlungsverfahren wegen der Todesurteile, die er als Heeresrichter gefällt hatte, wurde 1947 eingestellt. Ab 1948 war Hugo Mifka als Rechtsanwalt tätig. Der Präsident des Oberlandesgerichts Wien attestierte ihm den Ruf eines „auf dem Boden der unabhängigen demokratischen Republik stehenden vertrauenswürdigen Mannes".[39]

Erich Schwinge, geboren am 15. Jänner 1903 in Jena

Erich Schwinge wusste sich zu inszenieren. Seine Vorlesungen an der juridischen Fakultät der Universität Wien bestritt er in Wehrmachtuniform und er ermunterte seine Studenten zum Besuch der Verhandlungen, die er am Gericht der Division Nr. 177 leitete. Schwinge war zweifellos der prominenteste unter den Richtern am Divisionsgericht. Als Professor an der traditionsreichen Universität Marburg an der Lahn hatte er sich insbesondere im Kampf um die Deutungshoheit der nationalsozialistischen Rechtslehre hervorgetan. Im Zentrum seiner Interpretation leuchtete die militärische Disziplin. Seinem 1936 verfassten Kommentar zum Militärstrafgesetzbuch, der bis Kriegsende nicht weniger als sechs Auflagen erlebte, stellte er folgenden Leitgedanken voran: „Aufrechterhaltung der Mannszucht und damit Sicherung des inneren Zusammenhalts, der Schlagkraft und der Schlagfertigkeit der Truppe."[40] Werte wie Treue, Ehre und Kameradschaft hielt sich Schwinge tunlichst vom Leibe. Die Wehrmachtjustiz habe sich an den „militärischen Notwendigkeiten" zu orientieren, und da standen romantische Vorstellungen vom Soldatentum eher nutzlos im Weg: „Mannszucht geht vor Kameradschaft."[41]

Ab Jänner 1941 fungierte Erich Schwinge als Richter am Gericht der Division Nr. 177; abgesehen von einigen Kurzeinsätzen in Frankreich, Belgien und der Sowjetunion blieb er dieser Dienststelle bis März 1945 erhalten; danach wurde er nach Norditalien abkommandiert. Sein letztes Urteil stammt vom 8. Februar 1945, als er den Obergefreiten Josef H. wegen Selbstverstümmelung zum Tode verurteilte. Schwinge dachte in der Urteilsbegründung sein Mannszucht-Mantra konsequent zu Ende. Obwohl vieles für den Angeklagten sprach – seine Unbescholtenheit, seine gute Führung, sein tadelloses Auftreten etc. –, „war das Gericht der Meinung, dass die außerordentlich heikle Ersatzlage es in Fällen der vorliegenden Art generell verbietet, Milde walten zu lassen. Einer solchen Pflichtwidrigkeit kann im Interesse der Mannszucht nur mit dem schärfsten Strafmittel – der Todesstrafe – begegnet werden." Das Urteil wurde zwar bestätigt, die Vollstreckung aber ausgesetzt, „um dem Verurteilten die Gelegenheit zur Bewährung bei besonderem Einsatz zu geben". Ob Josef H. den Krieg überlebte, ist nicht bekannt.

Insgesamt verhängte Erich Schwinge in den Jahren 1941–1945 147 Urteile, darunter sieben Todesurteile, von denen drei auch vollstreckt wurden. In 95 Fällen (64,5 %) erkannte er auf Gefängnis, in 14 Fällen (knapp 13 %) auf Zuchthaus, in 15 Fällen (10,2 %) ordnete er den Freispruch des Angeklagten an.

Erich Schwinge geriet gegen Kriegsende in Tirol in britische Kriegsgefangenschaft, kehrte aber bereits im Herbst 1945 nach Marburg zurück. Sein Entnazifizierungsverfahren klassifizierte ihn als „Entlasteten", so dass er ab dem Wintersemester 1946/47 erneut eine Professur an der Universität Marburg ausübte. Schwinge tat sich bis in die 1980er Jahre publizistisch als einer der eifrigsten Apologeten der Wehrmachtjustiz hervor. Diese habe, obwohl sie sich mit „der brutalen Macht des nationalsozialistischen

Regimes" konfrontiert sah, „alles in allem den Boden der Rechtsstaatlichkeit" nicht verlassen.[42]

Ferdinand Kopriva, geboren am 14. Dezember 1896 in Korneuburg

Ferdinand Kopriva war im Zivilberuf Rechtsanwalt in Korneuburg. Im April 1940 wurde er als Leutnant der Reserve in die Wehrmacht eingezogen, ab Sommer 1941 war er als Heeresrichter z. V.[43] am Gericht der Division Nr. 177 tätig, seine Entlassung aus dem Offizierskorps und seine Übernahme in den Heeresjustizdienst erfolgte aber erst im Oktober desselben Jahres. Sein Gerichtsherr stellte Kopriva ein gutes Zeugnis aus: „Besonders befähigter Richter mit sehr guten Kenntnissen, besonders sicherem Urteil und großer Dienstfreude. Füllt seine Stelle sehr gut aus."[44]

Kopriva blieb bis Ende November 1943 am Gericht der Division Nr. 177 in Wien und wurde danach an ein unbekanntes Gericht versetzt, wo er mit 1. Mai 1944 zum Oberstabsrichter befördert wurde. Im Oktober 1944 kehrte er an das Gericht der Division Nr. 177 zurück, wurde aber in die Außenstelle Brünn abkommandiert. Mit 18. Jänner 1945 amtierte er als Richter am Gericht der Wehrmachtkommandantur Wien.

Insgesamt fällte Ferdinand Kopriva zwischen Sommer 1941 und Jänner 1945 133 Urteile (plus zwei Urteile in Neuverhandlungen). Zwischen 18. Dezember 1942 und 29. Oktober 1943 verhängte Kopriva drei Todesstrafen gegen Deserteure, die allesamt vollstreckt wurden: Ferdinand Rummel wurde am 22. Jänner 1943 am Militärschießplatz Kagran erschossen, Franz König und Johann Wimmer starben am 29. April 1943 bzw. am 7. Februar 1944 durch die Guillotine am Landesgericht Wien.[45] Es fällt auf, dass Kopriva nach seiner Rückkehr nach Brünn keine Todesurteile mehr aussprach und in insgesamt 22 Verfahren, denen er als Richter vorsaß, lediglich einmal auf Zuchthaus erkannte.

Koprivas „sehr gute Kenntnisse" des Wehrrechts waren möglicherweise der Grund dafür, dass er überdurchschnittlich oft bei Strafsachen den Vorsitz führte, die den Missbrauch der Dienstgewalt durch einen Vorgesetzten zum Gegenstand hatten. 2,5 % aller Fälle am Gericht beschäftigten sich mit dieser Deliktkategorie, aber Kopriva hatte in mehr als fünf Prozent seiner Verfahren als Richter damit zu tun.

Nach dem Ende des Zweiten Weltkriegs ließ Ferdinand Kopriva sich als Anwalt in Stockerau nieder.

Ferdinand Fischer, geboren am 14. April 1905 in Andorf

Die wehrmachtrichterliche Karriere Ferdinand Fischers begann mit einer Verfahrenseinstellung. Das Delikt, dessen der Soldat Friedrich Welzl angeklagt war, ist nicht überliefert. Ganz offensichtlich hielt es der gebürtige Oberösterreicher Fischer, gerade erst 34 Jahre alt, aber nicht für notwendig, am 20. Oktober 1939 eine Strafe zu verhängen. Es blieb seine einzige Einstellung.

Fischer fungierte von Herbst 1939 bis Jahresende 1940, erneut von September 1942 bis Ende März 1943 sowie von Dezember 1943 bis November 1944 als Richter am Feldkriegsgericht der Division Nr. 177 und fällte während dieser Zeit 121 Urteile (plus vier Urteile in Neuverhandlungen). Er war 1943 für sieben Monate dem Gericht der Oberfeldkommandantur 589 in Lüttich zugeteilt. Wo er 1941 und in den ersten acht Monaten des Jahres 1942 Dienst tat, ist nicht bekannt. Mit 1. Dezember 1944 wurde Fischer ans Zentralgericht des Heeres in Berlin abgeordnet.

Fischer verhängte während seiner Zeit am Gericht der Division Nr. 177 eine Todesstrafe, und zwar am 21. September 1942, nur zwei Wochen nach seiner Rückkehr ans Gericht, gegen den Deserteur Karl Helm. Das Urteil wurde am 23. Oktober 1942 am Militärschießplatz Kagran vollstreckt. Wie beim oben erwähnten Ferdinand Kopriva fällt auch bei Fischer auf, dass er nach seiner Rückkehr nach Wien im Jahr 1944 vergleichsweise milde Urteile fällte. Fischer führte 1944 30 Verfahren, in denen er bei 23 Gefängnisstrafen und sechs Freisprüchen lediglich einmal eine Zuchthausstrafe aussprach (hinzu kamen zwei Zuchthausstrafen gegen Deserteure in Neuverhandlungen).

Nach dem Krieg lief es vorerst gar nicht gut für Fischer. Er saß von 3. Mai 1945 bis 21. Juli 1946 in den Internierungslagern Mauerkirchen und Glasenbach. Nach einer Intervention des oberösterreichischen Industriellen Gustav Kapsreiter wurde Fischer aber auf freien Fuß gesetzt. Von Oktober 1946 bis Juli 1950 war Fischer als Richter am OLG-Sprengel Wien tätig, danach gelangte er als Senatsvorsitzender ans Landesgericht für Zivilrechtssachen in Wien, wo er mit Jahresende 1968 in den Ruhestand versetzt wurde. Am 6. Februar 1969 erhielt er das Goldene Ehrenzeichen für Verdienste um die Republik Österreich.

Georg Winiwarter, geboren am 11. Februar 1889 in Hollabrunn

Divisionsrichter Karl Everts war voll des Lobes. Richter Georg Winiwarter sei eine „bewährte und geschätzte Kraft, von unermüdlichem Fleiß und nie versagendem Diensteifer, ein bewährter und verdienter Mitarbeiter, ausgezeichneter Kamerad".[46] Der 1889 als Georg Ritter von Winiwarter geborene Niederösterreicher war seit 1921 Rechtsanwalt in Spitz an der Donau und seit 1. Juni 1933 Mitglied der NSDAP. Im Herbst 1941 absolvierte er gemeinsam mit seinen späteren Gerichtskollegen Hans Watzek und Erich Scheure den „Einweisungslehrgang für Ergänzungsrichter" in Berlin. Nach einigen Monaten beim Gericht der Division Nr. 177 wurde Winiwarter mit Jahreswechsel 1941/42 zum Gericht der Oberfeldkommandantur Krakau in das damalige Generalgouvernement versetzt.

Winiwarter war in den Jahren 1943 und 1944 an Feldgerichten nahe der Ostfront eingesetzt, kehrte aber zwischendurch immer wieder an sein Stammgericht in Wien zurück, so dass er hier im Kriegsverlauf immerhin 112 Urteile (plus sechs Urteile in Neuverfahren) fällte, den größten Teil davon in den Jahren 1943 und 1944. Georg Winiwarter verhängte am Gericht der Division Nr. 177 elfmal die Höchststrafe, davon neunmal im Jahr 1944, allesamt gegen Deserteure; er erkannte also durchschnittlich in jedem vierten seiner Urteile dieses Jahres auf Todesstrafe. Drei dieser Urteile wurden nachweislich vollstreckt, fünf Todesurteile ergingen in Abwesenheit der Beschuldigten, nachdem diese in der Nacht vom 10. auf 11. Jänner 1944 an der italienischen Front zu den amerikanischen Streitkräften übergelaufen waren (vgl. den Beitrag von Amelie Rakar und Julian Stricker-Neumayer in diesem Band).

An Winiwarters Urteilsbilanz fällt neben der hohen Anzahl an Todesurteilen der geringe Anteil an Freisprüchen auf. Nur in 5,4 % seiner Verhandlungen sprach Winiwarter die Angeklagten frei (verglichen mit 11,9 % am Gericht insgesamt).

Winiwarter blieb bis zuletzt am Feldkriegsgericht der Division Nr. 177. Sein letztes Urteil stammt vom 16. März 1945, als er den Grenadier Friedrich D. zu zwei Jahren Gefängnis verurteilte. Dieser hatte sich ab 21. Jänner 1945 zuerst bei seinen Eltern, danach bei seiner Tante und zuletzt in Ziegelöfen in Vösendorf versteckt. Nach dem Grund seiner Entfernung gefragt, gab D. an, Kameraden hätten ihn dazu überredet, weil „der Russe schon bald hier sein wird". Warum Winiwarter in diesem Fall auf unerlaubte Entfernung und nicht auf Fahnenflucht erkannte, bleibt sein Geheimnis.

Nach Kriegsende kehrte Georg Winiwarter in seine Rechtsanwaltskanzlei in Spitz an der Donau zurück.

Otto Pruckner, geboren am 7. April 1891 in Graz

Otto Pruckner, im Zivilberuf Staatsanwalt in Graz und seit 1. Juli 1938 Mitglied der NSDAP, war zu Beginn seiner Karriere als Wehrmachtrichter viel unterwegs. Nach einer kurzen Eingewöhnungszeit am Gericht der Division Nr. 177 in Wien gelangte er im Jänner 1940 zum Gericht der Feldkommandantur 520 in Antwerpen, außerdem war er in Nordfrankreich eingesetzt und machte als Richter beim Gericht der Feldkommandantur 599 den Balkanfeldzug mit. Ab März 1942 fungierte er als Abteilungsleiter am Gericht der Division Nr. 177 und blieb hier bis Kriegsende, zuletzt als Oberfeldrichter.[47] Von 27. April bis 30. Juli 1945 diente er der jungen Zweiten Republik als Richter am Bezirksgericht Wien I, danach ging er, obwohl erst 56 Jahre alt, in offenbar dauerhaften Krankenstand. Jedenfalls verliert sich seine Spur in den Archiven.

An Otto Pruckners Urteilsbilanz fällt einerseits der hohe Prozentsatz an Freisprüchen (14,2 %), andererseits der hohe Anteil an Zuchthausstrafen (13,2 %) auf. Letzterer lässt sich dadurch erklären, dass Pruckner 1944 als Verhandlungsleiter in einigen Strafverfahren gegen „Selbstverstümmler" fungierte. Die Prozesse endeten zwar mit durchweg hohen Zuchthausstrafen für die Angeklagten, aber Pruckner verhängte in diesen Fällen – im Gegensatz zu seinem Kollegen Leopold Breitler – keine einzige Todesstrafe. Otto Pruckner fällte am Feldkriegsgericht der Division Nr. 177 ein Todesurteil, und zwar gegen den Deserteur Johann Rieger. Dieser war am 27. November 1944 von Richter Hans Höhndorf zu zwölfeinhalb Jahren Zuchthaus verurteilt worden, was dem Chef des Stabes des Ersatzheeres, Hans Jüttner, aber allzu milde erschien, weshalb Pruckner im Neuverfahren am 26. Jänner 1945 auf die Höchststrafe erkannte. Rieger wurde am 3. April 1945 am Militärschießplatz Kagran erschossen.

Leopold Breitler, geboren am 19. Juni 1891 in St. Pölten

Leopold Breitler war ein unscheinbarer Mann. Er stammte aus bescheidenen niederösterreichischen Verhältnissen – sein Vater war Eisengießer in St. Pölten – und begann im Herbst 1911 an der Universität Wien Rechtswissenschaften zu studieren. Der Erste Weltkrieg unterbrach das Studium. Breitler, der es im Krieg bis zum Oberleutnant gebracht hatte, geriet im Februar 1918 in italienische Kriegsgefangenschaft, aus der er erst im Sommer 1919 zurückkehrte. Im Mai 1920 wurde Breitler promoviert und ließ sich danach in Steyr als Anwalt nieder.[48] Soweit wir wissen, betätigte er sich nicht politisch und war auch nicht Mitglied der NSDAP. Aus unbekannten Gründen wagte Breitler 1938 im Alter von 47 Jahren einen beruflichen Neuanfang und übersiedelte nach Wien, wo er in der Hietzinger Kupelwiesergasse eine Rechtsanwaltspraxis eröffnete.

Am 11. August 1942 wurde Leopold Breitler Richter am Feldkriegsgericht der Division Nr. 177. Einen guten Monat später – er hatte in gerade einmal drei Verfahren Hauptverhandlungserfahrung gesammelt – kam ein heikler Auftrag auf ihn zu. Generaloberst Friedrich Fromm, Befehlshaber des Ersatzheeres und Chef der Heeresrüstung, hatte ein Urteil von Karl Everts aufgehoben. Offenbar erschienen ihm die vier Jahre und acht Monate Zuchthaus, die Everts gegen den Soldaten Mathias Zink wegen „Feigheit und Zersetzung der Wehrkraft" verhängt hatte, allzu milde. Breitler erkannte im Neuverfahren am 21. September 1942 auf Todesstrafe, die nur 16 Tage später am Militärschießplatz Kagran vollstreckt wurde.

Breitler wurde im Oktober 1942 nach Italien versetzt und kehrte ziemlich genau zwei Jahre später zurück nach Wien. Am 16. Oktober 1944 trat er erneut seinen Dienst beim Gericht der Division Nr. 177 an. Genau eine Woche später fällte Breitler als Richter im ersten der großen Selbstverstümmlerprozesse, die Karl Everts als Sachbearbeiter und Anklagevertreter im Herbst 1944 und Winter 1944/45 durchführen ließ, zehn Todes- und 29 Zuchthausurteile (sowie zwei Freisprüche).

Leopold Breitler leitete am Feldkriegsgericht der Division Nr. 177 insgesamt zwar nur 42 Verfahren, aber er verurteilte nicht weniger als 112 Personen. Seine Bilanz liest sich wahrhaft schauerlich: 53,5 % Zuchthausstrafen (60 Urteile), 22,3 % Gefängnisstrafen (25 Urteile) und nicht weniger als 18 Todesurteile (16,1 %) bei lediglich einer Arreststrafe und acht Freisprüchen.

Nach dem Krieg geriet Leopold Breitler kurz ins Visier der österreichischen Justiz, die ihm vorwarf, die Todesurteile gegen die „Selbstverstümmler" im Herbst 1944 gefällt zu haben, obwohl er wissen musste, dass die Geständnisse unter Folter erpresst worden waren. Im April 1946 kam er deshalb sogar kurz in Untersuchungshaft, gegen die er allerdings Einspruch erhob:

Es liegt schon deshalb kein ausreichender Verdacht dafür vor, daß ich gegen die Grundsätze der Menschlichkeit verstoßen habe, weil ich nur nach den bestehenden Gesetzen, welche zugleich allgemein anerkanntes Kriegsrecht darstellen, zu deren Einhaltung ich obendrein verpflichtet war, vorgegangen bin und darüber hinaus die größtmögliche Milde angewendet habe.[49]

Das genügte den Behörden. Breitler wurde im Mai 1946 aus der Untersuchungshaft entlassen, eine Anklage wurde nie erhoben. Er nahm seine Rechtsanwaltspraxis wieder auf, führte ein völlig unauffälliges Leben und starb im September 1966.

Kollektives Urteilen: Die Richter in der Gesamtschau

Zum Abschluss dieses Artikels will ich versuchen, ein Bild des kollektiven Urteilens am Feldkriegsgericht der Division Nr. 177 zu zeichnen. Dieses Bild muss notwendigerweise skizzenhaft und unscharf bleiben, da die dieser Untersuchung zugrundeliegenden Strafsachenlisten als die einzigen quantitativ verwertbaren Quellen klarerweise Defizite aufweisen. Zum Beispiel verraten sie uns nicht den Namen des Anklägers. Formal oblag es zwar dem Gerichtsherrn zu entscheiden, ob und nach welchen Paragrafen Anklage erhoben werden sollte, er traf diese Entscheidung aber nach Vorlage eines Ermittlungsberichts durch den jeweils zuständigen Sachbearbeiter, der wohl auch Empfehlungen und Einschätzungen darüber abgab, wie die Anklage aussehen sollte. Da die Gerichtsherren in ihrer Eigenschaft als Divisionskommandeure ja auch noch militärische (und nicht nur militärjuristische) Pflichten hatten, gehe ich davon aus, dass sie sich nur in Ausnahmefällen wirklich in die Ermittlungsverfahren vertieften. Wir erfahren aus den Strafsachenlisten auch nichts über die Gründe, die zu einem Urteil führten, über die Dauer einer unerlaubten Entfernung oder über die Höhe einer entwendeten Geldsumme, über die Anzahl der Vorstrafen, die ein Angeklagter gesammelt hatte, oder über dessen Führung, dessen Fronteinsätze, Verwundungen oder Auszeichnungen. All diese und noch viele weitere Faktoren flossen aber in die Urteilsbegründung und die Festlegung der Strafhöhe ein, und so konnte beispielsweise eine sechsmonatige Gefängnisstrafe wegen unerlaubter Entfernung ein hartes oder ein mildes Urteil darstellen. Umfassendere Informationen finden sich in den Verfahrensakten, von denen aber viele nicht mehr existieren.

Zur Illustration der folgenden quantitativen Darstellung habe ich nur jene 21 Richter herangezogen, die mehr als 50 Urteile am Gericht der Division Nr. 177 fällten.[50]

Tab. 6 21 Richter und ihre Urteilssprüche am Feldkriegsgericht der Division Nr. 177, 1939–1945.

	Gefängnis	Freispruch	Zuchthaus	Arrest	Todesstrafe	Einstellung	Andere	Geldstrafe	Gesamt
Bauer	58,8 %	10,4 %	14,9 %	7,2 %	5,1 %	1,9 %	1,9 %	0,0 %	100,0 %
Paschinger	63,7 %	10,9 %	8,3 %	11,4 %	4,1 %	1,0 %	0,5 %	0,0 %	100,0 %
Trauttmansdorff	64,1 %	11,8 %	5,9 %	15,3 %	0,0 %	1,2 %	0,6 %	1,2 %	100,0 %
Mifka	63,9 %	17,1 %	8,2 %	6,3 %	1,9 %	2,5 %	0,0 %	0,0 %	100,0 %
Schwinge	69,1 %	10,3 %	10,3 %	5,1 %	4,4 %	0,7 %	0,0 %	0,0 %	100,0 %
Kopriva	67,7 %	10,5 %	4,5 %	14,3 %	2,3 %	0,8 %	0,0 %	0,0 %	100,0 %
Fischer	71,1 %	11,6 %	5,8 %	9,9 %	0,8 %	0,8 %	0,0 %	0,0 %	100,0 %
Winiwarter	66,1 %	5,4 %	8,9 %	8,9 %	9,8 %	0,0 %	0,9 %	0,0 %	100,0 %
Pruckner	61,9 %	14,3 %	13,3 %	9,5 %	0,0 %	1,0 %	0,0 %	0,0 %	100,0 %
Breitler	25,5 %	5,1 %	52,0 %	1,0 %	16,3 %	0,0 %	0,0 %	0,0 %	100,0 %
Meyer	79,1 %	13,2 %	2,2 %	4,4 %	0,0 %	1,1 %	0,0 %	0,0 %	100,0 %
Schrottek	78,9 %	12,2 %	1,1 %	4,4 %	1,1 %	2,2 %	0,0 %	0,0 %	100,0 %
Fischerleitner	71,1 %	13,3 %	6,7 %	5,6 %	0,0 %	1,1 %	0,0 %	2,2 %	100,0 %
Watzek	67,0 %	17,0 %	6,8 %	2,3 %	4,5 %	1,1 %	1,1 %	0,0 %	100,0 %
Wiarda	52,1 %	7,0 %	4,2 %	11,3 %	22,5 %	0,0 %	2,8 %	0,0 %	100,0 %
Everts	49,2 %	15,4 %	4,6 %	26,2 %	0,0 %	3,1 %	0,0 %	1,5 %	100,0 %
Denk	64,5 %	8,1 %	4,8 %	22,6 %	0,0 %	0,0 %	0,0 %	0,0 %	100,0 %
Rasch	67,8 %	6,8 %	18,6 %	3,4 %	3,4 %	0,0 %	0,0 %	0,0 %	100,0 %
Schubert	62,1 %	10,3 %	8,6 %	12,1 %	0,0 %	5,2 %	1,7 %	0,0 %	100,0 %
Sturm	59,3 %	18,5 %	7,4 %	13,0 %	1,9 %	0,0 %	0,0 %	0,0 %	100,0 %
Gossleth	50,0 %	25,0 %	15,4 %	3,8 %	3,8 %	0,0 %	1,9 %	0,0 %	100,0 %

Leopolds Breitlers furchtbare Urteilsbilanz (vgl. Tab. 6) fällt auch in dieser Zusammenstellung ins Auge. Kein anderer Richter hat einen auch nur annähernd so hohen Anteil an Zuchthausstrafen. Bei den Todesurteilen wird Breitler nur von Heinrich von Wiarda übertroffen, der 1942 16 Personen wegen des Diebstahls von Wintersachen zum Tode verurteilte (die Urteile wurden aufgehoben, die Verfahren größtenteils eingestellt). In Anbetracht der Häufigkeit der verhängten Zuchthausurteile können Erwin Rasch, Fritz Bauer, Otto Pruckner und Erich Schwinge als Überzeugungstäter gelten.

Karl Schrottek und Hugo Mifka stellten in der Außenstelle Brünn ein häufig zusammengespanntes Duo aus Ankläger und Richter dar, nicht zuletzt deshalb, weil die Außenstelle offenbar notorisch unterbesetzt war. Wir wissen nicht, wie die beiden Richter sich vertrugen – beide waren in Brünn geboren, Mifka war überzeugter Nazi, Schrottek erst 1939 der NSDAP beigetreten –, die Unterschiede in ihrer Spruchpraxis fallen jedenfalls auf: Schrottek erkannte nur jeweils einmal auf Zuchthaus- und Todesstrafe und verhängte überdurchschnittlich häufig Gefängnisstrafen; Mifkas Bilanz weist neben den erwähnten drei Todesurteilen eine leicht unterdurchschnittliche Zuchthaus- und eine deutlich unterdurchschnittliche Gefängnisquote auf, bei einem erstaunlich hohen Prozentsatz an Freisprüchen. Bei Erwin Rasch, Leopold Breitler und

Georg Winiwarter fällt der geringe Anteil an Freisprüchen besonders stark auf. Der Anteil an Arreststrafen ist bei Verfahren unter der Leitung von Leopold Denk, Karl Trauttmansdorff, Ferdinand Kopriva und vor allem Karl Everts erstaunlich hoch.

An Everts zeigen sich aber auch die Grenzen dieser quantitativen Auswertung. Wüssten wir nicht, dass er mit beinahe religiösem Furor Soldaten verfolgte, die sich selbst Verletzungen beibrachten oder beibringen ließen, wüssten wir nicht, dass er als geifernder Ankläger in den großen „Selbstverstümmler"-Prozessen des Jahres 1944 Dutzende Male die Todesstrafe forderte –, wir müssten Divisionsrichter Karl Everts angesichts seiner Urteilsbilanz (keine Todesstrafe, über 40 % Freisprüche und Arreststrafen) für einen moderaten Vertreter der Wehrmachtjustiz halten.[51]

Tab. 7 18 Richter nach Deliktkategorien am Feldkriegsgericht der Division Nr. 177, 1939–1945.

	Dienstpflicht	Eigentum	Entziehung	Gewalt	Missbrauch DG	Ordnung	Sitte	StVO	Täuschung	Gehorsam	WKZ
Bauer	3,0 %	27,3 %	40,9 %	3,6 %	1,2 %	0,3 %	1,8 %	0,6 %	3,6 %	4,5 %	11,8 %
Paschinger	2,4 %	21,2 %	47,1 %	2,4 %	1,2 %	0,6 %	0,6 %	0,6 %	4,7 %	8,2 %	10,0 %
Trauttmansdorff	0,0 %	30,4 %	39,9 %	4,1 %	0,7 %	2,7 %	0,0 %	2,0 %	5,4 %	11,5 %	2,7 %
Mifka	7,1 %	17,3 %	37,8 %	3,1 %	5,5 %	0,8 %	0,0 %	0,8 %	7,1 %	7,9 %	12,6 %
Schwinge	3,3 %	22,3 %	44,6 %	1,7 %	0,8 %	1,7 %	0,0 %	1,7 %	5,0 %	7,4 %	10,7 %
Kopriva	2,5 %	22,9 %	43,2 %	3,4 %	5,1 %	1,7 %	2,5 %	0,0 %	5,1 %	7,6 %	5,1 %
Fischer	1,9 %	19,8 %	47,2 %	2,8 %	0,9 %	0,0 %	0,9 %	0,9 %	3,8 %	10,4 %	11,3 %
Winiwarter	3,8 %	22,6 %	43,4 %	4,7 %	0,0 %	0,0 %	0,0 %	0,0 %	2,8 %	10,4 %	10,4 %
Breitler	3,2 %	4,3 %	19,4 %	0,0 %	0,0 %	0,0 %	0,0 %	0,0 %	0,0 %	2,2 %	71,0 %
Pruckner	2,2 %	21,1 %	35,6 %	3,3 %	2,2 %	0,0 %	1,1 %	0,0 %	6,7 %	10,0 %	14,4 %
Meyer	0,0 %	43,6 %	29,5 %	2,6 %	0,0 %	1,3 %	1,3 %	0,0 %	6,4 %	11,5 %	2,6 %
Schrottek	0,0 %	31,2 %	45,5 %	0,0 %	1,3 %	5,2 %	0,0 %	0,0 %	3,9 %	5,2 %	7,8 %
Fischerleitner	1,3 %	23,4 %	41,6 %	2,6 %	1,3 %	0,0 %	1,3 %	5,2 %	3,9 %	9,1 %	10,4 %
Watzek	0,0 %	29,2 %	38,9 %	4,2 %	1,4 %	0,0 %	4,2 %	0,0 %	5,6 %	5,6 %	11,1 %
von Wiarda	1,5 %	40,9 %	31,8 %	4,5 %	3,0 %	1,5 %	3,0 %	1,5 %	1,5 %	6,1 %	4,5 %
Denk	1,8 %	19,3 %	38,6 %	1,8 %	0,0 %	0,0 %	3,5 %	8,8 %	3,5 %	17,5 %	5,3 %
Rasch	1,8 %	18,2 %	45,5 %	1,8 %	1,8 %	1,8 %	0,0 %	0,0 %	3,6 %	9,1 %	16,4 %
Everts	1,9 %	26,4 %	49,1 %	0,0 %	9,4 %	0,0 %	0,0 %	3,8 %	1,9 %	5,7 %	1,9 %

Tabelle 7 enthält, strukturiert nach Deliktkategorien, nur die Daten von Richtern, die mehr als 50 Urteile – ohne Einstellungen und Freisprüche – fällten.[52] Mit Ausnahme von – wiederum – Leopold Breitler, der fast ausschließlich Verfahren wegen

„Wehrkraftzersetzung, begangen durch Selbstverstümmelung" leitete, lassen sich keine Deliktspezialisten unter den Richtern feststellen. Zunächst überrascht dieser Befund nicht, weil es Aufgabe der Gerichtsherren war, den Richtern ihre Fälle zuzuweisen. Aber einige Unterschiede und möglicherweise besondere Eignungen oder sogar Vorlieben werden doch deutlich.

Zum Beispiel wurde Richter Eduard Meyer vergleichsweise selten mit Entziehungsdelikten betraut, dafür hatte er überdurchschnittlich häufig mit Eigentumsdelikten zu tun – ebenso wie, statistisch betrachtet, Heinrich von Wiarda, wobei der bereits erwähnte, später zur Gänze aufgehobene Prozess gegen 16 Diebe von Wintersachen aus dem Jahr 1942 die Daten deutlich verzerrt. Für Erwin Rasch und Hugo Mifka lässt sich das Gegenteil feststellen. Karl Everts, Hugo Mifka und Ferdinand Kopriva befassten sich überdurchschnittlich oft mit Fällen von Missbrauch der Dienstgewalt, Leopold Denk und Ludwig Fischerleitner wurden oft herangezogen, wenn Verkehrsunfälle zu beurteilen waren; letztere Häufung muss aber nichts mit strafrechtlichem Expertenwissen zu tun haben, sondern könnte schlicht daran liegen, dass Fischerleitner von 1939 bis 1941, Denk von 1940 bis 1942 am Gericht tätig waren, zu einem Zeitpunkt also, als Verstöße gegen die Straßenverkehrsordnung noch Gegenstand von Hauptverhandlungen sein konnten. Denk, Meyer und Karl Trauttmansdorff wurden offenbar gerne dann um den Vorsitz gebeten, wenn es um Delikte des militärischen Ungehorsams ging, dafür hatten diese drei Richter mit dem Delikt der „Zersetzung der Wehrkraft" eher selten zu tun. Wieder markiert Karl Everts die Grenzen der Interpretation. Würden wir nicht wissen, dass Everts eine zentrale Rolle in der Niederschlagung der „Selbstverstümmelungsseuche" spielte, müssten wir angesichts dieser Auswertung zu der Ansicht gelangen, Everts hätte sich mit „Wehrkraftzersetzung" kaum beschäftigt.

Todesstrafen

Zum Schluss muss es um die 142 Todesstrafen gehen: Fritz Bauer, 20 Todesurteile. Leopold Breitler, 18 Todesurteile. Heinrich von Wiarda, 16 Todesurteile. Georg Winiwarter, 11 Todesurteile. Karl Paschinger, 10 Todesurteile. Max Heidlauff, 9 Todesurteile. Erich Schwinge, 7 Todesurteile. Ferdinand Nagl, 5 Todesurteile. Stefan Clanner, 4 Todesurteile. Hans Watzek, 4 Todesurteile. Ferdinand Kopriva, 3 Todesurteile. Viktor Mayer, 3 Todesurteile. Hugo Mifka, 3 Todesurteile. Erwin Rasch, 3 Todesurteile. Franz von Gossleth, 2 Todesurteile. Walter Karbeutz, 2 Todesurteile. Friedrich Kempf, 2 Todesurteile. Alfred Kreibig, 2 Todesurteile. (unbekannter Vorname) Bayer, 1 Todesurteil. Hans Bernard, 1 Todesurteil. Egon Dietrich, 1 Todesurteil. Karl Everts, 1 Todesurteil. Ferdinand Fischer, 1 Todesurteil. Friedrich Garstenauer, 1 Todesurteil. Willi Gutzke, 1 Todesurteil. Herbert Keyser, 1 Todesurteil. Friedrich Kisser, 1 Todesurteil. Otto Pruckner, 1 Todesurteil. Hermann Razelsdorfer, 1 Todesurteil. Wilhelm Schneider,

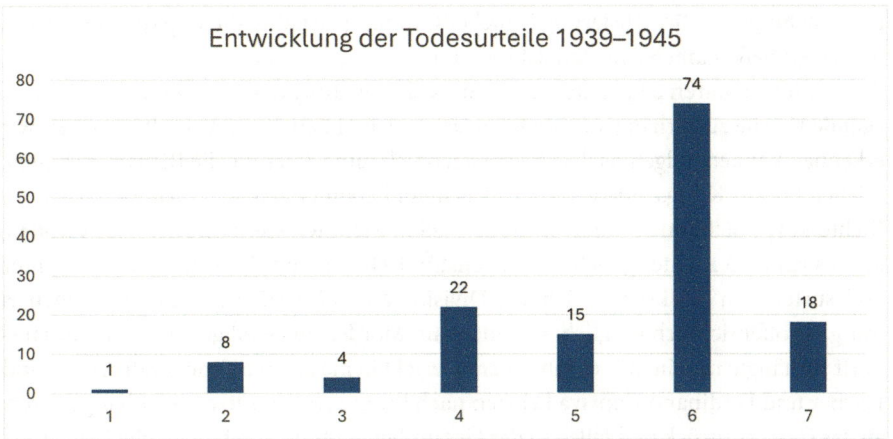

Abb. 2 Entwicklung der Todesurteile am Feldkriegsgericht der Division Nr. 177, 1939–1945.

1 Todesurteil. Karl Schrottek, 1 Todesurteil. Hermann Sturm, 1 Todesurteil. Ernst Székely, 1 Todesurteil sowie drei Todesurteile, deren Verfasser wir nicht kennen.

33 der 113 Richter, die sich am Feldkriegsgericht der Division Nr. 177 identifizieren lassen, also 29,2 %, haben mindestens ein Todesurteil zu verantworten. Das bedeutet aber auch, dass über 70 % der Richter an diesem Gericht keine Todesstrafe verhängt haben.

Wie lässt sich das nun mit der häufig geäußerten These der zunehmenden Radikalisierung der Wehrmachtjustiz im Verlauf des Krieges und insbesondere in den letzten beiden Kriegsjahren in Einklang bringen?

Noch einmal kurz zurück zu den Fakten. Auch am Feldkriegsgericht der Division Nr. 177 nahm die Schärfe der Urteile zu, je mehr die Aussichten schwanden, den Krieg zu gewinnen. Von insgesamt 142 Todesstrafen verhängten die Richter 84 wegen Entziehungsdelikten, also im Prinzip wegen Desertion, 32 wegen „Zersetzung der Wehrkraft, begangen durch Selbstverstümmelung", 20 wegen Eigentumsdelikten (neben dem mehrfach erwähnten Diebstahl von Wintersachen 1942 ging es zweimal um Plünderung, zweimal um eine Verurteilung nach der „Volksschädlingsverordnung"), vier wegen Gewaltdelikten (jeweils wegen Mordes) und eines wegen Feigheit im Felde.

Die Radikalisierung spiegelt sich in der Grafik deutlich wider. Die mit Abstand größte Anzahl an Todesurteilen, 74, wurde im Jahr 1944 verhängt und die Bilanz des ersten Quartals 1945 deutet darauf hin, dass es, hätte der Krieg noch länger gedauert, in diesem Eskalationsgrad weitergegangen wäre. Und doch lässt sich diese aus der Makroperspektive deutlich erkennbare Tendenz nur ansatzweise – etwa durch die Einrichtung der Abteilung III zur Verfolgung der „Selbstverstümmlerseuche" – strukturell erklären. Wie sehr die einzelnen Richter sich von der Dynamik des Kriegsgeschehens, von der zunehmenden Brutalisierung jeglicher Ordnung, je näher die Kapitulation rückte, mitreißen ließen, blieb eine zutiefst individuelle Angelegenheit.

Die Richter waren angehalten, zur „Aufrechterhaltung der Manneszucht" abschreckende Urteile zu verhängen, aber taten sie es nicht, blieb dieses Verhalten, soweit wir erkennen können, folgenlos. Die Ermessensspielräume, über die die Richter verfügten, blieben bis ans Kriegsende geöffnet. Was nicht bedeutet, dass der Gruppendruck im Richterkorps nicht hoch war. Am Gericht taten, wenn wir Gerhard Artl folgen wollen, jeweils rund 15 Richter gleichzeitig Dienst.[53] 1944 fällten zehn verschiedene Richter Todesurteile am Feldkriegsgericht der Division Nr. 177, 1945 waren es zwölf. Doch es war ganz offensichtlich möglich, sich nicht am Morden zu beteiligen. Karl Trauttmansdorff verhängte in seinen fünf Jahren am Gericht keine einzige Todesstrafe. Ferdinand Fischer und Ferdinand Kopriva kehrten nach ihren Fronteinsätzen offenbar geläutert an das Gericht zurück und fallen in der Gesamtbetrachtung durch maßvolle Urteile auf.

So wenig die Militärjustiz eine „Nische der Rechtsstaatlichkeit" im Nationalsozialismus war,[54] so wenig war jeder Wehrmachtrichter ein Bluthund, der nur darauf wartete, vom Gerichtsherrn von der Kette gelassen zu werden, um Deserteure vor den Henker oder das Erschießungskommando zu bringen. Mittlerweile ist wohl die Zeit differenzierter Befunde angebrochen.

Literaturverzeichnis

Alton, Juliane/Geldmacher, Thomas/Koch, Magnus/Metzler, Hannes (Hg.): Verliehen für die Flucht vor den Fahnen. Das Denkmal für die Verfolgten der NS-Militärjustiz in Wien, Göttingen 2016.

Artl, Gerhard: Oberfeldrichter Everts und die Serie von Selbstverstümmelungen im Sommer 1944 in Wien, in: Mitteilungen des Österreichischen Staatsarchivs 1993, S. 194–205.

Enderle-Burcel, Gertrude: Karrieren von Richtern und Staatsanwälten. 1938 bis 1945 und in der Nachkriegszeit, in: Beiträge zur Rechtsgeschichte Österreichs 2017, S. 42–69.

Exenberger, Herbert/Riedel, Heinz: Militärschießplatz Kagran, Wien 2003.

Fritsche, Maria: Entziehungen. Österreichische Deserteure und Selbstverstümmler in der Deutschen Wehrmacht, Wien 2004.

Garbe, Detlef: Der Marburger Militärjurist Prof. Erich Schwinge. Kommentator, Vollstrecker und Apologet nationalsozialistischen Kriegsrechtes, in: Kirschner, Albrecht (Hg.): Deserteure, Wehrkraftzersetzer und ihre Richter. Marburger Zwischenbilanz zur NS-Militärjustiz vor und nach 1945, Marburg 2010, S. 109–130.

Geldmacher, Thomas: „Auf Nimmerwiedersehen!" Fahnenflucht, unerlaubte Entfernung und das Problem, die Tatbestände auseinander zu halten, in: Manoschek, Walter (Hg.): Opfer der NS-Militärjustiz. Urteilspraxis, Strafvollzug, Entschädigungspolitik in Österreich, Wien 2003, S. 133–194.

Geldmacher, Thomas: „Im Café Weber sah ich viele Kameraden, die den Arm in Gips trugen." Karl Lauterbach und das Simmeringer Netzwerk von Selbstverstümmlern, Sommer 1944, in: Geldmacher, Thomas/Metzler, Hannes/Koch, Magnus/Pirker, Peter/Rettl, Lisa (Hg.): „Da machen wir nicht mehr mit." Soldaten und Zivilisten vor Gerichten der Wehrmacht, Wien 2010, S. 188–194.

Geldmacher, Thomas: Der gute Mensch von Kiel? Marinerichter Otto Tschadek (1904–1969), in: Geldmacher, Thomas/Metzler, Hannes/Koch, Magnus/Pirker, Peter/Rettl, Lisa (Hg.): „Da machen wir nicht mehr mit." Soldaten und Zivilisten vor Gerichten der Wehrmacht, Wien 2010, S. 215–227.

Geldmacher, Thomas: Täter oder Opfer, Widerstandskämpfer oder Feiglinge? Österreichs Wehrmachtsdeserteure und die Zweite Republik, in: Dokumentationsarchiv des österreichischen Widerstandes (Hg.): Jahrbuch, Wien 2009, S. 37–59.

Geldmacher, Thomas: Die Radikalisierung des Rechts. Wehrmachtrichter im Spiegel ihrer Urteile, in: Pirker, Peter/Wenninger, Florian (Hg.): Wehrmachtsjustiz. Kontext. Praxis. Nachwirkungen, Wien 2011, S. 90–99.

Geldmacher, Thomas/Koch, Magnus: Österreichische Wehrmachtrichter im Zweiten Weltkrieg. Sozialprofile, Spruchpraxis, Nachkriegskarrieren, in: Lingen, Kerstin von/Pirker, Peter (Hg.): Deserteure der Wehrmacht und der Waffen-SS. Entziehungsformen, Solidarität, Verfolgung, Paderborn 2023, S. 193–224.

Kirschner, Albrecht: Wehrmachtjustiz in Marburg. Das Marburger Feldkriegsgericht 1939–1945 und die langen Schatten der Wehrmachtjustiz in Marburg nach 1945, in: Kirschner, Albrecht (Hg.): Deserteure, Wehrkraftzersetzer und ihre Richter: Marburger Zwischenbilanz zur NS-Militärjustiz vor und nach 1945, Marburg 2010, S. 59–96.

Messerschmidt, Manfred: Der Gerichtsherr, in: Zeitschrift für Geschichtswissenschaft 6/2004, S. 493–504.

Messerschmidt, Manfred/Wüllner, Fritz: Die Wehrmachtjustiz im Dienste des Nationalsozialismus. Zerstörung einer Legende, Baden-Baden 1987.

Metzler, Hannes: Ehrlos für immer? Die Rehabilitierung der Wehrmachtsdeserteure in Deutschland und Österreich, Wien 2007.

Rettl, Lisa: „… weil ich nur nach bestehenden Gesetzen vorgegangen bin." Leopold Breitler – eine Richterkarriere zwischen Pflichterfüllung und Anpassung, in: Geldmacher, Thomas/Metzler, Hannes/Koch, Magnus/Pirker, Peter/Rettl, Lisa (Hg.): „Da machen wir nicht mehr mit." Soldaten und Zivilisten vor Gerichten der Wehrmacht, Wien 2010, S. 204–214.

Rettl, Lisa/Koch, Magnus: „Da habe ich gesprochen als Deserteur." Richard Wadani – eine politische Biografie, Wien 2015.

Theis, Kerstin: Wehrmachtjustiz an der „Heimatfront". Die Militärgerichte des Ersatzheeres im Zweiten Weltkrieg, München 2016.

Wette, Wolfram (Hg.): Deserteure: Feiglinge – Opfer – Hoffnungsträger? Dokumentation eines Meinungswandels, Essen 1995.

Wüllner, Fritz: Die NS-Militärjustiz und das Elend der Geschichtsschreibung. Ein grundlegender Forschungsbericht, Baden-Baden 1991.

Wüllner, Fritz: Militärstrafjustiz – eine „Nische der Rechtsstaatlichkeit"?, in: Geschichtswerkstatt Marburg e. V. (Hg.): „Ich musste selber etwas tun." Deserteure – Täter und Verfolgte im Zweiten Weltkrieg, Marburg 2000, S. 53–74.

Anmerkungen

1 Vgl. u. a. Alton, Juliane/Geldmacher, Thomas/Koch, Magnus/Metzler, Hannes (Hg.): Verliehen für die Flucht vor den Fahnen. Das Denkmal für die Verfolgten der NS-Militärjustiz in Wien. Göttingen 2016; Metzler, Hannes: Ehrlos für immer? Die Rehabilitierung der Wehrmachtsdeserteure in Deutschland und Österreich, Wien 2007; Wette, Wolfram (Hg.): Deserteure: Feiglinge – Opfer – Hoffnungsträger? Dokumentation eines Meinungswandels, Essen 1995.

2 Rettl, Lisa/Koch, Magnus: „Da habe ich gesprochen als Deserteur." Richard Wadani – eine politische Biografie, Wien 2015; Geldmacher, Thomas: Täter oder Opfer, Widerstandskämpfer oder Feiglinge? Österreichs Wehrmachtsdeserteure und die Zweite Republik, in: Dokumentationsarchiv des österreichischen Widerstandes (Hg.): Jahrbuch, Wien 2009, S. 37–59.

3 Siehe u. a. Geldmacher, Thomas/Koch, Magnus: Österreichische Wehrmachtrichter im Zweiten Weltkrieg. Sozialprofile, Spruchpraxis, Nachkriegskarrieren, in: Lingen, Kerstin von/Pirker, Peter (Hg.): Deserteure der Wehrmacht und der Waffen-SS. Entziehungsformen, Solidarität, Verfolgung, Paderborn 2023, S. 193–224; Theis, Kerstin: Wehrmachtjustiz an der „Heimatfront". Die Militärgerichte des Ersatzheeres im Zweiten Weltkrieg, München 2016; Geldmacher, Thomas: Die Radikalisierung des Rechts. Wehrmachtrichter im Spiegel ihrer Urteile, in: Pirker, Peter/Wenninger, Florian (Hg.): Wehrmachtsjustiz. Kontext. Praxis. Nachwirkungen. Wien: Braumüller 2011, S. 90–99; Kirschner, Albrecht (Hg.): Deserteure, Wehrkraftzersetzer und ihre Richter. Marburger Zwischenbilanz zur NS-Militärjustiz vor und nach 1945, Marburg 2010; Rettl, Lisa: „… weil ich nur nach bestehenden Gesetzen vorgegangen bin." Leopold Breitler – eine Richterkarriere zwischen Pflichterfüllung und Anpassung, in: Geldmacher, Thomas u. a. (Hg.): „Da machen wir nicht mehr mit." Soldaten und Zivilisten vor Gerichten der Wehrmacht, Wien 2010, S. 204–214; Geldmacher, Thomas: Der gute Mensch von Kiel? Marinerichter Otto Tschadek (1904–1969), in: Geldmacher, Thomas/Metzler, Hannes/Koch, Magnus/Pirker, Peter/Rettl, Lisa (Hg.): „Da machen wir nicht mehr mit." Soldaten und Zivilisten vor Gerichten der Wehrmacht, Wien 2010, S. 215–227.

4 Geldmacher, Thomas/Koch, Magnus: Österreichische Wehrmachtrichter im Zweiten Weltkrieg (1939–1945). Sozialprofile, Spruchpraxis, Nachkriegskarrieren, Personenkomitee „Gerechtigkeit für die Opfer der NS-Militärjustiz", URL: https://deserteursdenkmal.at/wordpress/wp-content/uploads/2018/05/Projektbericht-Wehrmachtrichter_Oesterreich.pdf (abgerufen am 11.09.2024).

5 Ich danke Isabella Riedel vom Archiv der Republik sehr herzlich für die hervorragende Zusammenarbeit und ihre große Geduld.

6 Eine Merkwürdigkeit ließ sich nicht auflösen. Die Strafsachenliste der in Brünn beheimateten Abteilung III des Gerichts umfasst für das Jahr 1941 nur 61 laufende Nummern, wobei das erste Verfahren dieses Jahres am 1. September 1941 eröffnet wurde. Eine weitere Mappe mit der Aufschrift „Strafsachenliste Abt. III" beinhaltet überhaupt nur 17 Verfahren mit laufenden Nummern zwischen 184 und 552 und Urteilsdaten zwischen 27. August und 10. Oktober 1941. Die Richter in diesen Verfahren waren allesamt eher am Loquaiplatz ansässig.

7 Im Jahr 1940 existierte am Gericht eine Abteilung IV mit Standort Stubenring 1, dem ehemaligen Kriegsministerium der k. u. k. Monarchie.

8 Sofern nicht anders angegeben, basieren die Daten dieser und aller weiteren Tabellen auf den Strafsachenlisten des Gerichts der Division Nr. 177, Österreichisches Staatsarchiv/Archiv der Republik (ÖstA/AdR), Bestand Deutsche Wehrmacht.

9 Zur Position des Gerichtsherrn siehe Messerschmidt, Manfred: Der Gerichtsherr, in: Zeitschrift für Geschichtswissenschaft 6/2004, S. 493–504.

10 Siehe den Beitrag von Amelie Rakar und Julian Stricker-Neumayer in diesem Band.

11 Sechste Verordnung zur Durchführung und Ergänzung der Verordnung über das militärische Strafverfahren im Kriege und bei besonderem Einsatz, 21. November 1939, RGBl. I 230/1939, URL: https://t.ly/SsJ0H (abgerufen am 13.09.2024).

12 Messerschmidt, Manfred/Wüllner, Fritz: Die Wehrmachtjustiz im Dienste des Nationalsozialismus. Zerstörung einer Legende, Baden-Baden 1987, S. 51.

13 Wehrmachtgerichte im Felde waren in der Regel personell deutlich schwächer besetzt und hatten auch weniger Strafsachen zu bearbeiten.

14 Kirschner, Albrecht: Wehrmachtjustiz in Marburg. Das Marburger Feldkriegsgericht 1939–1945 und die langen Schatten der Wehrmachtjustiz in Marburg nach 1945, in: ders. (Hg.), Deserteure, S. 59–96, hier S. 66.

15 Theis, Wehrmachtjustiz, S. 212 f.

16 Vgl. Garbe, Detlef: Der Marburger Militärjurist Prof. Erich Schwinge. Kommentator, Vollstrecker und Apologet nationalsozialistischen Kriegsrechtes, in: Kirschner (Hg.), Deserteure, S. 109–130.

17 Insofern ein Argument dafür, dass Ödön von Horvath in seinen „Geschichten aus dem Wiener Wald" vollkommen recht mit der Einschätzung hatte, dass in Wien volkstümelnde Gemütlichkeit und Brutalität einander bedingen.

18 Neuverfahren nach Urteilsaufhebung durch den Gerichtsherrn oder den Befehlshaber des Ersatzheeres sind in dieser Aufstellung nicht enthalten.

19 Nur bei den Todesstrafen habe ich die Bilanz der Neuverhandlungen berücksichtigt.

20 § 79 Abs. 2 KStVO. Gemäß Abs. 3 konnte das Aufhebungsrecht in Sonderfällen auch an die „Kommandeure größerer Truppenverbände", „Kommandanten von Festungen" oder Schiffskommandanten übertragen werden.

21 Vgl. Geldmacher, Thomas: „Auf Nimmerwiedersehen!" Fahnenflucht, unerlaubte Entfernung und das Problem, die Tatbestände auseinander zu halten, in: Manoschek, Walter (Hg.): Opfer der NS-Militärjustiz, Wien 2003, S. 133–194, hier S. 181 f.

22 Zumal die Strafsachenlisten nur äußerst selten den Paragrafen vermerken, auf den sich der Richter bei der Urteilsverkündung bezog.

23 In dieser Tabelle habe ich auf die Spalten „andere" und „unbekannt" verzichtet, weshalb die Quersummen teilweise nicht 100 % ergeben.

24 § 64 MStGB. In seltenen Fällen kam allerdings auch bei unerlaubter Entfernung der berüchtigte § 5 a KSSVO zur Anwendung, der „zur Aufrechterhaltung der Mannszucht" die Überschreitung des regelmäßigen Strafrahmens bis hin zur Todesstrafe erlaubte.

25 § 70 Abs. 2 MStGB.

26 Details dazu bei Wüllner, Fritz: Die NS-Militärjustiz und das Elend der Geschichtsschreibung. Ein grundlegender Forschungsbericht, Baden-Baden 1991, S. 178 f.

27 Seiner Personalakte am ehemaligen Berlin Document Center zufolge gelangte Bauer erst mit 2. August 1940 an das Gericht. Zu diesem Zeitpunkt trugen allerdings bereits 22 Urteile seine Unterschrift. Ich danke Claudia Bade für diese Information.

28 Wüllner, Elend, S. 179.

29 Ebd., S. 175.

30 Geldmacher, Radikalisierung, S. 84.

31 ÖStA/AdR, Bestand Deutsche Wehrmacht: Personalakt Karl Paschinger. Allerdings trägt das erste von ihm verfasste Urteil das Datum 27.2.1940, was auf einen früheren Dienstbeginn hindeutet.

32 Möglicherweise ist Lausch das erste in Kagran getötete Opfer der NS-Militärjustiz. In dem Dokumentationsband von Exenberger, Herbert/Riedel, Heinz: Militärschießplatz Kagran, Wien 2003, taucht der Name Lausch nicht auf; dort ist als erstes Vollstreckungsdatum eines Todesurteils der 25. Juli 1940 angegeben.

33 Deutsches Bundesarchiv Berlin (BArch), W-10/2213, Personalakt Karl Paschinger.

34 ÖStA/AdR, Bestand Deutsche Wehrmacht: Personalakt Karl Paschinger.

35 BArch, W-10/2213, Personalakt Karl Paschinger.

36 ÖStA/AdR, Bestand Deutsche Wehrmacht: Personalakt Karl Paschinger.

37 Vgl. Enderle-Burcel, Gertrude: Karrieren von Richtern und Staatsanwälten. 1938 bis 1945 und in der Nachkriegszeit, in: Beiträge zur Rechtsgeschichte Österreichs 2017, S. 42–69, hier S. 45, URL: https://doi.org/10.1553/BRGOE2017-1s42 (abgerufen am 22.9.2024).

38 BArch, Kartei Heeresrichter.

39 Enderle-Burcel, Karrieren, S. 45.

40 Zit. n. Garbe, Schwinge, S. 114.

41 Ebd., S. 115.

42 Ebd., S. 109.

43 Heeresrichter z. V. (zur Verfügung) waren gewissermaßen Personalleihen, nämlich Offiziere, die dem Heeresjustizdienst als Richter zur Verfügung gestellt wurden.

44 BArch, PU (Personenbezogene Unterlagen) Hoppegarten, Kasten 129 (WASt), ZB II 1169, Akte 11, Personalakt Kopriva.

45　Diese drei Namen scheinen in der Liste der hingerichteten Personen im Beitrag von Amelie Rakar und Julian Stricker-Neumayer nicht auf, weil die Todesurteile nicht am Standort Hohenstaufengasse 3 ergingen.
46　BArch, PU Hoppegarten, Kasten 129 (WASt), ZB II 1169, Akte 15, Personalakte Winiwarter.
47　BAarch, PU Hoppegarten, Kasten 112 (WASt), ZB II 1120, Akte 12, Personalakte Pruckner.
48　Rettl, Breitler, S. 205 ff.
49　Wiener Stadt- und Landesarchiv, Vg 6e Vr 196/51, Vernehmung Leopold Breitler, 19. April 1946.
50　Neuverhandlungen sind in dieser Aufstellung nicht berücksichtigt.
51　Vgl. etwa Fritsche, Maria: Entziehungen. Österreichische Deserteure und Selbstverstümmler in der Deutschen Wehrmacht, Wien 2004; Geldmacher, Thomas: „Im Café Weber sah ich viele Kameraden, die den Arm in Gips trugen." Karl Lauterbach und das Simmeringer Netzwerk von Selbstverstümmlern, Sommer 1944, in: Geldmacher, Thomas/Metzler, Hannes/Koch, Magnus/Pirker, Peter/Rettl, Lisa (Hg.): „Da machen wir nicht mehr mit." Soldaten und Zivilisten vor Gerichten der Wehrmacht, Wien 2010, S. 188–194.
52　Die Neuverhandlungen sind nicht berücksichtigt.
53　Vgl. Artl, Gerhard: Oberfeldrichter Everts und die Serie von Selbstverstümmelungen im Sommer 1944 in Wien, in: Mitteilungen des Österreichischen Staatsarchivs 1993, S. 194–205.
54　Vgl. Wüllner, Fritz: Militärstrafjustiz – eine „Nische der Rechtsstaatlichkeit"?, in: Geschichtswerkstatt Marburg e. V. (Hg): „Ich musste selber etwas tun." Deserteure – Täter und Verfolgte im Zweiten Weltkrieg, Marburg 2000, S. 53–74.

Lena Spanring

Beihilfe zur Fahnenflucht

Die vergessene Rolle von Frauen

Am Ballhausplatz im Ersten Wiener Gemeindebezirk steht ein Denkmal, das an die Opfer der NS-Militärjustiz erinnert. 2014 errichtet, stellt es den Endpunkt eines jahrzehntelangen Kampfes um die Rehabilitierung von Soldaten dar, die aus der Wehrmacht desertiert waren. Die begehbare Betonskulptur in Form eines „X" soll die Betrachter*innen innehalten lassen und zum Nachdenken anregen. Doch auf dem riesigen Sockel steht keine Figur, wie man sie bei einem Kriegerdenkmal erwarten würde. Keine Statue, die symbolisch etwas repräsentiert. Was dort oben auf dem Sockel stehen soll, sind wir, die erinnern. Aber woran erinnern wir, wessen gedenken wir?

„Die Kriege gehören den Männern, daher auch die Kriegserinnerungen. […] Frauen haben keine Vergangenheit. Oder haben keine zu haben. Ist unfein, fast unanständig."[1] Ruth Klüger beschreibt hier pointiert einen Zustand, an dem sich bis heute wenig geändert hat. In den Erinnerungen an den Krieg spielen Frauen häufig keine oder nur eine marginale Rolle. Nun ist dies gewiss auch der Tatsache geschuldet, dass der Krieg eng mit dem Militär verknüpft ist und deswegen die Männer im Mittelpunkt der Erinnerung stehen. Erweitern wir jedoch unseren Blick, rücken verstärkt Frauen in unseren Fokus. Gerade für das Gelingen der Flucht aus der Wehrmacht waren Frauen in vielen Fällen unabdingbar, wie etwa Martha Verdorfer am Beispiel Südtirol eindrücklich gezeigt hat.[2]

Die Helferinnen gingen dabei ein hohes Risiko ein. Viele wurden wegen Begünstigung eines Deserteurs, wegen Beihilfe zur Fahnenflucht oder „Wehrkraftzersetzung" zu schweren Strafen verurteilt, die wegen ihrer Härte und Dauer oft bleibende Gesundheitsschäden hinterließen. Mit diesen Schicksalen fristeten sie jedoch ein Schattendasein; ihre Geschichten wurden oft vom Leiden der „Haupttäter" – den Männern, die Fahnenflucht begangen hatten – überdeckt. Zusätzlich behindert wurde die Erinnerung an die Helferinnen dadurch, dass sie eher selten gemeinsam mit den Deserteuren vor einem Militärgericht standen. Sie wurden meist von Landes- oder Sondergerichten verurteilt. Aus diesem Grund tauchen sie auch in der jüngeren Forschung zu den Opfern der NS-Militärjustiz nur am Rande auf.[3]

Der vorliegende Beitrag will diese Sachlage etwas korrigieren, indem er die Geschichte einer Frau skizziert, die ihrem Mann bei der Fahnenflucht geholfen und ihn während seiner Flucht unterstützt hat. Es handelt sich um Margarete Tischler. Sie hat den Krieg überlebt, ihr Mann Anton ist unter menschenunwürdigen Bedingungen in einem Lager gestorben. Der Beitrag zeichnet anhand des Militärgerichtsaktes die Geschichte von

Margarete Tischler und ihrer Mitangeklagten nach. Er analysiert dabei Margaretes Rolle als Frau, Partnerin und Mutter, aber auch als „Mittäterin", als die sie angeklagt war. Zum Abschluss wird die Zeit nach 1945 beleuchtet und dabei die mangelnde gesellschaftliche Anerkennung der Opfer sowie die Unmöglichkeit eines innerfamiliären Dialoges thematisiert.

Die Quellen, auf die sich die Ausführungen stützen, sind zum einen ein biographisch-narratives Interview, das ich mit Robert Tischler, dem Sohn des Ehepaares Margarete und Anton Tischler im Frühjahr 2024 geführt habe.[4] Zum anderen nutze ich den Opferfürsorgeakt von Margarete Tischler[5] und einen Gerichtsakt aus dem Jahr 1946[6] sowie den erwähnten Verfahrensakt des Gerichts der Division Nr. 177, der den Hauptpfeiler der Darstellung bildet.[7] Die in diesem Akt enthaltenen Gerichts- und Verhörprotokolle und Urteilsschriften wurden von Mitgliedern des nationalsozialistischen Justizapparates verfasst und spiegeln damit die Täterperspektive. Jede Aussage, die in diesen Dokumenten getätigt wird, muss vor diesem Hintergrund reflektiert werden. Quellen, welche die Handlungen und Erlebnisse aus der Perspektive der Opfer beschreiben, fehlen weitgehend. Die einzige Ausnahme ist ein Tagebuch von Anton Tischler, wobei aber auch hier zu berücksichtigen ist, dass dieses nicht unter gänzlich freien Bedingungen (Stichwort: Zensur) entstanden ist. Es kann aber helfen, der Perspektive der Täter eine zweite Perspektive, wenn auch nicht entgegenzusetzen, so zumindest hinzuzufügen.

Das Tagebuch stammt aus dem Nachlass Margarete Tischlers und wurde nach ihrem Tod an ihren einzigen Sohn, Robert Tischler, weitergegeben. Es handelt sich hierbei um ein kleines schwarzes Notizbuch, welches Margarete gewidmet ist. Der erste inhaltliche Eintrag, welcher am 20. April 1940 erfolgte, lautet:[8]

> Liebe Grete!
> Wenn Du dieses Buch ohne meiner Anwesenheit [sic] erhältst, dann kann ich nie mehr bei euch sein, kann dich auch nie mehr umarmen und unseren Robert auf den Armen tragen.

Anton Tischler wollte im Tagebuch seine Zeit bei der Wehrmacht dokumentieren.[9] Der Inhalt der Eintragungen schwankt zwischen Selbstreflexion, Erzählungen über Erlebnisse im Militär und Beschreibungen seiner Sehnsucht nach seiner Familie.

Der erste Eintrag erfolgte am 18. April 1940 und war ein Schwur auf den Führer und das Deutsche Reich, in Referenz auf seine Vereidigung. Der letzte Eintrag trägt das Datum 29. August 1940 und wurde auf der Heimreise verfasst, kurz bevor Anton Fahnenflucht beging.

Was nun folgt, ist die Geschichte Margaretes.

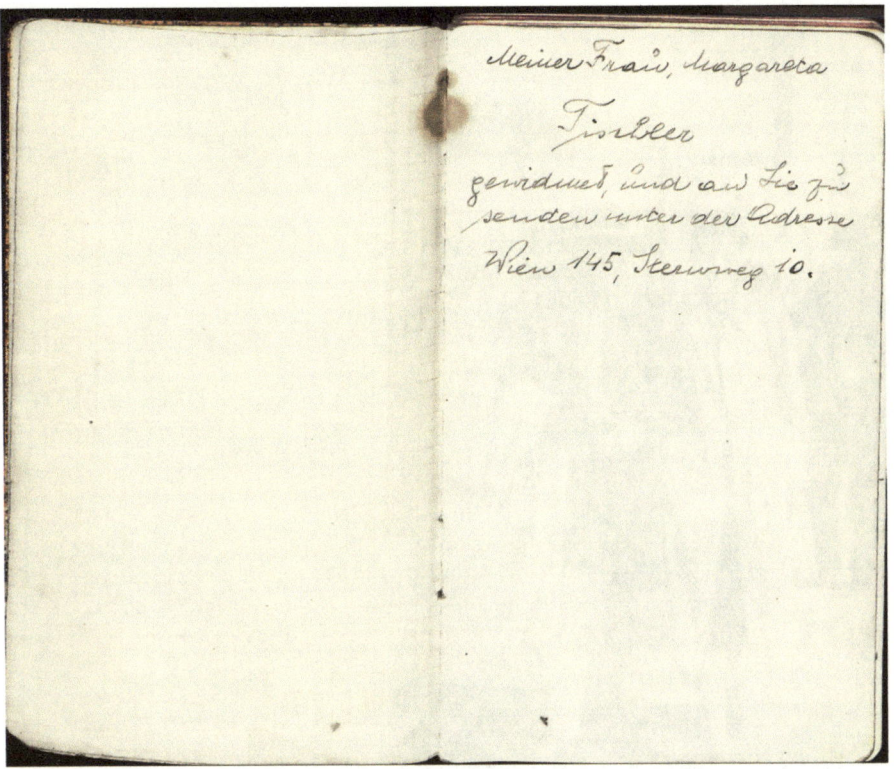

Abb. 1 Tagebuch Anton Tischler. Privatbesitz Robert Tischler.

Ein Porträt

Margarete Reiter, am 12. Jänner 1914 in Kleinraming geboren, lernte Anton Tischler in Wien kennen. Wenig später, im November 1938, kam das gemeinsame Kind, ein Sohn, zur Welt. Der Sohn wurde unehelich geboren, die Hochzeit folgte ein Jahr nach der Geburt. Zu diesem Zeitpunkt lebte die Familie in Floridsdorf. Anton arbeitete als Kontorist, während Margarete sich um Kind und Haushalt kümmerte. Im Militärgerichtsakt findet sich eine Abbildung des Paares (vgl. Abb. 2). Sie zeigt Margarete in einem leichten Sommermantel, eingehängt am Arm von Anton, der Tracht mit kurzer Lederhose und weißen Stutzen trägt. Die Fotografie ist undatiert, muss aber nach dem „Anschluss" und vor der Einberufung Antons entstanden sein, denn es zeigt Anton in Zivilkleidung vor einem langgestreckten Gebäude, das mit Hakenkreuzfahnen beflaggt ist. Möglicherweise nutzte das Gericht das Foto für die Fahndung nach den Flüchtigen und es ist deshalb im Akt enthalten.

Im April 1940, nur vier Monate nach der Eheschließung, wurde Anton Tischler zur Wehrmacht eingezogen. Die Grundausbildung absolvierte er in Strebersdorf, wurde

Abb. 2 Foto Margarete und Anton Tischler, undatiert. ÖStA/AdR.

anschließend nach Trier versetzt und nahm dann am Westfeldzug nach Frankreich teil – sein letzter Einsatzort als Wehrmachtsoldat. In seinem Tagebuch, das er seiner Frau Grete gewidmet hatte (vgl. Abb. 1), kommt auch immer wieder seine Sorge um seine Frau und sein Kind zum Ausdruck, da er ohne Nachricht von ihnen blieb, trotzdem er immer wieder an sie geschrieben hatte. So notierte er Anfang August 1940:

Saintes, 6.8.1940
Aber über meine Frau, ja wo soll ich da anfangen. Von der Schwester [Anm. d. A.: Juliane Charamza, Margarete Tischlers Schwester] erfuhr ich, daß sie nicht mehr bei Ihrem Vater ist, also in unserer Wohnung wieder, das ist aber auch schon alles was ich weiß. Und mit dieser sehr einfachen Feststellung muß ich heute meine Eintragung schliessen. Leider.[10]

Aus Verzweiflung und Unmut über die Funkstille wandte sich Anton an Margaretes Schwester Juliane und bat diese, sich nach Gretes Zustand zu erkundigen. Immer wieder sind in seinem Tagebuch Liebesbekundungen an seinen Sohn und seine Frau zu lesen, begleitet von Wünschen nach der Heimkehr. So ist unter dem Eintrag vom 17. Juni 1940 zu lesen: „… ich denke Tag und Nacht an meinen kleinen lieben Robert und die einsame Frau. […] Das ist quälend, aber ich kann vorläufig nichts dagegen oder dafür tun. Hoffentlich nimmt das bald ein Ende."[11] Nach der Kapitulation Frankreichs am 22. Juni 1940 notiert Anton in sein Tagebuch:

> Für mich aber wäre es [Anm. d. A.: das Gerücht, dass seine Division nach Hause versetzt wird] die Grundlage zum Wahnsinn. Vor Freude nämlich. Endlich diese Uniform ablegen können, eigener Mensch sein, im eigenen Zuhause bei Frau und dem Buben. Diese ewige Aufreizung der menschlichen Geduld (hier heisst es gehorsam) [sic] wenn die ein Ende hätte, es wäre zu schön. Man verblödet![12]

Wenige Tage nachdem Anton aus Sorge um seine Frau an seine Schwägerin Juliane geschrieben hatte, müssen zwei Briefe beim ihm eingegangen sein, von Juliane und seiner Frau Margarete. Als Reaktion darauf ist folgender Vermerk in seinem Tagebuch zu finden:

> Saintes, 8.8.1940
> Grete hat gestern geschrieben, Gott sei Dank, wenn auch nicht überschwänglich, wie ich mir Ihren [sic] ersten Brief dachte, auch nicht übermäßig viel, aber immerhin, ich kann da scheinbar gar nichts dran ändern.[13]

Die spürbare Enttäuschung Antons über die scheinbar eher nüchterne Nachricht seiner Frau kontrastiert mit der Beschreibung Julianes, die in ihrem Brief von einem „Freudentaumel" Gretes sprach, nachdem diese das erste Paket von Anton erhalten hatte.[14] Die Art, wie Juliane über Robert, den Sohn von Grete und Anton schrieb, lässt vermuten, dass sie ein inniges Verhältnis zu ihrem Neffen hatte und ihrer Schwester nahestand. Die Schwestern besuchten sich gegenseitig und verbrachten offensichtlich viel Zeit miteinander. Sie muss wohl gewusst haben, wie sehr die durch die Einberufung Antons erzwungene räumliche Trennung das Paar belastete. Denn nur so lässt sich erklären, dass Juliane im August 1940 einwilligte, im Namen von Margarete ein Telegramm an Anton aufzugeben, dass diesen bat, schnellstmöglich nach Hause zu kommen, da sie schwer erkrankt sei.

Da das erste Telegramm nicht die erwünschte Wirkung erzielte, schickte Juliane ein weiteres Telegramm mit ähnlichem Inhalt. Ungefähr ein Jahr später gab sie bei der Einvernahme durch die Kriminalpolizei zu Protokoll: „Warum sie dies nicht selbst besorgen wollte, kann ich heute nicht mehr sagen."[15] In der Urteilsbegründung vom

8. Dezember 1941 ist dann jedoch folgendes zu lesen: „Die Angeklagte Juliane Charamza gibt zu, dass sie sich durch andauerndes Überreden und durch Androhen von Selbstmord von ihrer Schwester zur Absendung der beiden Telegramme habe verleiten lassen."[16] Wieso Juliane ihre Darstellung änderte, ist nicht nachvollziehbar, ist aber in ein Muster einzuordnen, welches Margarete Tischler als Hauptverantwortliche zu zeichnen suchte. Dies wird im weiteren Verlauf noch deutlicher.

Der letzte Eintrag in Antons Tagebuch ist mit Überschrift „Auf der Heimfahrt" versehen und mit 29. August 1940 datiert: „Bin auf der Heimreise. Sonderurlaub von 11 Tagen wegen schwerer Erkrankung meiner Frau. Ich habe viel versäumt."[17]

Die Gewährung des Heimaturlaubes war an die Bedingung geknüpft, dass Anton Tischler ein ärztliches Attest über die Erkrankung seiner Frau vorlegte. Gleich nach der Ankunft in Wien musste er jedoch feststellen, dass der Inhalt der Telegramme unwahr war. Margarete war nicht krank. Und damit war auch gleich klar: Nachträglich eine Bescheinigung über den kritischen Gesundheitszustand von Margarete zu beschaffen, schien unmöglich. Urteilsschrift und Verhörprotokollen zufolge soll Grete ihrem Mann zugeredet haben, nicht zu seiner Truppe zurückzukehren. Er ließ sich überreden und kehrte nicht zu seiner Einheit zurück – aus Angst, dass er und seine Frau bestraft würden, wie er im späteren Verhör zu Protokoll gab.

Was folgte, war eine Odyssee. Zuerst versuchte das Paar nach Ungarn zu flüchten, musste jedoch nach einigen Tagen wieder nach Wien zurückkehren. In einem fingierten Abschiedsbrief hatten die beiden Leopoldine Wela – Antons Mutter und Margaretes Schwiegermutter – gebeten, sich um ihren Sohn Robert zu kümmern. Doch Leopoldine war offenbar in den Fluchtplan eingeweiht. Sie informierte Margarete, dass Anton bereits gesucht werde und unter keinen Umständen in Wien bleiben dürfe. Daraufhin versuchte Anton in die Schweiz zu gelangen. Er reiste unter einem falschen Namen und mit den Papieren seines Stiefvaters Alois Wela, die seine Mutter ihrem Mann entwendet hatte. Nach mehrfachen Kontrollen gab er diesen Plan auf und kehrte abermals nach Wien zurück. Seine Frau war in Wien verblieben und unterdessen auch von der Kriminalpolizei vernommen worden. Nach Antons gescheitertem Fluchtversuch in die Schweiz versuchte Margarete in enger Zusammenarbeit mit ihrer Schwiegermutter das Überleben Antons im Untergrund zu sichern. Sie verbrannten seine Wehrmachtuniform, besorgten ihm Schlafplätze, unterstützten ihn mit Essensmarken und Geld, und gaben den ermittelnden Beamten falsche Auskünfte. Erschwert wurde die Situation dadurch, dass Margarete aufgrund der Flucht Antons die monatliche Familienunterstützung gestrichen worden war.

Aufgrund eines häufigen Wohnortwechsels – seine Mutter Leopoldine mietete beispielsweise unter einem Vorwand für ihren Sohn eine Wohnung in der Innenstadt an – konnte sich Anton monatelang erfolgreich verstecken. Aus den Akten geht nicht klar hervor, wie Anton letztendlich aufflog. Dokumentierte Vernehmungen von Nachbarn und Mitarbeitern lassen jedoch den Schluss zu, dass er denunziert wurde. Maria Fritsche definiert Denunziation als eine Anzeige, „die im weitesten Sinn freiwillig erfolgte und eine Schädigung des oder der Beschuldigten einkalkulierte".[18] Auch wenn es kein Gesetz gab, das Bürger*innen dazu verpflichtete, „Vergehen" zur Anzeige zu bringen, so war die Bereitschaft der Bevölkerung groß, dies trotzdem zu tun. Nach Gisela Diewald-Kerkmann dürfe nicht unterschätzt werden,

> ... in welchem Maße die Bevölkerung die vom NS-Regime geschaffene Möglichkeit nutzte, mit Hilfe der politischen Denunziation soziale Macht auszuüben und private Konflikte zu lösen. Der Reiz der politischen Denunziation bestand vor allem darin, daß der Denunziant hierdurch unmittelbar an der Macht des Regimes, zumindest in seiner Einbildung, partizipieren konnte.[19]

Am 17. Oktober 1941 wurde Anton Tischler gefasst und in Untersuchungshaft genommen. Nur wenige Tage später wurden seine Mutter, sein Stiefvater, seine Schwägerin und seine Frau verhaftet. Der gesamte Familienverband wurde von einem Wehrmachtgericht angeklagt, was eher unüblich war, da die Militärgerichte primär für Soldaten und das Wehrmachtgefolge zuständig waren.[20]

Am 28. November 1941 verurteilte das Gericht der Division Nr. 177 Antons Unterstützer*innen wegen Begünstigung eines Deserteurs bzw. wegen „Zersetzung der Wehrkraft". Der Tatbestand der „Begünstigung eines Deserteurs" war im österreichischen Strafgesetzbuch aus 1852 definiert und wurde auch von NS-Gerichten in Österreich genutzt, um zivile Helfer*innen von Deserteuren zu verurteilen. Auf Begünstigung stand je nach Schwere der Tat Kerker beziehungsweise schwerer Kerker. Im Urteil erster Instanz wurden Leopoldine und Alois wegen Begünstigung zu zwei Jahren schwerem Kerker beziehungsweise fünf Monaten Kerker verurteilt. Das Gericht beschuldigte Leopoldine, dass sie Antons Untertauchen über einen langen Zeitraum hinweg unterstützt hatte, und Alois, dass er trotz seines Wissens um die Desertion seines Stiefsohnes nichts dagegen unternommen hatte. Margarete und Juliane hingegen wurden wegen Wehrkraftzersetzung zu drei Jahren beziehungsweise drei Monaten Gefängnis verurteilt. Margarete, weil ihr vorgeworfen wurde, ihren Mann zur Fahnenflucht veranlasst und ihn schließlich auch über einen langen Zeitraum unterstützt zu haben, Juliane, weil sie durch das Absenden der Telegramme die Voraussetzungen für eine Fahnenflucht geschaffen hatte.[21] Das Delikt der „Zersetzung der Wehrkraft" war mit der zu Kriegsbeginn in Kraft getretenen Kriegssonderstrafrechtsverordnung (KSSVO) geschaffen worden. Der unter § 5 KSSVO definierte Tatbestand stellte verschiedenste Handlungen unter Strafe, u. a. kritische Äußerungen über die politische und militärische Situation, die Wehrdienstentziehung durch sogenannte Selbstverstümmelung oder den Versuch, sich dem Wehrdienst auf eine andere Art zu entziehen. Auch die Verleitung zu oder Unterstützung einer Wehrdienstentziehung konnte als Wehrkraftzersetzung bestraft werden.[22] Das Strafmaß reichte von Gefängnis über Zuchthaus bis hin zur Todesstrafe und lag jeweils im Ermessen des Gerichts.

Der Hauptangeklagte Anton Tischler wurde wegen Fahnenflucht zu zwölf Jahren Zuchthaus verurteilt. Das Gericht sah von einer Todesstrafe ab und begründete dies damit, dass Anton seiner eigenen „Charakterschwäche" erlegen sei:

> Ihn hat nicht etwa Wehrfeindlichkeit oder eine dahin zielende Charaktereigenschaft straffällig werden lassen, sondern einzig und allein seine eigene Charakterschwäche, die Schuld daran war, dass er den fortwährenden, inständigen Bitten seiner Frau, der er innerlich sehr zugetan ist, erlegen ist.[23]

Das Argument des Gerichts präsentiert Margarete als Rädelsführerin – ein Muster, das sich auch in der Untersuchung von Kerstin Theis zur Behandlung von Frauen durch Militärgerichte zeigte. Es handelt sich dabei, so Theis, um eine Strategie des Gerichts, „mildernde Umstände für den Soldaten zu Lasten der Ehefrau geltend zu machen".[24] Die negative Charakterisierung der aktiven Ehefrau, die mit jener des Mannes kontrastiert, der als „guter Soldat"[25] beschrieben wird, zeigt einen eindeutigen Geschlechterbias der Gerichte, der eng mit den nationalsozialistischen Vorstellungen von Frauen- und Männerrollen verknüpft war. Das Gericht legte Margarete zur Last, Druck auf ihren Mann ausgeübt und damit seine Entscheidung zur Fahnenflucht herbeigeführt zu haben:

> Weiter gibt sie zu, dass sie ihren Mann während seines Urlaubes ständig gebeten habe, nicht wieder zur Truppe zurückzukehren und ihn schließlich überredet habe, mit ihr nach Ungarn zu fliehen und ihm bei dieser Flucht und auch späterhin in jeder Weise behilflich gewesen zu sein.[26]

Mit dieser Darstellung wurde Anton praktisch von jeder Verantwortung freigesprochen und Margarete als eigentlich Verantwortliche präsentiert. Für ihre Rolle verurteilte sie das Gericht zu drei Jahren Gefängnis. Die gegen Antons Mutter, Leopoldine Wela, verhängte Strafe von zwei Jahren schwerem Kerker wurde jedoch vom Gerichtsherrn und Kommandeur der Division Nr. 177 als zu hart empfunden und deshalb in eine Gefängnisstrafe umgewandelt. Das Urteil wurde nach Berlin gesandt, um dort von Generaloberst Friedrich Fromm, dem Chef der Heeresrüstung und Befehlshaber des Ersatzheeres, bestätigt zu werden. Dieser hingegen befand die Strafen für die Mitangeklagten als zu milde, weshalb er das Urteil aufhob und das Gericht damit beauftragte, den Fall gegen die Helfer*innen neuerlich zu verhandeln. Im Jänner 1942 verkündete das Gericht der Division Nr. 177 das neue Urteil: Margarete wurde – „aus Abschreckungsgründen"[27] – zu drei Jahren Zuchthaus wegen Zersetzung der Wehrkraft und Hilfeleistung zu einem militärischen Verbrechen verurteilt. Die Strafen für die anderen vier Mitangeklagten blieben jedoch gleich: zwei Jahre schwerer Kerker für Leopoldine wegen Begünstigung eines Deserteurs, drei Monate Gefängnis für Juliane wegen Zersetzung der Wehrkraft und fünf Monate Kerker für Alois Wela, Antons Stiefvater, wegen Begünstigung eines Deserteurs.

Zurück blieb das Kind, Robert Tischler. Bereits im Oktober 1941, nach der Festnahme seiner Eltern, übernahm die staatliche Fürsorge Robert und übergab ihn der KÜST, der Kinderübernahmestelle in der Lustkandlgasse im 9. Wiener Gemeindebezirk. Da aber zu diesem Zeitpunkt noch keine Anzeige gegen Alois Wela, den Stiefvater von Anton, ergangen war, kam Robert am 8. November 1941 in seine Obhut. Kurz danach wurde jedoch auch Alois angeklagt und bei der Hauptverhandlung am 28. November 1941 der Mitwisserschaft und Begünstigung für schuldig befunden. Da er jedoch nicht nur Sorge für seine Wirtschaft, sondern auch für seinen Enkel trug, gewährte ihm das Gericht „bis auf weiteres" einen Strafaufschub. Am 23. Oktober 1942 ersuchte Alois das Gericht um die Verlängerung des Strafaufschubs. Weniger als einen Monat später, am 16. November, erhängte er sich jedoch in seinem Zuhause. Robert Tischler, der zu diesem Zeitpunkt bei seinem Stief-Großvater wohnte, erinnert sich daran: „ …und der hat sich dann erhängt. Also, der hat Selbstmord begangen und alles, weil er … Ich kann mich noch erinnern, am Dachboden."[28]

Seine Ehefrau Leopoldine bat das Gericht, sie vorläufig aus der Haft zu entlassen, damit sie sich um ihren Enkel kümmern könne:

In meiner Abwesenheit hatte mein Ehemann ein anderes Ehepaar in die Wohnung hineingenommen, bei dem er meinen 4-jährigen Enkel, Robert Tischler, untergebracht hatte. Meinem Mann sind […] die traurigen Verhältnisse unserer Familie anscheinend über den Kopf gewachsen und er hat sich das Leben genommen. […] Mein 4jähriger Enkel ist vorerst ganz auf mich angewiesen. […] Ich bitte deshalb um Strafaufschub.[29]

Das Gericht genehmigte Leopoldine einen Strafaufschub auf unbestimmte Zeit, allerdings unter der Androhung, diesen jederzeit zu widerrufen, sollte sie sich nicht „einwandfrei" führen. Leopoldine Wela wurde am 22. November 1942 aus der Strafanstalt Bernau/Chiemsee entlassen, einem Gefangenenlager für sogenannte „Kriegstäter", die dort unter widrigsten Bedingungen als Zwangsarbeiter zum Torfstechen eingesetzt wurden.[30]

Um die Eigentumsverhältnisse im Nachlass ihres verstorbenen Mannes zu klären, bat Leopoldine auch um kurzen Strafurlaub für ihre Schwiegertochter Margarete, die im Strafgefängnis München-Stadelheim inhaftiert war, das nach der Machtübernahme der Nationalsozialisten zu einem zentralen Hinrichtungsort der NS-Justiz für Gegner*innen des Regimes wurde.[31]

Margarete erhielt einen zweiwöchigen Hafturlaub. Bereits im Jänner 1943 erreichte die Familie die nächste unheilvolle Botschaft: Der zu zwölf Jahren Zuchthaus verurteilte Anton Tischler war am 2. November 1942 im „Lager Nord" in Norwegen verstorben.

Zuchthausstrafen waren, wie der Fall Anton Tischler zeigt, oft ein sicheres Todesurteil, da die Bedingungen in den Strafgefangenenlagern so schlecht waren, dass viele Menschen daran starben. Anton Tischler war nach der Verurteilung zuerst in die berüchtigten Emslandlager im Nordwesten Deutschlands überstellt worden. Sie dienten als Haftort für Soldaten, die zu einer Zuchthausstrafe verurteilt und deshalb als „wehrunwürdig" aus der Wehrmacht ausgeschlossen worden waren (vgl. dazu den Beitrag von Maria Fritsche).[32] Habbo Knoch beschrieb die Bedingungen in den Emslandlagern folgendermaßen:

> Die Häftlinge nahmen ihre Zeit in den Strafgefangenenlagern aufgrund der ‚Verkettung der Belastungsfaktoren' wie eine KZ-Haft wahr. Organisation und Zwangsarbeit, Strafen und Schikanen wie Prügelstrafe, Dunkelarrest und Strafkompanie waren ebenso wie ein großer Teil der Bewacher aus den KZ übernommen worden.[33]

Die Haft war nicht nur geprägt von der schweren körperlichen Arbeit in der „Erschließung und Kultivierung" der Moore, sondern auch durch den gesundheitlichen Abbau „infolge systematischer Fehl- und Unterversorgung" sowie der brutalen und psychisch belastenden Behandlung durch die Wachmannschaft und andere Häftlinge.[34] Viele starben aufgrund der inhumanen Bedingungen, was jedoch nach außen hin nach Möglichkeit vertuscht wurde, indem auf den Sterbeurkunden andere Todesursachen angegeben wurden.[35] 1942 wurde an der norwegischen Küste unter dem Namen „Lager Nord" eine Reihe von Außenlagern errichtet, in denen Gefangene aus den Emslandlagern unter schwierigen klimatischen Bedingungen zum Straßen- und Stellungsbau eingesetzt wurden. Zwischen 1942 und 1945 kamen dabei 814 Gefangene, darunter auch Anton, ums Leben. Die Todesursachen lassen auf die katastrophalen Lebensbedingungen im Lager schließen: Darmerkrankungen, verbunden mit anderen Organerkrankungen, allgemeine Erschöpfung, Herzschwäche, Lungenerkrankungen und auch Erschießungen.[36]

Nachdem sie die Nachricht vom Tod ihres Mannes erhalten hatte, sandte Margarete am 26. Jänner 1943 ein Gnadengesuch an das Gericht, in dem sie um Straferlass bat, um sich um ihr Kind und ihre Schwiegermutter zu kümmern:

> Da mein Mann im Straflager am 2. Nov. 1942 gestorben ist, mein Schwiegervater am 14. Nov. 1942 gestorben ist, meine Schwiegermutter arbeitsunfähig ist, ich für 1 Kind und jetzt auch die Schwiegermutter sorgen muß, so bitte ich das Gericht der Division No. 177 mir meine weitere Strafe, welche derzeit unterbrochen ist im Gnadenwege zu erlassen [...].[37]

Das Gericht gewährte Margarete eine Strafaussetzung, allerdings verbunden mit der Drohung, die wie ein Damoklesschwert über ihr gehangen sein muss: „Falls die Verurteilte sich nicht einwandfrei führen sollte, hat sie jederzeitigen Widerruf der bewilligten

Strafaussetzung zu gewärtigen."[38] Der letzte Eintrag im Militärgerichtsakt notiert Margaretes Umzug. Laut Melderegister war sie bereits am 12. März 1943 gemeinsam mit ihrem Sohn aus dem geteilten Haushalt mit Leopoldine ausgezogen. Hier reißt ihre Spur ab.

Aber Margarete lebte weiter. Von nun an ohne ihre Schwiegermutter und bald auch ohne ihr Kind. Am 19. Jänner 1944 wurde Margaretes Sohn erneut an die Kinderübernahmestelle übergeben. Warum lässt sich nicht rekonstruieren. Robert Tischler kam zu einer burgenländischen Pflegefamilie auf einen Hof in Grieselstein, auf dem er viel mithelfen musste. Er war zu diesem Zeitpunkt sechs Jahre alt und kann sich noch an die Zeit erinnern:

> Meine Mutter ist vielleicht zweimal, vielleicht auch dreimal, weiß ich nicht genau, auf Besuch gekommen. Und wieder nach Hause gefahren. [...] Und dann irgendwann hat es geheißen ich komme wieder nach Wien. Und dann bin ich halt abgeholt worden, ich weiß gar nicht mehr, ob meine Mutter mich abgeholt hat oder wir automatisch heimgeführt worden sind.[39]

Während Robert als Pflegekind im Burgenland war, wohnte Margarete Tischler ab 21. Jänner 1944 in der Zollergasse.[40] Was sie dorthin verschlug, bleibt unklar. Jedenfalls gelang es ihr, ihre Strafaussetzung bis Kriegsende hinauszuzögern.

Schweigen nach 1945

Bei der Durchsicht des Militärgerichtsaktes stieß ich auf einen Brief, in dem der Name des Sohnes genannt wird: Robert Tischler. Ein Blick ins Telefonbuch offenbarte, dass es in Wien nur einen einzigen Eintrag unter diesem Namen gab. Ich rief die Nummer an und erfuhr, dass dieser Robert Tischler tatsächlich der Sohn Antons und Margaretes war – und von deren Verfolgungsgeschichte noch nie etwas gehört hatte. Er stimmte einem Interview zu Forschungszwecken sofort zu. Damit war ich mit der Aufgabe betraut, dieses Wissen in die Familie hineinzutragen. Denn, wie Robert mir später anvertraute: „Meine Mutter ist fast 102 Jahre alt geworden, aber erzählt hat sie mir nie was. Das hat sie gehütet, ein Geheimnis."[41]

Roberts Erinnerungen und die in den Akten dokumentierte Vorgeschichte können uns einen bruchstückhaften Einblick in die familiären Verwerfungen geben, welche die nationalsozialistische Verfolgung produzierte. Vor allem das angespannte Verhältnis seiner Mutter Margarete zu ihrer Schwester und ihrer Schwiegermutter sind Robert Tischler als negativ in Erinnerung geblieben. Warum die Familie zerrüttet war, konnte er sich jedoch nie erklären.

Es ist anzunehmen, dass der Konflikt zwischen den Schwestern in einem kausalen Zusammenhang mit der Inhaftierung stand. Obwohl ihre Schwester Juliane, die zu einer dreimonatigen Gefängnisstrafe verurteilt worden war, mehrfach um einen Straferlass angesucht hatte, lehnte das Gericht eine vorzeitige Entlassung stets ab. In ihren Briefen an das Gericht beschrieb sie ihren schlechten psychischen und physischen Zustand und beteuerte ihre Unschuld, ohne Erfolg.

Nach dem Krieg kehrte Margarete in das Haus ihrer Familie in der heutigen Großfeldsiedlung – damals Stadtrandsiedlung – zurück, das sie vor dem Krieg bewohnt hatte. Sie teilte sich das Haus mit ihren beiden Schwestern. Ihr Sohn Robert, der für kurze Zeit auch dort wohnen sollte, ehe er mit seiner Mutter und deren neuem Ehepartner wieder wegzog, schilderte das Zusammenleben folgendermaßen:

> Und da haben wir gewohnt, eben mit der Juliane. Die dürften sich irgendwann zerstritten haben, die zwei Schwestern. Und das war ein Haus, das war so ein L. So eine kleine Siedlung halt. Und auf der einen Seite hat sie gewohnt, und auf der anderen Seite haben wir ein Zimmer gehabt. Und irgendwann einmal hat ihr Mann, also Julianes Mann, eine Mauer aufgezogen, und dadurch war das dann getrennt. Meine Mutter, daran kann ich mich noch erinnern, das weiß ich noch, dass sie dann mit der Hacke die Wand eingeschlagen hat. Aber der [Julianes Ehemann, Anm. d. A.] hat das dann einfach wieder aufgebaut. Die haben halt …, die waren halt böse aufeinander.[42]

Auch die Beziehung Margaretes zu ihrer Schwiegermutter Leopoldine, die einstmalig engste Vertraute und Unterstützerin, die sie, nach Angaben Robert Tischlers, sehr bewunderte, war zerstört und konsolidierte sich auch nach dem Krieg nicht mehr.

Zu viel war geschehen, zu viel Trauer und Verlust lag zwischen ihnen.

Durch das konsequente Schweigen Margaretes über ihre Vergangenheit, auch auf beharrliche Nachfragen ihres einzigen Sohnes Robert hin, erfuhr dieser niemals die eigentliche Ursache für die schlechten Beziehungen. Die traumatischen Erfahrungen der Verfolgung, die die ganze Familie erfahren hatte, wurden in dieser nie besprochen. So suchte Robert nach Erklärungen für die Feindschaft und mutmaßte etwa, dass das schlechte Verhältnis zwischen seiner Großmutter und seiner Mutter auf eine voreheliche Beziehung Antons zurückging. Die Großmutter, Leopoldine, sei möglicherweise sehr verärgert darüber gewesen, dass Margarete dieser Frau, die mit Anton bereits ein Kind hatte, den Mann weggenommen hatte. „Ich glaube, dass dadurch die Feindschaft entstanden ist. Das ist aber natürlich nur eine Vermutung."[43] Der von Robert verwendete Begriff Feindschaft scheint wohl die spätere Beziehung zwischen den beiden Frauen adäquat zu beschreiben, wie folgende Erinnerung illustriert:

> Meine Mutter, die wollte einmal, sagen wir so, eine Versöhnung herbeiführen. Mit ihrer Schwiegermutter. Die waren immer sehr zerstritten. Und da sind wir einmal rausgefahren, da habe ich sie herausgeführt [mit dem Auto zu Leopoldine Wela, Anm. d. A.]. Da, sie muss mit ihr reden. Und die Großmutter hat meine Mutter gesehen, und hat nur zum Schreien

angefangen, zum Streiten. Nicht einmal hereingelassen hat sie uns oder sonst etwas. Und da hat meine Mutter gesagt: „Das ist dein Enkelkind" oder was weiß ich was. Aber der war das wurscht. Und wir sind wieder nach Hause gefahren. Also das war kein gutes Verhältnis.[44]

Es folgten Jahrzehnte des Schweigens über das Geschehene, ein Schweigen, das vermutlich auch durch die gesellschaftliche Ausgrenzung und Diffamierung der Deserteure im Nachkriegsösterreich gestützt wurde. Erst knapp zehn Jahre nach dem Tod seiner Mutter (sie verstarb im Jahr 2015) erfuhr Robert Tischler erstmals von der brutalen nationalsozialistischen Verfolgung seiner Familie. Er nahm die Information sehr gefasst auf und kommentierte die Schilderungen der Verfolgung während des Interviews immer wieder mit der nüchternen Aussage: „Naja, Krieg halt." Maria Pohn-Lauggas ordnet eine solche Reaktion in den diskursiven Moment des „Feiglings" ein, als den die Nachkriegsgesellschaft den Wehrmachtdeserteur kategorisierte. Sie meint damit, dass die gesellschaftliche Definition der Handlungen des Deserteurs als „feige" bei den Kindern oder Enkeln Scham auslösen könne. „Obwohl sie wissen, dass dies eine gesellschaftliche und auch politisch motivierte Zuschreibung ist, wird es ihnen damit erschwert, ein Gefühl des Stolzes oder Anerkennung zu entwickeln."[45] Die unermüdliche Unterstützung meiner weiteren Recherche durch Herrn Tischler zeugt jedoch auch von einem starken Bedürfnis, die eigene Familiengeschichte zu verstehen und sichtbar zu machen. Dem pragmatischen, sicher auch aus Selbstschutz stattfindenden „Abtun" der Härte der Geschichte durch Worte wird ein aktives, aufklärerisches Wirken durch die Tat entgegengesetzt.

Das Nicht-darüber-Reden war nicht nur innerfamiliären Konflikten geschuldet, die unmittelbar aus der Verfolgung resultierten. Auch die politisch-gesellschaftliche Stimmungslage lud nicht dazu ein, damit zu prahlen, „Sand im Getriebe" gewesen zu sein, um es mit Günter Eichs Worten auszudrücken. Robert Tischler setzt diesem Verschweigen, fast 80 Jahre später, etwas entgegen.

Opferfürsorge

Im März 1949 suchte Margarete bei der zuständigen Bezirksverwaltungsbehörde um einen Opferausweis an, der Opfern nationalsozialistischer Verfolgung Zugang zu (bescheidenen) Entschädigungsleistungen gewährte. Die Voraussetzung für die Gewährung von Leistungen war die „konstitutive Feststellung der Opfereigenschaft durch Zuerkennung einer Amtsbescheinigung oder eines Opferausweises".[46] Die Voraussetzungen für eine Entschädigung wurden 1945 durch das Opferfürsorgegesetz geschaffen.[47] Dieses sollte Widerstandskämpfer*innen, die zwischen 6. März 1933 und 9. Mai 1945 einen verfolgungsbedingten gesundheitlichen Schaden erlitten hatten, eine finanzielle Unterstützung in Form von Entschädigungen und Rentenzahlungen gewähren. Darüber hinaus waren auch Hinterbliebene anspruchsberechtigt, die in einem wirtschaftlichen Abhängigkeitsverhältnis zum Verstorbenen gestanden hatten.

Der sehr eng definierte, auf aktive Widerstandskämpfer*innen begrenzte Opferbegriff wurde 1947 in einem neuen Opferfürsorgegesetz erweitert. Das Gesetz erkannte nun auch „passive" Opfer der Verfolgung an, die „aus politischen Gründen oder aus Gründen der Abstammung, Religion oder Nationalität" verfolgt worden waren.[48]

Margarete stellte den Antrag als hinterbliebene Witwe ihres im „Lager Nord" verstorbenen Ehemannes, denn durch eine Novellierung des Opferfürsorgegesetzes im Jahr 1948 konnten auch Personen als Opfer anerkannt werden, die wegen Fahnenflucht oder Wehrkraftzersetzung verurteilt worden waren. Allerdings nur, wenn sie ihre Tat aus politischen Gründen begangen hatten und dies auch nachweisen konnten.[49] Dies gestaltet sich für viele Opfer sehr schwierig, weil die für die Zuerkennung zuständigen Bezirksverwaltungsbehörden bei Fahnenflucht oder Wehrkraftzersetzung „sehr oft persönliche und nicht politische Motive" annahmen.[50]

Margaretes Antrag wurde abgelehnt. Allerdings nicht, weil sie keinen Anspruch hatte, sondern weil sie nach dem Krieg straffällig geworden war. Das Amt begründete die Ablehnung damit, dass Margarete aufgrund eines Diebstahls, für den sie im April 1948 zu zwei Monaten Arrest verurteilt worden war,[51] den Anspruch auf eine Opferfürsorge verwirkt habe. Das Amt berief sich dabei auf folgenden Passus im Opferfürsorgegesetz:

> Die Ausstellung einer Amtsbescheinigung oder eines Opferausweises hat trotz Erfüllung der im § 1 bezeichneten Voraussetzungen zu unterbleiben, wenn der Anspruchsberechtigte eine strafgesetzlich als Verbrechen oder Vergehen zu verfolgende Handlung begangen hat, deren Straffolgen im Zeitpunkt der Anspruchswerbung nicht getilgt sind und nach deren Natur eine mißbräuchliche Ausnützung der erlangten Begünstigung zu erwarten steht, oder wenn sein Verhalten in Wort und Tat mit den Gedanken und Zielen eines freien, demokratischen Österreich in Widerspruch steht oder stand.[52]

Was war passiert? Laut Akt des Wiener Landesgerichts hatte Margarete gemeinsam mit ihrer jüngeren Schwester Maria R. in ihrer Siedlung Stahlrohrbetten aus einem leerstehenden Haus, das bereits von Angehörigen der Roten Armee geplündert worden war, geklaut. Maria R. gab in der Einvernahme an, dass sie die Bettgestelle gestohlen hatten, um bei Verwandten zu nächtigen und damit den nächtlichen Vergewaltigungen durch russische Soldaten zu entgehen.[53] Margarete Tischlers Diebstahl kann als Überlebenskriminalität in Zeiten der Not eingestuft werden, wie sie in Wien nach dem Krieg alltäglich war.

Margarete und ihre jüngere Schwester Maria wurden für dieses Vergehen angezeigt, was zumindest für Margarete beträchtliche Konsequenzen hatte. Zwar mussten die Schwestern ihre Arreststrafe nie antreten, doch Margaretes Anspruch auf Anerkennung als Opfer politischer Verfolgung und die daran geknüpften Fürsorgeleistungen erlosch.

Die Beamten beriefen sich bei der Ablehnung des Antrages auf den oben zitierten Passus des Opferfürsorgegesetzes, wonach aufgrund der „Natur" ihres Vergehens, „eine mißbräuchliche Ausnützung der erlangten Begünstigung zu erwarten steht". Auch hierin äußert sich eine Unrechtmäßigkeit, wie sie Opfern der Hitler'schen Diktatur nach 1945 häufig widerfahren ist.

Leerstellen

In der Rekonstruktion des Lebensweges von Margarete bleiben viele Fragen offen. Es gibt Leerstellen in ihrem Lebenslauf, die zu füllen nicht mehr möglich ist. Eine Anerkennung für ihr Handeln und die erlittene Verfolgung hat sie nie erhalten, eine juristische oder persönliche Rehabilitierung nie erfahren. Das lag auch daran, dass sie sich dazu entschied, nicht über das Erlebte zu sprechen. Doch weiter lebte sie trotzdem – in der Erinnerung ihres Sohnes als

> … Arbeitsame, Ehrgeizige. Sie war familiär, wollte immer Alles zum Guten wenden oder alle zusammenführen, alle Streitereien schlichten. War überall dabei, sie war eine sehr gesellige Frau. Sie hat immer hart gearbeitet, mir hat es eigentlich an nichts gefehlt. Weil meine Mutter, die hat sich das Alles abgespart.[54]

Margarete Tischler ist 101 Jahre alt geworden. Wenn wir heute am Ballhausplatz vor dem Denkmal stehen, das an die Wehrmachtdeserteure erinnert, sollten wir auch ihrer gedenken und allen Frauen, die diese Deserteure bei ihrer Flucht unterstützt haben.

Literaturverzeichnis

Berger, Karin/Dimmel, Nikolaus/Forster, David/Spring, Claudia/Berger, Heinrich: Vollzugspraxis des „Opferfürsorgegesetzes". Analyse der praktischen Vollziehung des einschlägigen Sozialrechts, Wien/München 2004.

Diewald-Kerkmann, Gisela: Politische Denunziation im NS-Regime oder die kleine Macht des „Volksgenossen", Bonn 1995.

Forster, David: Die Opfer der NS-Militärgerichtsbarkeit und die Zweite Republik. Fürsorge und Entschädigung, in: Manoschek, Walter (Hg.): Opfer der NS-Militärjustiz. Urteilspraxis, Strafvollzug, Entschädigungspolitik in Österreich, Wien, S. 651–703.

Fritsche, Maria: Entziehungen. Österreichische Deserteure und Selbstverstümmler in der Deutschen Wehrmacht, Wien/Köln/Weimar 2004.

Klüger, Ruth: weiterleben. Eine Jugend, München 1993.

Knoch, Habbo: Die Emslandlager 1933–1945, in: Benz, Wolfgang/Distel, Barbara (Hg.): Der Ort des Terrors. Geschichte der nationalsozialistischen Konzentrationslager. Bd. II. Frühe Lager, Dachau, Emslandlager, München 2005, S. 532–570.

Lichtenwagner, Mathias: Leerstellen. Zur Topographie der Wehrmachtjustiz in Wien vor und nach 1945, Wien 2012.

Messerschmidt, Manfred: Die Wehrmachtjustiz 1933–45, Paderborn/München/Wien/Zürich 2005.

Miller, Roderick: Bernau Prison and Prison Labour Camp. URL: https://www.frankfallaarchive.org/prisons/bernau-prison-strafgefangnis-bernau-justizvollzugsanstalt-bernau-haus-1/ (abgerufen am 18.7.2024).

Pohn-Lauggas, Maria: „Dass Angst auch sein darf". Desertion, innerfamiliale Gewalt und ihr Zusammenwirken in der Konstitution familialer Gedächtnisse, in: Lingen, Kerstin von/Pirker, Peter (Hg.): Deserteure der Wehrmacht und der Waffen-SS. Entziehungsformen, Solidarität, Verfolgung, Paderborn 2022, S. 319–326.

Schröder, Joachim, Gefängnis München Stadelheim. Seit dem Ende des 19. Jahrhunderts Strafgefängnis, bis 1945 Hinrichtungsort. URL: https://www.nsdoku.de/lexikon/artikel/gefaengnis-stadelheim-257 (abgerufen am: 26.7.2024).

Theis, Kerstin: Wehrmachtjustiz an der „Heimatfront". Die Militärgeschichte des Ersatzheeres im Zweiten Weltkrieg, Berlin 2016.

Verdorfer, Martha: Desertion in der mehrsprachigen Grenzregion Südtirol, in: Von Lingen, Kerstin/Pirker, Peter (Hg.): Deserteure der Wehrmacht und der Waffen-SS. Entziehungsformen, Solidarität, Verfolgung, Paderborn 2022, S. 65–80.

Abbildungsnachweis

Abb. 1: Robert Tischler
Abb. 2: ÖStA/AdR

Anmerkungen

1 Klüger, Ruth: weiterleben. Eine Jugend, München 1993, S. 12.
2 Verdorfer, Martha: Desertion in der mehrsprachigen Grenzregion Südtirol, in: Lingen, Kerstin von /Pirker, Peter (Hg.): Deserteure der Wehrmacht und der Waffen-SS. Entziehungsformen, Solidarität, Verfolgung, Paderborn 2022, S. 65–80, hier S. 73.
3 Vgl. etwa Theis, Kerstin: Wehrmachtjustiz an der „Heimatfront". Die Militärgeschichte des Ersatzheeres im Zweiten Weltkrieg, Berlin 2016, S. 380–383.
4 Interview mit Robert Tischler, 18. April 2024. Interviewerin: Lena Spanring. Aufnahme im Besitz der Autorin.
5 WStLA, MA12, G Zl T37/1949, Opferfürsorgeakt Margarete Tischler.

6   WStLA, Landesgericht für Strafsachen, 9600/1946.
7   Österreichisches Staatsarchiv/Archiv der Republik (ÖStA/AdR), DWM/GerA, Gericht der Division Nr. 177, Abt. II, 586/1941.
8   Die Zitate aus dem Tagebuch werden wortwörtlich wiedergegeben. Für die bessere Lesbarkeit wurden lediglich irrelevante Pausen und Interjektionen gestrichen.
9   Vgl. Tagebuch Anton Tischlers, Privatbesitz Robert Tischler.
10 Auszug aus dem Tagebuch Anton Tischlers, Privatbesitz Robert Tischler.
11 Ebd.
12 Ebd.
13 Ebd.
14 Brief von Juliane an Anton, 24.8.1940. ÖStA/AdR, DWM/GerA, Gericht der Division Nr. 177, Abt. II, 586/1941.
15 Verhörprotokoll, Verhör von Juliane Charamza durch Staatliche Kriminalpolizei Wien, 22.10.1941. ÖStA/AdR, DWM/GerA, Gericht der Division Nr. 177, Abt. II, 586/1941.
16 Feldurteil, 8.12.1941, ebd.
17 Auszug aus dem Tagebuch Anton Tischlers, Privatbesitz Robert Tischler.
18 Fritsche, Maria: Entziehungen. Österreichische Deserteure und Selbstverstümmler in der Deutschen Wehrmacht, Wien/Köln/Weimar 2004, S. 82.
19 Diewald-Kerkmann, Gisela: Politische Denunziation im NS-Regime oder die kleine Macht des „Volksgenossen", Bonn 1995, S. 177, zit. nach: Fritsche, Maria, Entziehungen. Österreichische Deserteure und Selbstverstümmler in der Deutschen Wehrmacht, Wien/Köln/Weimar 2004, S. 84.
20 Lichtenwagner, Mathias: Leerstellen. Zur Topographie der Wehrmachtjustiz in Wien vor und nach 1945, Wien 2012, S. 21.
21 Feldurteil, 31.1.1942. ÖStA/AdR, DWM/GerA, Gericht der Division Nr. 177, Abt. II, 586/1941.
22 Messerschmidt, Manfred: Die Wehrmachtjustiz 1933–45, Paderborn/München/Wien/Zürich 2005, S. 199.
23 Feldurteil, 8.12.1941. ÖStA/AdR, DWM/GerA, Gericht der Division Nr. 177, Abt. II, 586/1941.
24 Theis, Wehrmachtjustiz, S. 383.
25 Beurteilung des Soldaten Anton Tischler durch das Infanterie-Regiment 131, 6. Kompanie, 7.12.1940. ÖStA/AdR, DWM/GerA, Gericht der Division Nr. 177, Abt. II, 586/1941.
26 Feldurteil, 8.12.1941, ebd.
27 Ebd.
28 Interview Robert Tischler, 18.4. 2024, 00:13:30.
29 Gnadengesuch Leopoldine Wela, 23.11.1942. ÖStA/AdR, DWM/GerA, Gericht der Division Nr. 177, Abt. II, 586/1941.

30 Miller, Roderick: Bernau Prison and Prison Labour Camp. URL: https://www.frankfallaarchive.org/prisons/bernau-prison-strafgefangnis-bernau-justizvollzugsanstalt-bernau-haus-1/ (abgerufen am 18.7.2024).
31 Schröder, Joachim: Gefängnis München Stadelheim. Seit dem Ende des 19. Jahrhunderts Strafgefängnis, bis 1945 Hinrichtungsort. URL: https://www.nsdoku.de/lexikon/artikel/gefaengnis-stadelheim-257 (abgerufen am 26.7.2024).
32 Knoch, Habbo: Die Emslandlager 1933–1945, in: Benz, Wolfgang/Distel, Barbara (Hg.): Der Ort des Terrors. Geschichte der nationalsozialistischen Konzentrationslager. Bd. II. Frühe Lager, Dachau, Emslandlager, München 2005, S. 532–570, hier S. 552.
33 Ebd., S. 542.
34 Ebd., S. 534 f.
35 Fritsche, Entziehungen, S. 135.
36 Messerschmidt, Wehrmachtjustiz, S. 336.
37 Gnadengesuch Margarete Tischler, 26.1.1943. ÖStA/AdR, DWM/GerA, Gericht der Division Nr. 177, Abt. II, 586/1941.
38 Verfügung des Gerichts der Division Nr. 177, 8.2.1943. Ebd.
39 Interview Robert Tischler, 00:33:04.
40 Auszug aus dem historischen Wiener Melderegister vom 11.7.2024.
41 Interview Robert Tischler, 00:07:57.
42 Ebd., 00:33:04.
43 Ebd., 00:40:03.
44 Ebd., 00:13:30.
45 Pohn-Lauggas, Maria: „Dass Angst auch sein darf". Desertion, innerfamiliale Gewalt und ihr Zusammenwirken in der Konstitution familialer Gedächtnisse, in: Lingen, Kerstin von/Pirker, Peter (Hg.): Deserteure der Wehrmacht und der Waffen-SS. Entziehungsformen, Solidarität, Verfolgung, Paderborn 2022, S. 319–326, hier S. 325.
46 Berger, Karin/Dimmel, Nikolaus/Forster, David/Spring, Claudia/Berger, Heinrich: Vollzugspraxis des „Opferfürsorgegesetzes". Analyse der praktischen Vollziehung des einschlägigen Sozialrechts, Wien/München 2004, S. 15 f.
47 Gesetz vom 17. Juli 1945 über die Fürsorge für die Opfer des Kampfes um ein freies, demokratisches Österreich, StGBl. 90/1945.
48 Zitiert nach Forster, David: Die Opfer der NS-Militärgerichtsbarkeit und die Zweite Republik. Fürsorge und Entschädigung, in: Manoschek, Walter (Hg.): Opfer der NS-Militärjustiz. Urteilspraxis, Strafvollzug, Entschädigungspolitik in Österreich, Wien, S. 651–703, hier S. 653.
49 Ebd., S. 654.
50 Zitiert nach ebd.
51 Die Strafe wurde jedoch zur Bewährung ausgesetzt. Opferfürsorgeakt Margarete Tischler. WStLA/MA12, G Zl T37/49.

52 Bundesgesetz vom 4. Juli 1947 über die Fürsorge für die Opfer des Kampfes für ein freies, demokratisches Österreich und die Opfer politischer Verfolgung (Opferfürsorgegesetz), BGBl. 183/1947, § 15 Abs. 2.
53 Niederschrift Aussage Maria Reiter. WStLA/Landesgericht für Strafsachen, 9600/1946.
54 Interview Robert Tischler, 18.4.2024, 01:26:46.

Abkürzungsverzeichnis

A.K.	Armeekorps
AdR	Archiv der Republik (Österreich)
AG	Amtsgericht
BArch	Bundesarchiv (Deutschland)
BG	Bezirksgericht
BGBl.	Bundesgesetzblatt
DÖW	Dokumentationsarchiv des österreichischen Widerstandes
DWM	Deutsche Wehrmacht
FGA	Feldstrafgefangenenabteilung
Gestapo	Geheime Staatspolizei
HJ	Hitlerjugend
k. u. k.	kaiserlich und königlich
KSSVO	Kriegssonderstrafrechtsverordnung
KStVO	Kriegsstrafverfahrensordnung
KÜST	Kinderübernahmestelle
KZ	Konzentrationslager
LG	Land(es)gericht
MStGB	Militärstrafgesetzbuch
NIG	Neues Institutsgebäude der Universität Wien
NS	Nationalsozialismus
NSDAP	Nationalsozialistische Deutsche Arbeiterpartei
NSDAP/AO	Nationalsozialistische Deutsche Arbeiterpartei, Auslandsorganisation
NSKK	Nationalsozialistisches Kraftfahrkorps
OKH	Oberkommando des Heeres
OKM	Oberkommando der Marine
OKW	Oberkommando der Wehrmacht
OLG	Oberlandesgericht
ÖStA	Österreichisches Staatsarchiv
POW	Prisoner of War
RAD	Reichsarbeitsdienst
RGBl.	Reichsgesetzblatt
RKG	Reichskriegsgericht
RStGB	Reichsstrafgesetzbuch
SS	Schutzstaffel
StGBl.	Staatsgesetzblatt
UHA	Untersuchungshaftanstalt

WASt	Wehrmachtauskunftsstelle
WGA	Wehrmachtstrafgefangenenabteilung
WMK	Wehrmachtkommandantur
WUG	Wehrmachtsuntersuchungsgefängnis
z. V.	zur Verfügung
ZdH	Zentralgericht des Heeres

Danksagungen

Wir möchten uns bei den vielen Menschen bedanken, die zur Entstehung dieses Buches beigetragen haben. In besonderer Weise bei unseren Recherchen unterstützt haben uns (in alphabetischer Reihenfolge) Claudia Bade, Roman Eccher, Peter Fitl, Magnus Koch, Peter Pirker, Isabella Riedel, Jakob Schindegger, Robert Tischler, Oswald Überegger, Ulrike Zimmerl sowie Eva Wilding.

Als Herausgeberin möchte ich zusätzlich jenen, die dieses Projekt erst möglich gemacht und durchgehend tatkräftig unterstützt haben, meinen Dank aussprechen: Mathias Lichtenwagner und Stella Jabloner, dem Personenkomitee „Gerechtigkeit für die Opfer der NS-Militärjustiz", insbesondere Edgar Blocher und Thomas Geldmacher, sowie Pia Schölnberger. Ein großes Dankeschön geht auch an das Bundesministerium für Kunst, Kultur, öffentlichen Dienst und Sport (BMKÖS) für die finanzielle Förderung des Projekts und an das Team des Böhlau Verlags, insbesondere an Martin Zellhofer und Julia Beenken, für die gute Zusammenarbeit.

Personenregister

Dieses Namensregister enthält alle Namen, die in den einzelnen Beiträgen erwähnt werden. Bei manchen Opfernamen wurde nach den Bestimmungen des Bundesarchivgesetzes aus Personenschutzgründen der Nachname abgekürzt, bei einigen Wehrmachtrichtern ist der Vorname nicht bekannt.

Bei Personen, die als Wehrmachtrichter bzw. Gerichtsherren fungierten, ist diese Funktion in Klammern angeführt, zusätzliche Funktionen, Dienstgrade oder Titel wurden aber ausgespart.

A
Artl, Gerhard 204

B
Barta, Johann 149, 173
Bauer, Fritz (Wehrmachtrichter) 190, 191, 193, 200–202
Bayer, Vorname ubk. (Wehrmachtrichter) 202
Benk, Johannes 31, 33, 35, 58
Bernard, Hans (Wehrmachtrichter) 202
Bontoux, Eugène 28–30
Braumann, Franz 193
Breitler, Leopold (Wehrmachtrichter) 197–202, 206

C
Charamza, Juliane 214, 216, 227
Charwat, Franz 148, 172
Clanner, Stefan (Wehrmachtrichter) 202
Corroyer, Édouard 36, 41

D
D., Friedrich 197
Denk, Leopold (Wehrmachtrichter) 200–202
Dietrich, Egon (Wehrmachtrichter) 202
Diewald-Kerkmann, Gisela 217
Dosek, Anton 193

Dumat, Marian (Wehrmachtrichter) 189
Dunajewski, Julian Ritter von 29

E
Edlinger, Heinrich 148
Eich, Günter 223
Everts, Karl (Wehrmachtrichter) 67, 73, 158, 184, 188, 191, 192, 196, 198, 200–202

F
F., Josef 166, 175, 176
Faltis, Richard 52, 59
Filbinger, Hans (Wehrmachtrichter) 12, 21
Fischer, Ferdinand (Wehrmachtrichter) 190, 195, 196, 200–202, 204
Fischerleitner, Ludwig (Wehrmachtrichter) 200–202
Förster, Emil Ritter von 26, 31
Fröch, Franz 139–143, 161
Fromm, Friedrich (Gerichtsherr) 74, 149, 185, 193, 198, 218
Fuchs, Kurt 148

G
G., Fritz 160
G., Georg 159, 160
G., Johann 165, 166
G., Wilhelm 15, 145, 151
G., Witold 166, 167, 175

Garstenauer, Friedrich (Wehrmachtrichter) 202
Göring, Hermann (Gerichtsherr) 96, 109
Gossleth, Franz von (Wehrmachtrichter) 200, 202
Graf, Otto Antonia 28, 51
Großheim, Karl von 53
Gutzke, Willi (Wehrmachtrichter) 189, 202

H

H., Josef 194
Hahn, Samuel Ritter von 29
Handerek, Johann 150
Hanisch, Josef 158
Heidlauff, Max (Wehrmachtrichter) 202
Himmler, Heinrich (Gerichtsherr) 71, 142, 149, 150, 155, 185
Hitler, Adolf (oberster Gerichtsherr) 11, 17, 83–85, 87, 89–91, 143, 170, 193
Hochhuth, Rolf 12
Hodes, Fritz (Wehrmachtrichter) 99
Höhndorf, Hans (Wehrmachtrichter) 197
Horn, Gustav 148
Hübner, Vorname ubk. (Wehrmachtrichter) 74

I

Ifkovics/Ifkovits, Emil 139–144, 148

J

Jüttner, Hans (Gerichtsherr) 145, 170, 185, 197

K

K., Adalbert 175
Kapsreiter, Gustav 196
Karbeutz, Walter (Wehrmachtrichter) 202
Kayser, Heinrich Joseph 53
Keitel, Wilhelm (Gerichtsherr) 189, 193
Kempf, Friedrich (Wehrmachtrichter) 183, 202

Keyser, Herbert (Wehrmachtrichter) 202
Klüger, Ruth 211
Koch, Magnus 178
Kolarovsky, Karl 149, 158
König, Franz 195
Kopriva, Ferdinand (Wehrmachtrichter) 192, 195, 196, 200–202, 204
Korunka, Karl 161, 174
Kovatschitsch, Ernst 148
Kreibig, Alfred (Wehrmachtrichter) 202
Kronhöfer, Josef 149, 158
Kubica, Johann 166

L

Lackner, Ernst 190
Lakosil, Paul 147, 161–163
Langer, Vorname ubk. (Wehrmachtrichter) 74
Lasch, Rudolf 191
Lauterbach, Emilie 177
Lauterbach, Karl 148, 173, 177
Lecher, Zacharias Konrad 26, 44
Lehninger, Friedrich 148, 155
Leitzinger, Erwin 148
Loidl, Franz (röm.-kath. Wehrmachtseelsorger) 65
Loos, Adolf 26, 28, 53
Lux, Joseph August 28, 34
Lux, Paul 183

M

M., Alois 175
M., Johann 158
Machacek, Karl 148
Maurer, Josef 147, 161–163
Mayer, Viktor (Wehrmachtrichter) 202
Melcher, Otto 148, 172
Mensik, Alexander 148, 155
Messerschmidt, Manfred 12, 90, 181
Meyer, Eduard (Wehrmachtrichter) 200–202

Mifka, Hugo (Wehrmachtrichter) 190, 193, 200–202
Müller, Roland 19
Müller-Derichsweiler, Erich (Gerichtsherr) 70, 74

N
Nagl, Ferdinand (Wehrmachtrichter) 202

P
P., Franz 166
Pa., Franz 166
Paschinger, Karl (Wehrmachtrichter) 170, 190–192, 200–202
Perz, Bertrand 7, 8
Pohn-Lauggas, Maria 223
Pruckner, Otto (Wehrmachtrichter) 197, 200–202
Puschl, Johann 148

R
R., Johann 175
R., Maria 224
R., Wilhelm 160, 161
Rasch, Erwin (Wehrmachtrichter) 74, 200–202
Rau, Susanne 15
Razelsdorfer, Hermann (Wehrmachtrichter) 202
Reichert, Wilhelm 148, 152, 161
Reichl, Walter 166
Reschny, Anton 151, 172
Rieger, Johann 148, 197, 198
Roskothen, Ernst (Wehrmachtrichter) 12, 21
Rummel, Ferdinand 195

S
S., Friedrich 175
S., Marie 164, 165
S., Walter 159, 160
S., Wilhelm 152
Sack, Paul 165, 166
Salda, Erich 148
Salz, Peter 148
Schachner, Friedrich 26
Schäfer, Willi 189
Schartner, Karl 148, 155
Scheure, Erich 196
Schneider, Wilhelm (Wehrmachtrichter) 202
Schrottek, Karl (Wehrmachtrichter) 200, 201, 203
Schubert, Albrecht (Wehrmachtrichter) 155
Schubert, Vorname ubk. (Wehrmachtrichter) 200
Schweling, Otto Peter (Wehrmachtrichter) 12
Schwinge, Erich (Wehrmachtrichter) 12, 90, 164, 182, 184, 190, 194, 200–202
Simeth, Wilhelm 147
Sobotka, Karl 147, 161–163
Sobotka, Rudolf 148
Sorbe, Heinz 164, 165, 171
Starecek, Franz 147, 161–163
Stedry, Adolf 148
Strnad, Karl 148
Sturm, Hermann (Wehrmachtrichter) 200, 203
Székely, Ernst (Wehrmachtrichter) 203

T
T., Begon 165
Tesch, Bela 148, 152
Theis, Kerstin 218
Tietze, Hans 28
Tischler, Anton 212–214, 216–218, 220
Tischler, Margarete 212, 214, 216, 221, 224, 225
Tischler, Robert 221–223
Trauttmansdorff, Karl (Wehrmachtrichter) 190, 192, 193, 200–202, 204

U

Ungerböck, Alois   147

V

V., Franz   158
van der Boijen, William Bouwens   48
Verderber, Kurt   148
Verdorfer, Martha   22
Vitecek, Karl   70–72
Vögl, Rudolf   147

W

W., Anton   174
Wadani, Richard   177, 206
Wagner, Heinrich   150, 165
Wagner, Otto   26, 28, 30, 36, 41, 44–46, 50, 53, 54
Watzek, Hans (Wehrmachtrichter)   196, 200–202
Weiser, Franz   73–75
Weiser, Hedwig   74
Wela, Alois   216, 219
Wela, Leopoldine   216, 218, 219, 222, 227
Welzl, Friedrich   195
Wiarda, Heinrich von (Wehrmachtrichter)   189, 200–202
Wimmer, Johann   195
Winhofer, Johann   148
Winiwarter, Georg von (Wehrmachtrichter)   190, 196, 197, 200–202
Wodzicki, Ludwig Graf   29
Wolter, Albert   147, 161–163
Wüllner, Fritz   12, 105, 107, 181, 190–192
Würfel, Vorname ubk. (Wehrmachtrichter)   74

Z

Zink, Mathias   198

Autor*innenverzeichnis

Wolfgang Freitag, Jahrgang 1958, geboren in Wien. Seit 1984 als Journalist tätig. Von 1995 bis 2023 Redakteur, zuletzt Leiter des „Spectrums", der Wochenendfeuilleton-Beilage der Tageszeitung „Die Presse". Seit 2013 Stadtbild-Kolumnist der „Presse". Recherchen und Reportagen zu zeitgeschichtlichen Themen. Buchpublikationen zu Wiener Stadtbildfragen sowie zum Volksgerichtsprozess gegen den KZ-Häftling Karl Horvath („Der Fall Karl Horvath", Mandelbaum Verlag, Wien).
E-Mail: info@wolfgangfreitag.com

Maria Fritsche ist Historikerin und Filmhistorikerin, Professorin für moderne internationale Geschichte an der Norwegian University of Science and Technology in Trondheim, Norwegen. Forschungsschwerpunkte: NS-Zeit und Nachkriegseuropa, Film- und Kinogeschichte, Geschlechter- und Justizgeschichte. Zahlreiche Publikationen zum Themenkomplex Wehrmachtjustiz, zuletzt zur Rolle der Militärgerichte im besetzten Norwegen.
E-Mail: maria.fritsche@ntnu.no

Thomas Geldmacher-Musiol ist Politikwissenschaftler und philosophischer Praktiker. Obmann des Personenkomitees „Gerechtigkeit für die Opfer der NS-Militärjustiz". Forschungsschwerpunkte: Militärjustiz im Nationalsozialismus, österreichische Vergangenheitspolitik, Philosophie der Trauer.
E-Mail: thomas@gutegespraeche.at

Mathias Lichtenwagner studierte Politikwissenschaft und arbeitet zurzeit an seiner Dissertation in Zeitgeschichte. Lebt und arbeitet in Wien im Bereich Kunstrückgabe und Erb:innensuche. Forschungsinteressen bzw. -schwerpunkte: österreichische Vergangenheitspolitik und Erinnerungskultur, Rechtsextremismus und antinationalsozialistische Gesetzgebung in Österreich.
E-Mail: mathias.lichtenwagner@mailbox.org

Lisa Manneh ist Sozialpädagogin und freischaffende Illustratorin mit Themenschwerpunkt Naturschutz und Bergsport, spielerisch Lernen und Leben. Zahlreiche Publikationen, u. a. Mein cooler Freund Baum, SCH! Sagt der Elefant, Münchhausen, Ab ins Theater, Oommh Katze-Reihe, Handbuch Sportklettern, Ausbildungshandbuch Tiroler Lawinenkommissionen, RespektAmBerg-Quiz, Kletterspielebuch, Ab in die Berge.
E-Mail: office@lisamanneh.com

Andreas Nierhaus ist Kunsthistoriker und Kurator für Architektur und Skulptur am Wien Museum, Privatdozent der Universität Wien. Forschungsschwerpunkte: Architektur und bildende Kunst seit dem 19. Jahrhundert, Medien der Architektur, Otto Wagner und seine Schule. Zahlreiche Publikationen und Ausstellungen, u. a. über die Wiener Ringstraße (2015), Otto Wagner (2018), das Bauhaus in Wien (2022) und Johann Bernhard Fischer von Erlach (2023).
E-Mail: andreas.nierhaus@univie.ac.at

Amelie Rakar ist Archivarin und Historikerin. Sie studierte Deutsche Philologie sowie Geschichtsforschung, Historische Hilfswissenschaften und Archivwissenschaft an der Universität Wien. Arbeitete als Archivarin bei STICHWORT. Archiv der Frauen- und Lesbenbewegung und ist heute im Stadtarchiv Graz tätig. Forschungsschwerpunkte: Geschlechter- und Stadtgeschichte sowie Personal Archiving.
E-Mail: amelierakar@gmail.com

Lena Spanring ist Lehrerin am BRG4 in Wien, Lehramtsstudium der Geschichte und Germanistik an der Universität Wien. Forschungsinteressen bzw. -schwerpunkte: Beihilfe zur Desertion von Frauen bzw. die Sichtbarkeit von Frauen in der Erinnerungskultur der Zweiten Republik.
E-Mail: lespanring@gmail.com

Julian Stricker-Neumayer ist Historiker. Wissenschaftlicher Mitarbeiter in verschiedenen Forschungsprojekten zur österreichischen Zeitgeschichte, zuletzt im Projekt „Todesurteile am NS-Militärjustizstandort Hohenstaufengasse 3" und in einem Projekt zur Erforschung der Repressionsmaßnahmen des österreichischen Regimes 1933–1938. Forschungsschwerpunkte: Vergleichende Faschismusforschung, Widerstand und Verfolgung in Nationalsozialismus und Austrofaschismus, österreichische Zeitgeschichte.
E-Mail: julian.strickerneumayer@gmail.com